毛泽东思想和中国特色社会主义理论体系概论

学习指导

《毛泽东思想和中国特色社会主义理论体系概论学习指导》编写组　编

国家开放大学出版社·北京

图书在版编目（CIP）数据

毛泽东思想和中国特色社会主义理论体系概论学习指导/《毛泽东思想和中国特色社会主义理论体系概论学习指导》编写组编 . —北京：国家开放大学出版社，2019.1（2024.1重印）

ISBN 978 - 7 - 304 - 09660 - 1

I.①毛… Ⅱ.①毛… Ⅲ.①毛泽东思想—开放教育—教材②中国特色社会主义理论体系—开放教育—教材Ⅳ.①A84②D610

中国版本图书馆 CIP 数据核字（2019）第 000499 号

毛泽东思想和中国特色社会主义理论体系概论学习指导

MAO ZEDONG SIXIANG HE ZHONGGUO TESE SHEHUI ZHUYI LILUN TIXI GAILUN XUEXI ZHIDAO

《毛泽东思想和中国特色社会主义理论体系概论学习指导》编写组 编

出版·发行：国家开放大学出版社

电话：营销中心 010 - 68180820　　　　总编室 010 - 68182524

网址：http://www.crtvup.com.cn

地址：北京市海淀区西四环中路 45 号　　邮编：100039

经销：新华书店北京发行所

策划编辑：杜建伟　　　　　　　版式设计：何智杰

责任编辑：李京妹　王　可　　　责任校对：宋亦芳

责任印制：武　鹏　马　严

印刷：天津嘉恒印务有限公司

版本：2019 年 1 月第 1 版　　　　2024 年 1 月第 22 次印刷

开本：787mm×1092mm　1/16　　印张：13　　字数：280 千字

书号：ISBN 978 - 7 - 304 - 09660 - 1

定价：22.00 元

意见及建议：OUCP_KFJY@ouchn.edu.cn

// 前　言 //

为全面贯彻党的教育方针，落实立德树人的根本任务，用好帮助大学生树立正确世界观、人生观、价值观的课堂主渠道，不断提高学生对思想政治理论课（简称"思政课"）的获得感和满意度，国家开放大学立足教学实际，充分发挥信息技术的优势，着力推动大规模在线"思政课"教育教学改革，创新课程资源建设方式，强调借助信息技术回归事件原点的情景式学习，建设了以"微课程"为核心学习资源的网络课程。

为配合"毛泽东思想和中国特色社会主义理论体系概论"网络课程学习，使学生更深入准确地理解重要知识点，更好地完成以"微课程"为核心学习资源的网络课程的学习，本书编写组在深入调研、广泛征集意见的基础上，编写了与网络课程相配套、与自主学习为主的学习方式相适应的学习指导书。

本书共计八个专题。每个专题由六部分组成：第一部分是"学习目标"，让学生对应掌握的核心知识点做到心中有数、有的放矢；第二部分是"专题导学"，帮助学生了解本专题的框架体系，明确具体的学习任务，引导学生进行学前思考；第三部分是"视频内容简介"，主要概述"微课程"的重点内容，帮助学生更好地回顾、理解、消化和吸收"微课程"的核心知识点；第四部分是"学习检测"，检测题目以"微课程"内容为依据，采用判断题、单项选择题的形式，加深学生对课程知识的理解；第五部分是"重点·难点·热点"，结合学习内容的重点、难点，联系当下的时政热点，并反映学生的实际需求，把重大的理论问题、实践问题采用问答形式，做高度概括，助力提升学生的归纳总结能力；第六部分是"拓展阅读"，为学有余力、渴望进一步学习的学生择出相关的阅读文献线索。

本书编写组成员大多来自"微课程"建设团队。马克思主义理论研究和建设工程重点教材专家张海鹏研究员、郑师渠教授、陶文昭教授为"微课程"脚本的审定专家；脚本撰写专家邵勇、何立波、吴修申、厉磊、李朋、吕厚轩、刘长军等均在相关领域深耕多年，理论功底深厚，一线教学经验丰富，保证了"微课程"和本书的权威性、实用性。在本次修订中，本书编写组依据马克思主义理论研究和建设工程重点教材《毛泽东思想和中国特色社会主义理论体系概论》（2023 年版）对部分内容做了删减、完善和补充。本书由轩红芹、孙红林整理编写，"微课程"建设团队专家对本书内容认真把关审改。全书由轩红芹、孙红林统一修改定稿。

本书编写过程中得到了国家开放大学校领导、马克思主义学院领导的指导，也得到了国家开放大学出版社领导和相关编辑的帮助与支持，在此一并致以深深的谢意！

《毛泽东思想和中国特色社会主义理论体系概论学习指导》编写组

// 目 录 //

马克思主义中国化时代化的历史进程与理论成果

在人类思想史上，就科学性和影响力而言，没有一种思想理论能达到马克思主义的高度，也没有一种学说能像马克思主义那样对世界产生如此广泛而深远的影响。党的二十大报告指出："中国共产党为什么能，中国特色社会主义为什么好，归根到底是马克思主义行，是中国化时代化的马克思主义行。"[①] 历史和现实反复证明，马克思主义只有中国化时代化才能在中国大地上闪耀真理光芒，也只有实现中国化时代化才能救中国、发展中国，才能实现中华民族的伟大复兴。

一、马克思主义中国化时代化的提出

1840 年，鸦片战争以后，中国逐步成为半殖民地半封建社会。中国的出路究竟在哪里？近代以来，无数仁人志士前赴后继，努力探寻救亡图存的出路。但正如毛泽东所言："一切别的东西都试过了，都失败了。"[②] 十月革命一声炮响，给中国送来了马克思列宁主义。"十月革命帮助了全世界的也帮助了中国的先进分子，用无产阶级的宇宙观作为观察国家命运的工具，重新考虑自己的问题。"[③]

中国共产党自成立之日起，就把马克思列宁主义确立为指导思想，但这并不意味着马克思主义能够自然而然地解决中国革命所面临的问题。在革命的实践中，我们党通过总结正反两方面经验，逐渐认识到，马克思主义必须中国化才能落地生根、本土化才能深入人心。1938 年，毛泽东在党的六届六中全会上作了《论新阶段》的报告，正式提出了"马克思主义的中国化"命题。1945 年，在党的七大上，刘少奇代表党中央作了《关于修改党章的报告》，对马克思主义中国化从理论上作了进一步的阐述，并指出毛泽东思想是"中国化的马克思主义"。

---

① 习近平. 高举中国特色社会主义伟大旗帜 为全面建设社会主义现代化国家而团结奋斗：在中国共产党第二十次全国代表大会上的报告 [M]. 北京：人民出版社，2022：16.

② 毛泽东. 论人民民主专政 [M] //毛泽东. 毛泽东选集：第四卷.2 版. 北京：人民出版社，1991：1471.

③ 毛泽东. 论人民民主专政 [M] //毛泽东. 毛泽东选集：第四卷.2 版. 北京：人民出版社，1991：1471.

马克思主义中国化同时包含着马克思主义时代化的意蕴。我们党自成立以来，始终坚持把马克思主义基本原理同中国具体实际和时代特征相结合，不断进行理论创新。党的二十大报告指出："实践没有止境，理论创新也没有止境。不断谱写马克思主义中国化时代化新篇章，是当代中国共产党人的庄严历史责任。"①

二、马克思主义中国化时代化的内涵

马克思主义中国化时代化，就是立足中国国情和时代特点，坚持把马克思主义基本原理同中国具体实际相结合、同中华优秀传统文化相结合，深入研究和解决中国革命、建设、改革不同历史时期的实际问题，真正搞懂面临的时代课题，不断吸收新的时代内容，科学回答时代提出的重大理论和实践课题，创造新的理论成果。这具体包含三层意思：

第一，运用马克思主义的立场、观点和方法，观察时代、把握时代、引领时代，解决中国革命、建设、改革中的实际问题。"没有革命的理论，就不会有革命的运动。"② 理论的根本任务是回答并指导解决问题。马克思主义中国化时代化，就是要坚持运用辩证唯物主义和历史唯物主义，从理论和实践的结合上深入回答关系党和国家事业发展、党治国理政的重大时代课题，不断提出真正解决问题的新理念新思路新办法。

第二，总结和提炼中国革命、建设、改革的实践经验并将其上升为理论，不断丰富和发展马克思主义的理论宝库，赋予马克思主义以新的时代内涵。马克思主义中国化时代化，就是要洞察时代，紧跟时代步伐，根据实践的需要，勇于进行理论探索和创新，并以新的理论指导新的实践，不断开辟马克思主义新境界。

第三，运用中国人民喜闻乐见的民族语言来阐述马克思主义，使其植根于中华优秀传统文化的土壤之中，具有中国特色、中国风格、中国气派。马克思主义产生于欧洲，要在中国的大地上生根、成长，必须植根本国、本民族历史文化沃土，找到一种为中国人民所能理解和接受的形式。毛泽东指出："马克思主义的中国化，使之在其每一表现中带着中国的特性。"③ 马克思主义中国化时代化，就是要形成为人民所喜爱、所认同、所拥有的理论，使之成为指导人民认识世界和改造世界的强大思想武器。

准确把握马克思主义中国化时代化的科学内涵，要做到坚持马克思主义与发展马

---

① 习近平. 高举中国特色社会主义伟大旗帜 为全面建设社会主义现代化国家而团结奋斗：在中国共产党第二十次全国代表大会上的报告［M］. 北京：人民出版社，2022：18.

② 列宁. 怎么办？我们运动中的迫切问题（1901年秋—1902年2月）［M］//中共中央马克思恩格斯列宁斯大林著作编译局. 列宁选集：第一卷. 3版修订版. 北京：人民出版社，2012：311.

③ 毛泽东. 论新阶段：抗日民族战争与抗日民族统一战线发展的新阶段［M］//中共中央文献研究室，中央档案馆. 建党以来重要文献选编：一九二一——一九四九 第十五册. 北京：中央文献出版社，2011：651.

克思主义相统一。坚持和发展马克思主义，必须同中国具体实际相结合、同中华优秀传统文化相结合。

三、马克思主义中国化时代化的历史进程

中国共产党自成立之日起，就把马克思列宁主义确立为指导思想，并在不断探索中把马克思主义基本原理同中国具体实际相结合、同中华优秀传统文化相结合，不断推进马克思主义中国化时代化，不断丰富和发展马克思主义。

在新民主主义革命时期，以毛泽东同志为主要代表的中国共产党人，把马克思列宁主义基本原理同中国具体实际结合起来，开辟了农村包围城市、武装夺取政权的正确革命道路，创立了毛泽东思想。在社会主义革命和建设时期，毛泽东提出把马克思列宁主义基本原理同中国具体实际进行"第二次结合"，以毛泽东同志为主要代表的中国共产党人，结合新的实际丰富和发展毛泽东思想，提出了关于社会主义建设的一系列重要思想。毛泽东思想是马克思主义中国化时代化的第一次历史性飞跃。

在改革开放和社会主义现代化建设新时期，以邓小平同志为主要代表的中国共产党人，深刻总结中华人民共和国成立以来正反两方面经验，围绕什么是社会主义、怎样建设社会主义这一根本问题，借鉴世界社会主义历史经验，创立了邓小平理论。以江泽民同志为主要代表的中国共产党人，坚持党的基本理论、基本路线，加深了对什么是社会主义、怎样建设社会主义和建设什么样的党、怎样建设党的认识，形成了"三个代表"重要思想。以胡锦涛同志为主要代表的中国共产党人，在全面建设小康社会进程中推进实践创新、理论创新、制度创新，深刻认识和回答了新形势下实现什么样的发展、怎样发展等重大问题，形成了科学发展观。中国共产党从新的实践和时代特征出发坚持和发展马克思主义，科学回答了建设中国特色社会主义的发展道路、发展阶段、根本任务、发展动力、发展战略、政治保证、祖国统一、外交和国际战略、领导力量和依靠力量等一系列基本问题，形成中国特色社会主义理论体系，实现了马克思主义中国化时代化新的飞跃。

党的十八大以来，中国特色社会主义进入新时代，以习近平同志为主要代表的中国共产党人，坚持把马克思主义基本原理同中国具体实际相结合、同中华优秀传统文化相结合，系统回答了新时代坚持和发展什么样的中国特色社会主义、怎样坚持和发展中国特色社会主义，建设什么样的社会主义现代化强国、怎样建设社会主义现代化强国，建设什么样的长期执政的马克思主义政党、怎样建设长期执政的马克思主义政党等重大时代课题，提出一系列原创性的治国理政新理念新思想新战略，创立了习近平新时代中国特色社会主义思想，实现了马克思主义中国化时代化新的飞跃。

一百多年来，中国共产党把坚持马克思主义和发展马克思主义统一起来，结合新

的实践，不断开辟马克思主义中国化时代化新境界，让马克思主义放射出更加灿烂的真理光芒。马克思主义中国化时代化不断取得成功，使马克思主义以崭新形象展现在世界上，使世界范围内社会主义和资本主义两种意识形态、两种社会制度的历史演进及其较量发生了有利于社会主义的重大转变。马克思主义的科学性和真理性在中国得到充分检验，马克思主义的人民性和实践性在中国得到充分贯彻，马克思主义的开放性和时代性在中国得到充分彰显。

四、马克思主义中国化时代化理论成果及其关系

在马克思主义中国化时代化的历史进程中，产生了毛泽东思想、邓小平理论、"三个代表"重要思想、科学发展观、习近平新时代中国特色社会主义思想。

马克思列宁主义揭示了人类社会历史发展的规律，是认识世界、改造世界的科学真理，它的基本原理是正确的，具有强大的生命力。在新民主主义革命、社会主义革命和建设时期创立的毛泽东思想，是马克思列宁主义在中国的运用和发展，是被实践证明了的关于中国革命和建设的正确的理论原则和经验总结，是中国共产党集体智慧的结晶。改革开放以来形成的中国特色社会主义理论体系是指导党和人民沿着中国特色社会主义道路实现中华民族伟大复兴的正确理论，是立于时代前沿、与时俱进的科学理论。党的十一届三中全会以后，以邓小平同志为主要代表的中国共产党人创立的邓小平理论，是中国特色社会主义理论体系的开篇之作；党的十三届四中全会以后，以江泽民同志为主要代表的中国共产党人形成的"三个代表"重要思想，推动了中国特色社会主义理论体系的跨世纪发展；党的十六大以后，以胡锦涛同志为主要代表的中国共产党人形成的科学发展观，实现了中国特色社会主义理论体系在新世纪新阶段的新发展。党的十七大提出了"中国特色社会主义理论体系"的科学概念，把改革开放以来我们党在实践中相继形成的邓小平理论、"三个代表"重要思想以及科学发展观等重大战略思想一道作为中国特色社会主义理论体系的重要组成部分，标志着中国特色社会主义理论和实践的进一步成熟。党的十八大以来，以习近平同志为主要代表的中国共产党人创立了习近平新时代中国特色社会主义思想，谱写了新时代中国特色社会主义新篇章。

马克思主义中国化时代化的理论成果是一脉相承又与时俱进的关系。一方面，毛泽东思想所蕴含的马克思主义的立场、观点和方法，为中国特色社会主义理论体系提供了基本遵循；另一方面，中国特色社会主义理论体系在新的历史条件下进一步丰富和发展了毛泽东思想。毛泽东思想和中国特色社会主义理论体系，都是马克思列宁主义在中国的运用和发展，都以独创性的理论成果丰富和发展了马克思主义的理论宝库。毛泽东思想、邓小平理论、"三个代表"重要思想、科学发展观、习近平新时代中国特色社会主义思想同马克思列宁主义一起，都是党和国家必须长期坚持的指导思想，是全国各族人民团结奋斗的共同思想基础。

 **毛泽东思想及其历史地位**

学习目标

1. 叙述毛泽东思想的形成和发展过程。
2. 分析毛泽东思想的主要内容和"活的灵魂"。
3. 总结毛泽东思想的历史地位。

专题导学

1. 背景

面对中国近代以来山河破碎、内忧外患的深重灾难,以毛泽东同志为主要代表的中国共产党人胸怀远大理想,脚踏中国大地,开马克思主义中国化时代化之先河,创立了毛泽东思想,在黑暗的中国高高擎起熊熊燃烧的火炬,照亮了中华民族伟大复兴的征程。毛泽东思想作为马克思主义中国化时代化的第一个重大理论成果,为中华民族伟大复兴根本社会条件的创造、根本政治前提和制度基础的奠定提供了科学指南,至今依然闪耀着真理的光芒。要读懂中华民族近代的苦难史、读懂中国共产党和中国人民的伟大奋斗史,读懂中国为什么选择马克思主义,读懂马克思主义中国化时代化的第一个重大理论成果的主要内容和活的灵魂,离不开毛泽东思想这把金钥匙。

2. 视频学习中重要事件坐标

- 一代伟人走向马克思主义
- 毛泽东思想的形成和发展
- 三个维度——"毛泽东思想的活的灵魂"
- 毛泽东思想永放光辉

3. 影响

毛泽东是马克思主义中国化时代化的伟大开拓者,是毛泽东思想的创立者。在中国共产党的历史上，毛泽东第一个明确提出了马克思主义中国化时代化的科学命题和重大任务，并为此进行了艰苦的探索，使马克思主义在中国生根、开花、结果，为党领导的革命和建设事业的发展奠定了坚实的思想理论基础。在毛泽东思想的指导下，中国共产党团结带领中国人民进行了长期浴血奋战，打败了日本帝国主义，推翻了国民党反动统治，完成了新民主主义革命，成立了中华人民共和国，彻底结束了旧中国半殖民地半封建社会的历史，彻底结束了旧中国一盘散沙的局面，彻底废除了列强强加给中国的不平等条约和帝国主义在中国的一切特权，实现了中国从几千年封建专制政治向人民民主的伟大飞跃，为实现现代化创造了根本社会条件。近代以来久经磨难的中华民族从此站起来了。中华人民共和国成立后，在毛泽东思想的指导下，中国共产党团结带领中国人民完成了社会主义革命，消灭了一切剥削制度，确立了社会主义基本制度，推进了社会主义建设，完成了中华民族有史以来最为广泛而深刻的社会变革，为现代化建设奠定根本政治前提和宝贵经验、理论准备、物质基础，实现了中华民族由不断衰落到根本扭转命运、持续走向繁荣富强的伟大飞跃。

4. 想一想

毛泽东思想形成和发展的社会历史条件是什么？马克思主义中国化时代化的第一个重大理论成果的主要内容和"活的灵魂"是什么？如何科学认识毛泽东思想的历史地位？请带着这些思考开始你的学习吧。

视频内容简介

1.1　一代伟人走向马克思主义

作为一代伟人，毛泽东并非天生的马克思主义者，他也有过长时间的非马克思主义者的思想经历。正是在对各种思潮的反复比较中，毛泽东才最终自觉地选择了马克思主义，并成为马克思主义中国化时代化的开路先锋和最杰出的代表，领导中国人民站起来！

毛泽东从 8 岁开始读书，起初接受的是比较正规的传统文化教育，但 13 ~ 15 岁停学在家这段时间，他开始接触新知识、新思想，并如饥似渴地阅读相关书籍。关于第一次接触新思想，毛泽东记忆犹新的是《盛世危言》这本书。后来，他在回答埃德加·斯诺的采访时，曾两次谈及此书对他的影响。

1911 年春，毛泽东进入省城长沙读书。当时，全国正处于辛亥革命爆发的前夜，各种新思潮风起云涌。年轻的毛泽东心潮澎湃，公开张贴支持辛亥革命的政论文章，倡议由孙中山当总统、康有为当国务院总理、梁启超当外交部长。毛泽东后来说，这是他第一次公开发表政见，思想还不成熟，他只是主张民主共和，对康有为、梁启超维新派与孙中山革命派之间的区别还不是很清楚。为了表达反对封建专制的意愿，毛泽东还剪掉辫子，参加湖南新军，自觉地投入革命的洪流之中。在湖南新军中，他将每月七元军饷的大部分用来订阅报纸和购买书籍，如《湘江日报》。但辛亥革命的结果让他很失望，他目睹神州大地依然饱受列强的蹂躏，军阀、官僚、政客、土豪劣绅依然横行霸道；穷苦百姓依然挣扎在死亡线上，遭受着无尽的苦难。心忧天下的毛泽东一刻也无法安宁，他常常思索苍茫大地谁主沉浮，希望寻找一条新道路，改变社会现实，解除人民的痛苦。

在这一时期，毛泽东开始接触无政府主义、改良主义等思潮。在当兵时，他第一次知道"社会主义"这一新名词，读了一些关于"社会主义"的小册子，对"社会主义"问题产生了浓厚的兴趣，并写信与同学进行讨论。1913年春，毛泽东进入湖南省立第四师范学校预科继续求学。1914年2月，湖南省立第四师范学校并入湖南省立第一师范学校。在其后的5年半时间里，毛泽东贪婪地阅读各种书籍，与师生讨论各种思潮和时事政治，热衷于伦理学。正是在湖南省立第一师范学校学习期间，他的政治思想开始形成，无政府主义、工读主义、新村主义、互助论、体育救国论、改造伦理学等各种改良主张都对毛泽东产生了广泛的影响。毛泽东在这一时期的思想，正如他自己所说，"是自由主义、民主改良主义、空想社会主义等观念的大杂烩。我对'十九世纪的民主'、乌托邦主义和旧式的自由主义，抱有一些模糊的热情，但是我是明确地反对军阀和反对帝国主义的"①。

1918年4月，毛泽东和萧子升等成立了新民学会。新民学会以"革新学术，砥砺品行，改良人心风俗"为宗旨。他还与蔡和森等到岳麓山的各个乡村进行了短暂的"新村"实验。这些都说明，此时的毛泽东还未完全摆脱唯心主义、改良主义思想的影响，仍然希望通过走温和的改良道路达到改造社会的目的。

1918年8月，毛泽东来到北京，受李大钊的影响，开始了解俄国十月革命的情况。1918年11月，毛泽东到天安门广场亲耳聆听了李大钊的《庶民的胜利》的演说，对马克思主义的兴趣日渐浓厚。1919年冬，毛泽东第二次来到北京。经过五四运动的洗礼，马克思主义的传播已经成为新文化运动的主流，毛泽东也深受影响。毛泽东曾说，他第二次到北京期间，读了许多关于俄国情况的书，并热心地搜

---

① 毛泽东. 一个共产党员的经历[M]//毛泽东. 毛泽东一九三六年同斯诺的谈话：关于自己的革命经历和红军长征等问题. 北京：人民出版社，1979：31.

寻那时候能找到的为数不多的用中文写的共产主义书籍。湖南自治运动的失败也让毛泽东认识到，"政治改良一途，可谓绝无希望。吾人惟有不理一切，另辟道路"①。他熟读马克思、恩格斯的《共产党宣言》后，成为一个马克思主义者。1921年元旦，在新民学会的新年大会上，毛泽东将新民学会的宗旨定为以布尔什维主义改造世界与中国。至此，毛泽东最终选择了马克思主义，完成了由激进民主主义者向马克思主义者的转变，并坚持以马克思主义为指导，开创了一条波澜壮阔、荡气回肠、跌宕起伏的革命和建设之路。

1.2　毛泽东思想的形成和发展

1978年12月，邓小平在中共中央工作会议闭幕会上说："回想在一九二七年革命失败以后，如果没有毛泽东同志的卓越领导，中国革命有极大的可能到现在还没有胜利，那样，中国各族人民就还处在帝国主义、封建主义、官僚资本主义的反动统治之下，我们党就还在黑暗中苦斗。所以说没有毛主席就没有新中国，这丝毫不是什么夸张。"② 那么，毛泽东进行了怎样的探索，从而实现了20世纪中国最伟大的变革之一呢？

毛泽东是马克思主义中国化时代化的伟大开拓者和奠基人，是马克思主义中国化时代化事业的历史元勋。在1921年中国共产党成立之初，毛泽东就提出了一些独到的思想，明确提出要以马克思主义为根本指导思想，"唯物史观是吾党哲学的根据"③。在大革命时期，毛泽东发表了《中国社会各阶级的分析》《湖南农民运动考察报告》等文章。他指出，"谁是我们的敌人？谁是我们的朋友？这个问题是革命的首要问题"④。他还明确提出了无产阶级领导权和必须依靠农民进行革命的主张。这些思想和主张的提出是毛泽东思想萌芽的标志。

大革命失败后，中国革命力量受到极大的摧残。以毛泽东同志为主要代表的中国共产党人没有退缩，而是从失败中奋起、在失败中反思，开始了探索中国革命新道路的艰难历程。1927年8月7日，毛泽东在八七会议上提出了"政权是由枪杆子中取得的"⑤ 著名论断，解决了要不要革命、怎样革命的问题。其后，毛泽东领导秋收起

---

① 毛泽东. 致向警予信[M]//中共中央文献研究室，中共湖南省委《毛泽东早期文稿》编辑组. 毛泽东早期文稿：一九一二年六月——一九二〇年十一月. 长沙：湖南人民出版社，2008：493.

② 邓小平. 解放思想，实事求是，团结一致向前看[M]//邓小平. 邓小平文选：第二卷. 2版. 北京：人民出版社，1994：148.

③ 中共中央文献研究室. 毛泽东传：1893—1949[M]. 北京：中央文献出版社，2004：72.

④ 毛泽东. 中国社会各阶级的分析[M]//毛泽东. 毛泽东选集：第一卷. 2版. 北京：人民出版社，1991：3.

⑤ 中共中央文献研究室. 毛泽东思想年编：一九二一——一九七五[M]. 北京：中央文献出版社，2011：18.

义的队伍开辟了井冈山革命根据地,从实践中找到了一条农村包围城市、武装夺取政权的中国革命新道路;他还突破共产国际"城市中心论"的束缚,从理论上阐述和论证了这条道路的正确性。在土地革命战争时期,毛泽东撰写了《中国的红色政权为什么能够存在?》《井冈山的斗争》《星星之火,可以燎原》《反对本本主义》等一系列重要文章,初步阐述了中国革命的一系列基本问题,体现了实事求是、群众路线、独立自主等基本思想和原则。毛泽东提出并深入阐述的农村包围城市、武装夺取政权的思想对红军和农村革命根据地的建立、巩固和发展发挥着根本指导作用,标志着毛泽东思想的初步形成。

1935 年 1 月,遵义会议确立了毛泽东在党中央和红军中的领导地位。中国共产党开始独立自主地掌握自己的命运。抗日战争爆发后,中国共产党成为抗日战争的中流砥柱。在这个时期,面对新的局势、新的变化,党迫切需要总结经验和教训,制定正确的路线、方针和策略。于是,毛泽东义无反顾地承担了在实践和理论上指导中国革命的历史重任。1937 年,他先后撰写了《实践论》《矛盾论》两篇闪耀着马克思主义理论光辉的重要著作。在这两篇著作中,他根据辩证唯物主义和历史唯物主义理论,系统分析了党内"左"的和右的错误思想的根源。1938 年,他又在党的扩大的六届六中全会上第一次提出了"马克思主义的中国化"①的命题,彰显出中国共产党人的思想理论不断走向自觉与成熟。之后,毛泽东相继发表了《〈共产党人〉发刊词》《中国革命和中国共产党》《新民主主义论》等重要著作,全面、系统地总结了中国革命的历史进程、经验和教训,阐述了新民主主义革命的政治纲领、经济纲领和文化纲领。毛泽东在对革命实践经验和教训科学总结的基础上,系统阐述了新民主主义革命理论,实现了马克思主义与中国革命实践相结合的历史性飞跃,标志着毛泽东思想得到多方面展开而趋于成熟。

1942 年,整风运动开始。这是一场伟大的思想解放运动,它使毛泽东的正确思想在党内得到了广泛认同和普遍接受。1943 年 7 月 5 日,王稼祥发表了《中国共产党与中国民族解放的道路》,首次提出了"毛泽东思想"这一科学概念。1945 年,党的七大把毛泽东思想确立为党的指导思想,实现了马克思列宁主义同中国革命实际相结合过程中的第一次历史性飞跃,从而指导中国革命不断从一个胜利走向另一个胜利。

解放战争时期,毛泽东提出人民民主专政理论。中华人民共和国成立以后,毛泽东提出社会主义改造理论,并率先提出要实现马克思主义同中国实际的第二次结合,领导创建并不断完善和发展了社会主义基本制度,发表了《论十大关系》《关于正确

---

① 中共中央党史研究室. 中国共产党的九十年:新民主主义革命时期[M]. 北京:中共党史出版社,党建读物出版社,2016:246.

处理人民内部矛盾的问题》，形成了一系列具有独创性的理论探索成果，丰富和发展了毛泽东思想。

1.3 三个维度——"毛泽东思想的活的灵魂"

毛泽东思想因为具有实事求是、群众路线和独立自主三大"活的灵魂"，所以才能凝聚起磅礴的精神力量，创造出强大的实践伟力，实现中国历史的伟大变革，引导中国人民站起来。

1927年，大革命失败后，年轻的中国共产党应该选择一条什么样的道路，才能把中国革命引向胜利呢？以毛泽东同志为主要代表的中国共产党人经过艰苦卓绝的斗争，开始探寻农村包围城市、武装夺取政权的新道路。1930年5月，毛泽东率领红四军攻克了江西寻乌县城。为了纠正党内存在的教条主义思想，解决党在土地革命斗争中的路线问题，毛泽东在中共寻乌县委书记古柏的协助下，利用宝贵的时间做了一次深入的社会调查，写下了名篇《调查工作》，即《反对本本主义》。在这篇文章中，毛泽东提出了"没有调查，没有发言权"①、"中国革命斗争的胜利要靠中国同志了解中国情况"②的科学论断，初步形成了"毛泽东思想的活的灵魂"的基本内涵。此后，毛泽东在《实践论》《矛盾论》《关于领导方法的若干问题》等著作中，系统地阐述了实事求是、群众路线、独立自主的基本思想和原则。

1945年，党的七大确立了毛泽东思想为中国共产党的指导思想，并将其庄严地写入《中国共产党章程》（以下简称党章）。毛泽东思想成为中国共产党和全国人民的一面旗帜，指导中国革命和建设从一个胜利走向另一个胜利。

"文化大革命"期间，毛泽东思想被割裂和歪曲，给中国的建设造成了巨大损失。"四人帮"被粉碎后，中国共产党开始从指导思想上进行拨乱反正。而如何评价毛泽东同志和毛泽东思想成为一个关键问题，党内党外、国内国外都在密切关注中国共产党的态度。这个问题如果解决不好，就会影响中国安定团结的政治局面。邓小平展现出巨大的政治勇气和理论勇气，在他的指导下，1981年6月，党的十一届六中全会通过了《中国共产党中央委员会关于建国以来党的若干历史问题的决议》，科学地评价了毛泽东同志的历史地位和毛泽东思想的科学体系。这个决议的一大亮点就是把"毛泽东思想的活的灵魂"③单独列出，首次将"毛泽东思想的活的灵魂"概括为

---

① 毛泽东. 反对本本主义[M]//毛泽东. 毛泽东选集：第一卷. 2版. 北京：人民出版社，1991：109.
② 毛泽东. 反对本本主义[M]//毛泽东. 毛泽东选集：第一卷. 2版. 北京：人民出版社，1991：115.
③ 中国共产党中央委员会. 中国共产党中央委员会关于建国以来党的若干历史问题的决议[M]//中共中央文献研究室. 改革开放三十年重要文献选编：上. 北京：中央文献出版社，2008：208.

实事求是、群众路线和独立自主三个基本方面。

"实事求是，是马克思主义的根本观点，是中国共产党人认识世界、改造世界的根本要求，是我们党的基本思想方法、工作方法、领导方法。"① 这就要求我们不论过去、现在和将来，都必须坚持一切从实际出发，理论联系实际，把马克思列宁主义的普遍真理同中国革命的具体实践相结合。

"群众路线是我们党的生命线和根本工作路线，是我们党永葆青春活力和战斗力的重要传家宝。不论过去、现在和将来，我们都要坚持一切为了群众，一切依靠群众，从群众中来，到群众中去，把党的正确主张变为群众的自觉行动，把群众路线贯彻到治国理政全部活动之中。"②

独立自主讲的是党的根本政治原则，就是从中国实际出发，"不论过去、现在和将来，我们都要把国家和民族发展放在自己力量的基点上，坚持民族自尊心和自信心，坚定不移走自己的路"③。

毛泽东思想三个"活的灵魂"是在中国革命长期艰苦实践中形成的具有中国共产党人特色的立场、观点和方法。三者相互贯通、有机统一，不仅表现在毛泽东的全部科学著作中，而且表现在中国共产党人的革命和建设活动中。

"理论唯有常新才能常青。"④ 2013 年 12 月 26 日，中共中央在北京人民大会堂举行了座谈会，纪念毛泽东同志诞辰 120 周年。习近平总书记发表重要讲话，强调指出："新形势下，我们要坚持和运用好毛泽东思想活的灵魂，把我们党建设好，把中国特色社会主义伟大事业继续推向前进。"⑤ 纪念是为了铭记历史，珍惜现在，开创未来。"毛泽东思想的活的灵魂"不仅彪炳史册，而且光照未来，仍将为实现中华民族的伟大复兴凝聚强大的精神动力。

1.4 毛泽东思想永放光辉

1980 年 8 月 23 日，意大利著名女记者法拉奇采访邓小平。一见面，法拉奇就咄咄逼人、单刀直入地问，天安门上的毛主席画像，是否要永远保留下去？邓小平的回

---

① 习近平. 坚持和运用好毛泽东思想活的灵魂 [M] //习近平. 习近平谈治国理政. 北京：外文出版社，2014：25.

② 习近平. 坚持和运用好毛泽东思想活的灵魂 [M] //习近平. 习近平谈治国理政. 北京：外文出版社，2014：27.

③ 习近平. 坚持和运用好毛泽东思想活的灵魂 [M] //习近平. 习近平谈治国理政. 北京：外文出版社，2014：29.

④ 周湘智. 理论唯有常新才能常青 [N]. 光明日报，2018 - 06 - 08 (5).

⑤ 习近平. 坚持和运用好毛泽东思想活的灵魂 [M] //习近平. 习近平谈治国理政. 北京：外文出版社，2014：25.

答是，要永远保留下去。邓小平道出了全国人民的心声，中国人民是在以毛泽东同志为核心的党的第一代中央领导集体的领导下，是在毛泽东思想的指引下站起来的。中国人民永远不会忘记毛泽东，不会放弃毛泽东思想。

1921 年，中国共产党应运而生。此后，中国共产党便用马克思主义来指导中国革命。然而，在一个半殖民地半封建的东方大国进行革命，选择一条什么样的道路才能把中国革命引向胜利，成为中国共产党人首要的和必须回答的问题，也是马克思主义发展史上前所未有的难题。以毛泽东同志为主要代表的共产党人，面对中国的特殊国情，面对压在中国人民头上的"三座大山"（帝国主义、封建主义、官僚资本主义），从失败的教训中创造性地解决了马克思列宁主义基本原理同中国革命具体实际相结合的一系列重大问题，深刻分析了中国的社会形态和阶级状况，经过不懈探索，弄清了中国革命的性质、对象、任务、动力，提出了通过新民主主义革命走向社会主义的两步走的战略，制定了新民主主义革命的总路线，开辟了以农村包围城市，最后夺取全国胜利的革命道路。

伟大的实践产生伟大的理论，伟大的理论又指导实践走向更大的胜利。1943 年 7 月 5 日，王稼祥在延安《解放日报》上发表《中国共产党与中国民族解放的道路》，第一次正式提出"毛泽东思想"这一科学概念。之后，"毛泽东思想"这一概念很快得到了全党的认同和接受。1945 年，在党的七大上，毛泽东思想作为党的指导思想被庄严地写进了党章。从此，毛泽东思想成为中国共产党和全国人民的一面旗帜，指导中国革命和建设事业不断从一个胜利走向另一个胜利。

在毛泽东思想的指导下，中国共产党领导和团结全国人民，取得了新民主主义革命的胜利，成立了中华人民共和国，确立了社会主义制度，并对中国特色社会主义道路进行了艰辛探索。然而，在中国这样的社会历史条件下建设社会主义没有先例。不可否认，毛泽东在社会主义建设道路的探索中走过弯路，他在晚年，特别是在"文化大革命"中犯了严重错误，但这并不能否定毛泽东的伟大、不能否定毛泽东思想的真理性。

党的十一届三中全会后，针对当时社会上出现的反对毛泽东思想的错误思潮，1979 年 3 月，邓小平鲜明地提出了"实现四个现代化必须坚持四项基本原则"[①]。从 1980 年 3 月到 1981 年 6 月，在邓小平的主持下，党中央提出了对起草《中国共产党中央委员会关于建国以来党的若干历史问题的决议》（以下简称《决议》）的意见。邓小平提出了三条原则，其中，最重要、最根本、最关键的是第一条，即"确立毛泽东同志的历史地位，坚持和发展毛泽东思想"[②]。在《决议》的起草过程

---

① 邓小平. 坚持四项基本原则[M]//邓小平. 邓小平文选：第二卷. 2 版. 北京：人民出版社，1994：163.

② 邓小平. 对起草《关于建国以来党的若干历史问题的决议》的意见[M]//邓小平. 邓小平文选：第二卷. 2 版. 北京：人民出版社，1994：291.

中，邓小平反复强调这条原则。《决议》的起草工作基本完成后，党中央组织党内4 000 名高级干部进行了讨论。针对讨论中出现的一些不正确意见，邓小平明确指出："毛泽东思想这个旗帜丢不得。丢掉了这个旗帜，实际上就否定了我们党的光辉历史。"①

1981 年 6 月 27 日，党的十一届六中全会通过了《中国共产党中央委员会关于建国以来党的若干历史问题的决议》，科学地、实事求是地评价了毛泽东同志的历史地位和毛泽东思想的指导作用。该决议指出，"毛泽东同志是伟大的马克思主义者，是伟大的无产阶级革命家、战略家和理论家……他的功绩是第一位的，错误是第二位的"②。毛泽东思想是马克思主义中国化时代化第一次历史性飞跃的理论成果，"毛泽东思想是马克思列宁主义在中国的运用和发展，是被实践证明了的关于中国革命的正确的理论原则和经验总结，是中国共产党集体智慧的结晶"③。该决议强调："毛泽东思想是我们党的宝贵的精神财富，它将长期指导我们的行动。"④

今天，中国特色社会主义已经进入新时代，每当想到久经磨难的中华民族从站起来、富起来到强起来的伟大飞跃，每个中国人都会从心底产生一分骄傲和自豪，希望永远看到高高悬挂在天安门城楼上的毛主席画像，并且希望其永不褪色。

学习检测

一、判断题

1. 一代伟人毛泽东也有过长时间的非马克思主义者的思想经历。在对各种思潮的反复比较中，毛泽东才最终自觉地选择了马克思主义，并成为马克思主义中国化时代化的开路先锋和最杰出的代表，领导中国人民站起来！   （   ）

2. 中国共产党领导人民进行革命和建设的成功实践是毛泽东思想形成和发展的实践基础。   （   ）

3. 毛泽东领导南昌起义的队伍开辟了井冈山革命根据地，从实践中找到了一条

① 邓小平. 对起草《关于建国以来党的若干历史问题的决议》的意见[M]//邓小平. 邓小平文选：第二卷. 2 版. 北京：人民出版社，1994：298.
② 中国共产党中央委员会. 中国共产党中央委员会关于建国以来党的若干历史问题的决议[M]//中共中央文献研究室. 改革开放三十年重要文献选编：上. 北京：中央文献出版社，2008：204.
③ 中国共产党中央委员会. 中国共产党中央委员会关于建国以来党的若干历史问题的决议[M]//中共中央文献研究室. 改革开放三十年重要文献选编：上. 北京：中央文献出版社，2008：204.
④ 中国共产党中央委员会. 中国共产党中央委员会关于建国以来党的若干历史问题的决议[M]//中共中央文献研究室. 改革开放三十年重要文献选编：上. 北京：中央文献出版社，2008：210.

农村包围城市、武装夺取政权的中国革命新道路。　　　　　　　　（　　）

4. 1938 年，毛泽东在党的六届六中全会上第一次提出了"马克思主义的中国化"的命题，彰显出中国共产党人的思想理论不断走向自觉与成熟。　　（　　）

5. 1942 年，整风运动开始。这是一场伟大的思想解放运动，它使毛泽东的正确思想在党内得到了广泛认同和普遍接受。　　　　　　　　　　（　　）

6. 1937 年，毛泽东先后撰写了《实践论》《矛盾论》两篇闪耀着马克思主义理论光辉的重要著作。在这两篇著作中，他根据辩证唯物主义和历史唯物主义理论，系统分析了党内"左"的和右的错误思想的根源。　　　　　　　　（　　）

7. 独立自主讲的是党的根本政治原则，就是从中国实际出发，把国家和民族发展放在自己力量的基点上，坚持民族自尊心和自信心，坚定不移走自己的路。　（　　）

8. 在《实践论》这篇文章中，毛泽东提出了"没有调查，没有发言权""中国革命斗争的胜利要靠中国同志了解中国情况"的科学论断，初步形成了"毛泽东思想的活的灵魂"的基本内涵。　　　　　　　　　　　　　　　（　　）

9. 解放思想是我们党的生命线和根本工作路线，是我们党永葆青春活力和战斗力的重要传家宝。　　　　　　　　　　　　　　　　　　　　　（　　）

10. 以毛泽东同志为主要代表的共产党人，面对中国的特殊国情，从失败的教训中创造性地解决了马克思列宁主义基本原理同中国革命具体实际相结合的一系列重大问题，深刻分析了中国的社会形态和阶级状况，弄清了中国革命的性质、对象、任务、动力，提出了通过新民主主义革命走向社会主义的两步走的战略，制定了新民主主义革命的总路线，开辟了以农村包围城市，最后夺取全国胜利的革命道路。　（　　）

二、单项选择题

1. （　　）作为马克思主义中国化时代化的第一个重大理论成果，至今依然闪耀着真理的光芒。

A. 三民主义　　　　　　　　　　B. 新村主义

C. 教育救国思想　　　　　　　　D. 毛泽东思想

2. 1918 年 4 月，毛泽东和萧子升等成立了（　　），其以"革新学术，砥砺品行，改良人心风俗"为宗旨。

A. 觉悟社　　　　　　　　　　　B. 新民学会

C. 少年中国学会　　　　　　　　D. 新声社

3. 下列会议中，（　　）确立了毛泽东在全党的领导地位，是党的历史上一个生死攸关的转折点。

A. 八七会议　　　　　　　　　　B. 遵义会议

C. 党的六届六中全会　　　　　　　D. 党的七大

4. 1930 年 1 月，毛泽东写了（　　）著名书信，否定了照搬外国经验的"城市中心论"，提出了"以农村为中心"的思想。

A. 《星星之火，可以燎原》

B. 《井冈山的斗争》

C. 《中国的红色政权为什么能够存在？》

D. 《中国革命和中国共产党》

5. 党的十一届三中全会以后，对毛泽东同志和毛泽东思想的历史地位作出科学评价的历史文献是（　　）。

A. 《解放思想，实事求是，团结一致向前看》

B. 《中国共产党中央委员会关于建国以来党的若干历史问题的决议》

C. 《全面开创社会主义现代化建设的新局面》

D. 《中共中央关于社会主义精神文明建设指导方针的决议》

6. 1943 年 7 月 5 日，（　　）发表《中国共产党与中国民族解放的道路》，首次提出了"毛泽东思想"这一科学概念。

A. 刘少奇　　　　　　　　　　　　B. 张闻天

C. 王稼祥　　　　　　　　　　　　D. 博古

7. 在（　　）上，毛泽东总结了大革命失败的教训，提出了"政权是由枪杆子中取得的"著名论断。

A. 党的三大　　　　　　　　　　　B. 八七会议

C. 中华苏维埃第一次全国代表大会　D. 遵义会议

8. "谁是我们的敌人？谁是我们的朋友？这个问题是革命的首要问题"，这是毛泽东在（　　）中提出来的。

A. 《中国革命和中国共产党》　　　B. 《在晋绥干部会议上的讲话》

C. 《中国社会各阶级的分析》　　　D. 《新民主主义论》

9. 中华人民共和国成立以后，毛泽东又提出（　　），并率先提出要实现马克思主义同中国实际的第二次结合，领导创建并不断发展和完善了社会主义基本制度。

A. 新民主主义革命理论　　　　　　B. 社会主义改造理论

C. 新村主义　　　　　　　　　　　D. 新经济政策

10. 概括为"毛泽东思想的活的灵魂"的不包括（　　）。

A. 实事求是　　　　　　　　　　　B. 群众路线

C. 独立自主　　　　　　　　　　　D. 绝对领导

11. 毛泽东思想作为马克思主义中国化时代化的第一个重大理论成果，是由一系列相互关联的重要理论观点所构成的一个完整的科学思想体系。这一科学思想体系所围绕的主题是（　　）。

A. 中国革命和建设　　　　　　B. 中国命运和前途

C. 中国社会性质和阶级状况　　D. 中国改革和发展

12. 毛泽东明确提出"马克思主义中国化"命题是在（　　）。

A. 瓦窑堡会议　　　　　　　　B. 洛川会议

C. 党的六届六中全会　　　　　D. 党的七大

13. 毛泽东思想正式命名并被确立为党的指导思想是在（　　）。

A. 党的二大　　　　　　　　　B. 党的七大

C. 党的六届六中全会　　　　　D. 党的八大

14. 毛泽东提出中国革命要走农村包围城市、武装夺取政权的道路，是在（　　）。

A. 国民革命时期　　　　　　　B. 土地革命战争时期

C. 抗日战争时期　　　　　　　D. 解放战争时期

重点·难点·热点

一、五四运动前后，中国的先进知识分子怎样选择了马克思主义

由于历史的需要，国家出路探索的困境促使先进知识分子重新做出选择。辛亥革命推翻了清朝统治，废除了封建君主专制制度，建立了资产阶级民主共和国。然而，一个旧时代结束了，一个新时代并没有降临。知识分子发现，人民仍然陷于苦难的深渊中。他们痛苦地反思，为什么资产阶级民主共和国徒有虚名？难道只是因为袁世凯窃取了革命果实吗？中华民族的出路到底在哪里？他们反思的结论是，其根源在于国民意识的封建性。于是，以陈独秀、李大钊等为代表的知识分子高举"民主"和"科学"的大旗，发起新文化运动。面对新文化运动后传入中国的实用主义、国家主义、无政府主义等各种思潮，中国知识分子有了更加主动的甄别和选择意识。此时，毛泽东就深受各种改良思潮的影响，与蔡和森等到岳麓山的各个乡村进行了短暂的"新村"实验，希望通过走温和的改良道路达到改造社会的目的。

1917 年，十月革命把马克思主义由理论变为现实，展现了用马克思主义改造世界的伟大力量。这场革命震动了全世界，也照亮了中国革命的道路。"十月革命一声炮响，给我们送来了马克思列宁主义。"① 中国先进的知识分子敏感地意识到，现在

---

① 毛泽东. 论人民民主专政［M］//毛泽东. 毛泽东选集：第四卷. 2 版. 北京：人民出版社，1991：1471.

有一股浩浩荡荡的世界新潮起于东欧。毛泽东当时就兴奋地说，"我看俄国式的革命，是无可如何的山穷水尽诸路皆走不通了的一个变计"①。这表明，当时知识分子首先被马克思主义指导俄国革命成功的方法所吸引。十月革命让知识分子看到了希望，即用马克思主义来解决中国问题应该是有效的和可能的，所以，选择马克思主义，"走俄国人的路"② 就成为知识分子的选择。

马克思主义自身的理论特质也深深吸引了中国知识分子。马克思主义深刻地揭示了自然界、人类社会、人类思维发展的普遍规律，为人类社会的发展进步指明了方向。特别是马克思主义的阶级斗争思想、无产阶级专政思想、共产主义思想充满了理论的力量，对当时革命力量弱小、面临反帝反封建的双重任务的中国具有极大的吸引力。毛泽东在这个时期受到马克思主义的阶级斗争理论的影响，他曾说："我第二次到北京期间，读了许多关于俄国情况的书。我热心地搜寻那时候能找到的为数不多的用中文写的共产主义书籍。"③

五四运动不仅促进了马克思主义在中国的广泛传播，而且促进了马克思主义同中国工人运动的结合。五四运动后，马克思主义成为新文化运动的主流，而且工人阶级登上了历史舞台，并显示出伟大的力量。1921 年，伟大的中国共产党应运而生。他们把马克思主义作为指导思想写在自己的旗帜上，担负起中华民族伟大复兴的责任，砥砺前行。

二、试述马克思主义中国化时代化的历史进程

中国共产党的历史，是一部不断推进马克思主义中国化时代化的历史，是一部不断推进理论创新、进行理论创造的历史。

在新民主主义革命时期，以毛泽东同志为主要代表的中国共产党人，把马克思列宁主义基本原理同中国具体实际结合起来，对经过艰苦探索、付出巨大牺牲积累的一系列独创性经验作了理论概括，开辟了农村包围城市、武装夺取政权的正确革命道路，创立了毛泽东思想。在社会主义革命和建设时期，以毛泽东同志为主要代表的中国共产党人，提出把马克思列宁主义基本原理同中国具体实际进行"第二次结合"，提出了关于社会主义建设的一系列重要思想，结合新的实际丰富和发展了毛泽东思想。毛泽东思想是马克思主义中国化时代化的第一次历史性飞跃。

---

① 毛泽东. 致蔡和森等[M]//中共中央文献研究室. 毛泽东书信选集. 北京：中央文献出版社，2003：4.
② 中共中央文献研究室. 毛泽东思想年编：一九二一——一九七五[M]. 北京：中央文献出版社，2011：660.
③ 中共中央文献研究室. 毛泽东年谱：一八九三——一九四九　上卷[M]. 北京：中央文献出版社，2002：57.

党的十一届三中全会以后，以邓小平同志为主要代表的中国共产党人，团结带领全党全国各族人民，深刻总结中华人民共和国成立以来正反两方面经验，围绕什么是社会主义、怎样建设社会主义这一根本问题，借鉴世界社会主义历史经验，创立了邓小平理论，解放思想，实事求是，作出把党和国家工作中心转移到经济建设上来、实行改革开放的历史性决策，深刻揭示社会主义本质，确立社会主义初级阶段基本路线，明确提出走自己的路、建设中国特色社会主义，科学回答了建设中国特色社会主义的一系列基本问题，制定了到二十一世纪中叶分"三步走"、基本实现社会主义现代化的发展战略，成功开创了中国特色社会主义。

党的十三届四中全会以后，以江泽民同志为主要代表的中国共产党人，团结带领全党全国各族人民，坚持党的基本理论、基本路线，加深了对什么是社会主义、怎样建设社会主义和建设什么样的党、怎样建设党的认识，形成了"三个代表"重要思想，在国内外形势十分复杂、世界社会主义出现严重曲折的严峻考验面前捍卫了中国特色社会主义，确立了社会主义市场经济体制的改革目标和基本框架，确立了社会主义初级阶段公有制为主体、多种所有制经济共同发展的基本经济制度和按劳分配为主体、多种分配方式并存的分配制度，开创全面改革开放新局面，推进党的建设新的伟大工程，成功把中国特色社会主义推向二十一世纪。

党的十六大以后，以胡锦涛同志为主要代表的中国共产党人，团结带领全党全国各族人民，在全面建设小康社会进程中推进实践创新、理论创新、制度创新，深刻认识和回答了新形势下实现什么样的发展、怎样发展等重大问题，形成了科学发展观，抓住重要战略机遇期，聚精会神搞建设，一心一意谋发展，强调坚持以人为本、全面协调可持续发展，着力保障和改善民生，促进社会公平正义，推进党的执政能力建设和先进性建设，成功在新形势下坚持和发展了中国特色社会主义。

党的十八大以来，中国特色社会主义进入新时代，以习近平同志为主要代表的中国共产党人，坚持把马克思主义基本原理同中国具体实际相结合、同中华优秀传统文化相结合，系统回答了新时代坚持和发展什么样的中国特色社会主义、怎样坚持和发展中国特色社会主义，建设什么样的社会主义现代化强国、怎样建设社会主义现代化强国，建设什么样的长期执政的马克思主义政党、怎样建设长期执政的马克思主义政党等重大时代课题，提出一系列原创性的治国新理念新思想新战略，创立了习近平新时代中国特色社会主义思想，实现了马克思主义中国化时代化新的飞跃。

三、简单梳理毛泽东思想发展的历史进程

毛泽东思想是在同各种错误思潮，特别是同教条主义错误倾向做斗争的过程中，在我国新民主主义革命、社会主义革命和社会主义建设的实践过程中，在总结我国革

命和建设正反两方面历史经验的基础上，逐渐形成与发展起来的，经历了萌芽、形成、成熟和继续发展四个阶段。

（一）在大革命时期萌芽

（1）党的二大制定了党在民主革命阶段的反帝反封建纲领。

（2）党的三大确定了同国民党合作、建立革命统一战线的策略。

（3）党的四大提出了无产阶级领导权和工农联盟思想。

（4）新民主主义革命基本思想的提出标志着毛泽东思想萌芽：毛泽东的《国民党右派分离的原因及其对于革命前途的影响》《中国社会各阶级的分析》《国民革命与农民运动》《湖南农民运动考察报告》等著作集中体现了党把马克思列宁主义同中国革命具体实际相结合的最初成果。

（二）在土地革命战争前期形成

（1）大革命失败后，八七会议确定了土地革命和武装起义的总方针。

（2）20世纪20年代后期和30年代前期，在党内盛行把马克思主义教条化、把共产国际的决议和苏联经验神圣化的错误倾向。

（3）以毛泽东同志为主要代表的中国共产党人在同错误倾向做斗争的过程中，通过实践走出了一条农村包围城市、武装夺取政权的革命道路。毛泽东还发表了《中国的红色政权为什么能够存在?》《井冈山的斗争》《关于纠正党内的错误思想》《星星之火，可以燎原》《反对本本主义》《怎样分析农村阶级》等一系列著作，初步形成了关于中国革命新道路的理论。

（4）毛泽东提出并深入阐述的农村包围城市、武装夺取政权的思想，对红军和农村革命根据地的建立、巩固和发展发挥着根本指导作用，标志着毛泽东思想基本形成。

1930年1月，毛泽东发表《星星之火，可以燎原》，实际上确立了以农村为中心的思想。

1930年5月，毛泽东发表《反对本本主义》，包含后来被称为"毛泽东思想的活的灵魂"的实事求是、群众路线、独立自主三个方面的基本因子，初步形成了马克思主义的思想路线。

（三）在土地革命战争后期和抗日战争时期得到系统总结与多方面展开而达到成熟

1. 成熟的原因

（1）在1935年遵义会议上，毛泽东在全党实际领导地位的确立是根本政治保证。1938年，在党的扩大的六届六中全会上，毛泽东提出了"马克思主义的中国化"的命题。

（2）对大革命和土地革命战争时期两次胜利与两次失败的反复比较提供了丰富

的历史经验。

（3）抗日战争的复杂环境和丰富实践提供了深厚的现实土壤。

（4）在整风运动中，党的理论素养的加强和思想路线的端正奠定了必要的思想与理论基础。

（5）共产国际指导思想的改变提供了一定的外部环境。

2. 成熟的表现

（1）毛泽东发表了《论反对日本帝国主义的策略》《中国革命战争的战略问题》《实践论》《矛盾论》《抗日游击战争的战略问题》《论持久战》《中国共产党在民族战争中的地位》《战争和战略问题》《〈共产党人〉发刊词》《中国革命和中国共产党》《新民主主义论》《改造我们的学习》《在延安文艺座谈会上的讲话》《论联合政府》等一系列著作，全面阐明了党的马克思主义的政治、军事、思想路线。

（2）中国共产党提出了新民主主义的理论体系。第一，阐明了中国新民主主义革命的基本理论和基本路线；第二，概括了中国革命的三大法宝；第三，制定了新民主主义三大纲领。

（3）以毛泽东同志为核心的党的第一代中央领导集体初步形成。第一，刘少奇、周恩来、朱德、任弼时是这个集体的重要成员。第二，刘少奇的《论共产党员的修养》《论党内斗争》《论党》，周恩来的《关于党的"六大"的研究》《论统一战线》，朱德的《论解放区战场》等分别从党的建设、统一战线、武装斗争等方面丰富了毛泽东思想的内容。

（四）在解放战争时期和中华人民共和国成立以后得到继续发展

（1）在理论上，毛泽东发表了《目前形势和我们的任务》《在晋绥干部会议上的讲话》《在中国共产党第七届中央委员会第二次全体会议上的报告》《论人民民主专政》《不要四面出击》《论十大关系》《关于正确处理人民内部矛盾的问题》等一系列著作，对已经形成的新民主主义理论进行了丰富与完善，并在新的实践基础上，形成了关于社会主义革命和社会主义建设的正确理论原则与经验总结。

（2）在实践上，毛泽东及时领导全党进行适合中国国情的社会主义建设新道路的探索。

四、请分析毛泽东思想的主要内容

毛泽东思想紧紧围绕中国革命和建设的主题，提出了一系列相互关联的重要理论观点，构成了一个完整的科学思想体系。毛泽东思想以独创性的理论丰富和发展了马克思列宁主义，主要体现在以下几个方面。

1. 新民主主义革命理论

毛泽东从中国的历史和现实出发，深刻研究中国革命的特点和规律，发展了马克思列宁主义关于无产阶级在民主革命中的领导权思想，创立了无产阶级领导的，工农联盟为基础的，人民大众的，反对帝国主义、封建主义和官僚资本主义的新民主主义革命理论。其基本点：一是认为中国资产阶级有两个部分：依附于帝国主义的大资产阶级和既有革命要求又有动摇性的民族资产阶级。二是认为由于帝国主义的侵略，加之中国没有资产阶级民主，因此中国革命只能以长期的武装斗争为主要形式。通过建立农村根据地，进行长期的革命斗争，发展和壮大革命力量，开创出一条以农村包围城市、最后夺取全国胜利的革命道路。

新民主主义革命理论，是以毛泽东同志为主要代表的中国共产党人，把马克思列宁主义基本原理同中国具体实际相结合，对经过艰苦探索、付出巨大牺牲积累的一系列独创性经验作出的理论概括，是反映新民主主义革命客观规律的完备的理论形态。

2. 社会主义革命和社会主义建设理论

新民主主义革命胜利后，毛泽东领导我们党，依据新民主主义革命胜利所创造的向社会主义过渡的经济政治条件，采取社会主义工业化和社会主义改造并举的方针，实行逐步改造生产资料私有制的具体政策，从理论和实践上解决了如何在中国这样一个占世界人口近 1/4、经济文化落后的大国建立社会主义制度这一重大问题。毛泽东提出的把对人民内部的民主和对敌人的专政互相结合起来就是人民民主专政的理论，丰富了马克思列宁主义关于无产阶级专政的学说。在社会主义制度建立以后，毛泽东提出把马克思列宁主义基本原理同中国具体实际进行"第二次结合"，领导全党和全国人民积极探索适合中国国情的社会主义建设道路，提出了一系列具有战略意义的正确思想和方针，如社会主义社会发展历史阶段、基本矛盾等。这些正确的思想、方针和主张，对中国特色社会主义建设道路的探索具有重要的指导意义。

3. 革命军队建设和军事战略的理论

毛泽东系统解决了如何把以农民为主要成分的革命军队建设成为一支无产阶级性质的、具有严格纪律的、同人民群众保持亲密联系的新型人民军队的问题，解决了如何开展人民革命战争，应当实行什么样的战略战术，如何巩固国防等一系列重大方针问题。他规定了党对军队绝对领导的原则，指明了是党指挥枪而不是枪指挥党，强调全心全意为人民服务是人民军队的唯一宗旨，制定了三大纪律、八项注意，强调实行政治、经济、军事三大民主，实行官兵一致、军民一致和瓦解敌军的原则，提出和总结了一套军队政治工作的方针和方法。他总结了中国长期革命战争的经验，系统地提出了建设人民军队的思想，提出以人民军队为骨干，依靠广大人民群众，建立农村根据地，进行人民战争的思想。他把游击战争提到了战略的地位，认为中国革命战争在长时期内的主要作战形式是游击战和带游击性的运动战。他在解放战争中总结出著名的十大军事原则，创造性地解决了缔造一个在党的绝对领导下的人民武装力量的一系列重大问题，建成了一支具有一往无前精神、能压倒一切敌人而决不被敌人所屈服的新型人民军队。在中华人民共和国成立以后，他提出必须加强国防，建设包括海军、空军以及其他技术兵种在内的现代化革命武装力量以及发展包括用以自卫的核武器等现代化国防技术的重要指导思想。这些都是毛泽东对马克思列宁主义军事理论极为杰出的贡献。

4. 政策和策略的理论

毛泽东精辟地论证了革命斗争中政策和策略问题的极端重要性，指出政策和策略是党的生命，必须根据政治形势、阶级关系和实际情况及其变化制定党的政策，把原则性和灵活性结合起来。他在总结实践经验的基础上，提出了许多重要的政策和策略思想。例如，战略上要藐视敌人，战术上要重视敌人；要掌握斗争的主要方向，不要四面出击；对敌人要区别对待、分化瓦解，实行利用矛盾、争取多数、反对少数、各个击破的策略，并做到有理、有利、有节；在反动统治地区，把公开斗争和秘密斗争结合起来，在组织上采取隐蔽精干的方针；对被打倒的反动统治阶级成员和反动分子，只要他们不造反、不捣乱，都给予生活出路，让他们在劳动中改造成为自食其力的劳动者；无产阶级及其政党要实现自己对同盟者的领导必须具备的两个条件，等等。这些政策和策略思想凝聚了党在长期实践中积累的丰富经验，及时解决了中国革命和建设进程中一道道极为复杂的难题。

5. 思想政治工作和文化工作的理论

掌握思想教育，是团结全党进行伟大政治斗争的中心环节。毛泽东对此提出许多具有长远意义的重要思想。例如，关于思想政治工作是经济工作和其他一切工作的生命线，要实行政治和经济的统一、政治和技术的统一、又红又专的方针；关于发展民族的、科学的、大众的文化，实行百花齐放、百家争鸣和古为今用、洋为中用、推陈出新的方针；关于知识分子在革命和建设中具有重要作用，知识分子要同工农相结合，通过学习马克思列宁主义、学习社会和工作实践，树立无产阶级世界观的思想，等等。他指出，"为什么人的问题，是一个根本的问题，原则的问题"①，强调要全心全意为人民服务，对革命工作要极端负责，要艰苦奋斗和不怕牺牲。

6. 党的建设理论

在无产阶级人数很少而战斗力很强、农民和其他小资产阶级占人口大多数的国

---

① 毛泽东. 在延安文艺座谈会上的讲话［M］//毛泽东. 毛泽东选集：第三卷. 2 版. 北京：人民出版社，1991：857.

家，建设一个具有广泛群众性的、马克思主义的无产阶级政党，是极其艰巨的任务。毛泽东建党学说成功地解决了这个问题。马克思主义政党的先进性，首先体现为思想理论上的先进性。注重思想建党、理论强党，是我们党的鲜明特色和光荣传统。毛泽东特别注重从思想上建党。他指出，理论和实践相结合的作风，和人民群众紧密地联系在一起的作风，以及自我批评的作风，是中国共产党区别于其他任何政党的显著标志。针对历史上党内斗争中存在过的"残酷斗争、无情打击"的"左"的错误，他提出"惩前毖后、治病救人"的正确方针，强调在党内斗争中要达到既弄清思想又团结同志的目的。他创造了全党通过批评与自我批评进行马克思列宁主义思想教育的整风形式。在中华人民共和国成立前后，他多次提出务必使同志们继续地保持谦虚、谨慎、不骄、不躁的作风，务必使同志们继续地保持艰苦奋斗的作风；要求全党警惕资产阶级思想的侵蚀，反对脱离群众的官僚主义。这些重要思想，创造性地解决了在中国这种特殊的社会历史条件下建设马克思主义政党的一系列重大问题，为马克思主义建党理论增添了新的内容，为把中国共产党建设成为用科学理论和革命精神武装起来的、同人民群众有着血肉联系的、思想上政治上组织上完全巩固的马克思主义政党指明了正确的方向。

五、如何理解"毛泽东思想的活的灵魂"的科学内涵及其相互关系

以毛泽东同志为主要代表的中国共产党人在实现马克思主义同中国革命和建设实际相结合的第一次历史性飞跃中，形成了具有自己特色的立场、观点和方法，丰富和发展了马克思列宁主义。但是，具有中国共产党人特色的立场、观点和方法究竟包括哪些方面？它们的基本内涵和基本要求分别是什么？在一段较长时间内，中国共产党没有做出比较系统、完整的论述，也没有把它们提到"灵魂""精髓"的高度凸显它们的本质意义。以邓小平同志为核心的党的第二代中央领导集体在总结历史经验的基础上，重新审视、构建毛泽东思想科学体系，第一次把这些具有中国共产党人特色的立场、观点和方法概括为实事求是、群众路线、独立自主，并称之为"毛泽东思想的活的灵魂"。这一概括既继承了马克思主义经典作家一脉相承的思路，科学地反映了毛泽东思想的本质与特征，又是对马克思列宁主义、毛泽东思想的一个重要贡献。它不仅使长期以来党和毛泽东强调的中国共产党人特有的马克思主义的立场、观点和方法有了系统、完整、清晰、明确的科学表述，而且以其创造性的内容丰富了马克思主义思想宝库。

"毛泽东思想的活的灵魂"是贯穿毛泽东思想各个组成部分的立场、观点和方法，它们有三个基本方面，即实事求是、群众路线、独立自主。

首先，实事求是是毛泽东思想的基本点，是毛泽东思想的精髓。毛泽东在 1941

年所作的《改造我们的学习》报告中指出："'实事'就是客观存在着的一切事物，'是'就是客观事物的内部联系，即规律性，'求'就是我们去研究。我们要从国内外、省内外、县内外、区内外的实际情况出发，从其中引出其固有的而不是臆造的规律性，即找出周围事变的内部联系，作为我们行动的向导。"① 毛泽东的这一精辟论述言简意赅地指出了作为马克思主义科学世界观的"实事求是"的实质，集中体现了辩证唯物主义和历史唯物主义的根本要求。邓小平认为，马克思、恩格斯创立了辩证唯物主义和历史唯物主义的思想路线，毛泽东用中国语言将之概括为"实事求是"四个大字。实事求是，一切从实际出发，理论联系实际，坚持实践是检验真理的标准。这是中国共产党人认识世界、改造世界的根本要求，是中国共产党的思想路线。由此可以看出，实事求是的思想路线就是辩证唯物主义和历史唯物主义的思想路线，是毛泽东思想的根本出发点，是毛泽东思想的精髓，也是中国革命和建设事业不断取得胜利的根本思想保证。坚持实事求是的思想路线，中国革命和建设事业就会取得胜利；反之，就会遭受重大挫折。

其次，群众路线是中国共产党的根本路线。"群众路线，就是一切为了群众，一切依靠群众，从群众中来，到群众中去，把党的正确主张变成群众的自觉行动。"② 这是以毛泽东同志为主要代表的中国共产党人，把历史唯物主义关于人民群众是历史的创造者原理运用于党的全部活动中而形成的党的一切工作的根本路线，是对党所领导的人民革命斗争历史经验的总结。群众路线是由党的全心全意为人民服务的根本宗旨决定的，是实现党的宗旨的必然要求和根本体现，是"毛泽东思想的活的灵魂"之一。其中，"一切为了群众，一切依靠群众"是群众路线的核心内容；"从群众中来，到群众中去"是中国共产党最基本的领导方法和工作方法。总之，群众路线是中国共产党的根本政治路线和组织路线，是党的一切工作和一切组织必须坚持与贯彻的根本路线。坚持群众路线，就是坚持人民是推动历史发展的根本力量，坚持全心全意为人民服务的根本宗旨，就是要保持党同人民群众的血肉联系。

最后，独立自主是中国革命和建设的基本立足点。独立自主，就是坚持独立思考，走自己的路，就是坚定不移地维护民族独立、捍卫国家主权，把立足点放在依靠自己力量的基础上，同时积极争取外援，开展国际经济文化交流，学习外国一切对我们有益的先进事物。独立自主、自力更生是以毛泽东同志为主要代表的中国共产党人提出的根本方针；是中国革命和建设所必须坚持与遵守的基本原则；是从中国实际出发，依靠中国

---

① 毛泽东. 改造我们的学习[M]//毛泽东. 毛泽东选集：第三卷. 2版. 北京：人民出版社，1991：801.

② 中国共产党中央委员会. 中国共产党中央委员会关于建国以来党的若干历史问题的决议[M]//中共中央文献研究室. 改革开放三十年重要文献选编：上. 北京：中央文献出版社，2008：209.

人民自己的智慧和力量进行革命和建设的必然结论。无产阶级革命是国际性事业，需要各国无产阶级互相支持和援助，但首先需要各国无产阶级立足于本国，依靠本国人民的力量，做好本国的革命事业，这是马克思列宁主义的一个基本原则。因为各国的国情不一样，革命发展道路也不可能一样，这就需要各国共产党人从本国实际出发，依靠本国人民的力量去探索一条适合本国国情的发展道路。毛泽东在领导中国人民进行新民主主义革命的过程中，明确提出了独立自主、自力更生的方针，从而取得了中国革命的伟大胜利。中华人民共和国成立后，独立自主、自力更生的方针成为一项基本国策。在这一国策的指导下，中国人民克服了重重困难，顶住了国内外的压力，从而捍卫了国家的独立、主权和民族尊严；主要依靠自己的力量，建立了比较完整的工业体系和国民经济体系。此外，坚持独立自主、自力更生的方针和原则，就是坚持独立自主的和平外交政策，坚定不移地走和平发展道路，必须正确处理国家之间的关系、党际关系。

综上所述，"毛泽东思想的活的灵魂"的三个基本方面之间是相互依赖、相互制约的辩证统一关系，它使毛泽东思想成为一个完整的、科学的理论体系。

习近平在中共中央举行的纪念毛泽东同志诞辰 120 周年座谈会上指出："毛泽东思想活的灵魂是贯穿其中的立场、观点、方法，它们有三个基本方面，这就是实事求是、群众路线、独立自主。新形势下，我们要坚持和运用好毛泽东思想活的灵魂，把我们党建设好，把中国特色社会主义伟大事业继续推向前进。"[①] "实事求是，是马克思主义的根本观点，是中国共产党人认识世界、改造世界的根本要求，是我们党的基本思想方法、工作方法、领导方法。不论过去、现在和将来，我们都要坚持一切从实际出发，理论联系实际，在实践中检验真理和发展真理。"[②] "群众路线是我们党的生命线和根本工作路线，是我们党永葆青春活力和战斗力的重要传家宝。不论过去、现在和将来，我们都要坚持一切为了群众，一切依靠群众，从群众中来，到群众中去，把党的正确主张变为群众的自觉行动，把群众路线贯彻到治国理政全部活动之中。"[③] "独立自主是我们党从中国实际出发、依靠党和人民力量进行革命、建设、改革的必然结论。不论过去、现在和将来，我们都要把国家和民族发展放在自己力量的基点上，坚持民族自尊心和自信心，坚定不移走自己的路。"[④]

① 习近平. 坚持和运用好毛泽东思想活的灵魂[M]//习近平. 习近平谈治国理政. 北京：外文出版社，2014：25.
② 习近平. 坚持和运用好毛泽东思想活的灵魂[M]//习近平. 习近平谈治国理政. 北京：外文出版社，2014：25.
③ 习近平. 坚持和运用好毛泽东思想活的灵魂[M]//习近平. 习近平谈治国理政. 北京：外文出版社，2014：27.
④ 习近平. 坚持和运用好毛泽东思想活的灵魂[M]//习近平. 习近平谈治国理政. 北京：外文出版社，2014：29.

六、如何科学地评价毛泽东和毛泽东思想

毛泽东是马克思主义中国化时代化的伟大开拓者，为党、为国家、为民族作出了彪炳史册的伟大贡献，但他在晚年也犯过严重错误。对于毛泽东的历史功过，我们党在 1981 年的《中国共产党中央委员会关于建国以来党的若干历史问题的决议》中给出了明确的结论。但是，由于种种原因，这个问题在今天仍然很受关注，甚至有一些噪声、杂音。那么，如何科学地评价毛泽东和毛泽东思想呢？

1. 马克思主义中国化时代化的第一个重大理论成果

毛泽东同志是伟大的马克思主义者，是伟大的无产阶级革命家、战略家、理论家，是马克思主义中国化时代化的伟大开拓者，是毛泽东思想的创立者。毛泽东思想是马克思主义中国化时代化第一次历史性飞跃的理论成果，在新民主主义革命、社会主义革命和建设、军队和国防建设、政策和策略、思想政治工作和文化工作、外交工作和党的建设等方面，以独创性的理论丰富和发展了马克思列宁主义。

在中国共产党的历史上，毛泽东第一个明确提出了马克思主义中国化时代化的科学命题和重大任务，并为此进行了艰苦的探索，使马克思主义在中国生根、开花、结果，为党领导的革命和建设事业的发展奠定了坚实的思想理论基础。贯穿于毛泽东思想科学体系中的立场、观点和方法是最能体现毛泽东思想理论本质特点的思想内容，属于哲学层面的概括和总结。实事求是、群众路线、独立自主是毛泽东把辩证唯物主义和历史唯物主义运用到中国革命和建设实践中所形成的具有中国共产党人鲜明特色的立场、观点、方法，是我们党进行革命、建设和改革的出发点、根本点和立足点，为党和人民事业发展提供了科学指引。

在马克思主义中国化时代化的历史进程中，毛泽东思想为中国特色社会主义理论体系的形成奠定了理论基础，尤其是毛泽东思想关于社会主义建设的理论，为开创和发展中国特色社会主义做了重要的理论准备。此外，毛泽东思想的话语表达做到了理论的通俗化，毛泽东思想所体现的独特理论品格，给新时代党的理论创新、进一步推进马克思主义大众化以重要的启迪。

毛泽东思想所确立的马克思主义中国化时代化的前进方向、基本原则和基本方法，指导着我们党不断推进马克思主义中国化时代化，不断开辟马克思主义中国化时代化新境界。

2. 中国革命和建设的科学指南

毛泽东思想是被实践证明了的关于中国革命和建设的正确的理论原则和经验总结。在毛泽东思想指引下，我们党领导全国人民，找到了一条新民主主义革命的正确道路，完成了反对帝国主义、封建主义、官僚资本主义的任务，结束了中国半殖民地

半封建社会的历史，建立了中华人民共和国，实现了中国从几千年封建专制政治向人民民主的伟大飞跃；找到了一条从新民主主义向社会主义过渡的道路，确立了社会主义基本制度，实现了中华民族有史以来最为广泛而深刻的社会变革，实现了一穷二白、人口众多的东方大国大步迈进社会主义社会的伟大飞跃；毛泽东对适合中国国情的社会主义道路进行了艰辛探索，取得了独创性理论成果和巨大成就，为在新的历史时期开创中国特色社会主义提供了宝贵经验、理论准备、物质基础。他领导我们建立起独立的比较完整的工业体系和国民经济体系，为社会主义现代化建设奠定了重要的物质技术基础，为社会主义建设积累了重要经验。

毛泽东思想关于社会主义建设的基本思想观点，仍具有重要的现实指导作用。关于正确认识和处理社会主义社会基本矛盾、两类不同性质的矛盾尤其是人民内部矛盾的思想，关于调动一切积极因素为社会主义事业服务的思想，关于走中国工业化道路的思想，关于完善社会主义政治制度、扩大社会主义民主等思想，关于实行百花齐放、百家争鸣的思想，关于从思想上建党、加强执政党建设等思想，对于发展中国特色社会主义仍然具有十分重要的指导意义。

3. 中国共产党和中国人民宝贵的精神财富

毛泽东思想形成和发展的历史条件，与我们今天面临的形势和任务有很大的不同，但这丝毫没有减弱和降低毛泽东思想的科学价值。毛泽东追求和倡导的中华民族重新自立于世界民族之林的远大理想，实事求是的思想路线，全心全意为人民服务的根本宗旨，自力更生、艰苦奋斗的革命精神，等等，依然是中国人民不断奋进的强大精神动力，将长期激励和指导我们前进。

不能否认，毛泽东同志在社会主义建设道路的探索中走过弯路，他在晚年，特别是在"文化大革命"中犯了严重错误。但是，革命领袖是人，不是神，他们的认识和行动也要受时代条件的限制。毛泽东晚年犯的错误有其主观因素和个人责任，也有复杂的国内、国际的社会历史原因，我们应该全面、历史、辩证地看待和分析。在中国这样的社会历史条件下建设社会主义没有先例，犹如攀登一座人迹未至的高山，一切攀登者都要披荆斩棘、开辟道路。我们不能脱离当时的历史条件，不能用今天的时代条件、发展水平、认识水平去衡量和要求前人，不能苛求前人干出只有后人才能干出的业绩，也不能因为他有失误就对其全盘否定、抹杀他的历史功绩，从而陷入虚无主义的泥潭。

毛泽东一生为党和人民的事业作出了杰出贡献，《中国共产党中央委员会关于建国以来党的若干历史问题的决议》对毛泽东和毛泽东思想的历史地位作出了科学的、实事求是的评价，对于统一全党的认识起到了重要作用，得到了全党的拥护。该决议指出，毛泽东是伟大的马克思主义者，伟大的无产阶级革命家、战略家和理论家。他为中国共产党和中国人民解放军的创立和发展，为中国各族人民解放事业的胜利，为中华人民共和国的缔造和社会主义事业的发展，建立了不可磨灭的功勋，为世界被压迫民族的解放和人类进步事业作出了重大贡献。由于在中国建设社会主义是一项崭新的事业，人们对如何走出一条适合中国国情的社会主义道路还缺少规律性认识，加上当时复杂严峻的国际环境的影响，我们党在社会主义建设道路的探索中发生过曲折。但总的来说，毛泽东的功绩是第一位的，他的错误是第二位的，他的错误在于违反了他自己正确的东西，是一个伟大的革命家、伟大的马克思主义者所犯的错误。

将毛泽东晚年的错误同经过长期历史检验形成科学理论的毛泽东思想区别开来，为我们完整准确地理解毛泽东思想、坚持和发展毛泽东思想指明了方向。我们应该珍视在中国革命和建设的过程中，把马克思主义基本原理同中国具体实际相结合、同中华优秀传统文化相结合所形成的科学理论成果，并在新的实践中运用和发展。

拓展阅读

[1] 中国共产党中央委员会. 中国共产党中央委员会关于建国以来党的若干历史问题的决议[M]//中共中央文献研究室. 三中全会以来重要文献选编：下. 北京：中央文献出版社，2011：124 – 174.

[2] 邓小平. 对起草《关于建国以来党的若干历史问题的决议》的意见[M]//中共中央文献研究室. 三中全会以来重要文献选编：上. 北京：中央文献出版社，2011：385 – 403.

[3] 习近平. 在纪念毛泽东同志诞辰120周年座谈会上的讲话[M]. 北京：人民出版社，2013.

[4] 习近平. 紧紧围绕坚持和发展中国特色社会主义 学习宣传贯彻党的十八大精神[M]//中共中央文献研究室. 十八大以来重要文献选编：上. 北京：中央文献出版社，2014：72 – 82.

[5] 中国共产党第十九届中央委员会第六次全体会议. 中共中央关于党的百年奋斗重大成就和历史经验的决议[M]. 北京：人民出版社，2021.

 **专题二** 新民主主义革命理论

学习目标

1. 描述新民主主义革命理论形成的依据，弄清新民主主义革命理论的实践基础。
2. 说出新民主主义革命理论的基本内容及意义。
3. 阐释新民主主义革命的道路和三大法宝。
4. 理解新民主主义革命理论是中国革命胜利的指南，是马克思主义中国化时代化的重要成果。

专题导学

1. 背景

没有革命的理论，就没有革命的行动。中国共产党为什么能从小到大、从弱到强？为什么能在其他各种势力都失败的情况下，找到中国革命的正确道路？为什么能带领人民大众，历经 28 年浴血奋斗，推翻帝国主义、封建主义、官僚资本主义"三座大山"，取得新民主主义革命伟大胜利？为什么能走出"山沟沟"、走向全国执政？这一个又一个"为什么能……"的答案，就蕴含在新民主主义革命理论之中。

2. 视频学习中重要事件坐标

- 近代中国国情和中国革命的时代特征
- 孰敌孰友：《中国社会各阶级的分析》
- "枪杆子里面出政权"的由来
- 秋收起义：农村包围城市战略的起点
- 打土豪、分田地
- 十六字游击战术
- 中国革命的命运自己做主：遵义会议
- 进京"赶考"去

- 百万雄师过大江
- 开启历史新纪元
- 《新民主主义论》中的三大纲领
- 新民主主义革命道路
- 武装斗争：中国共产党人战胜敌人的一大法宝
- 统一战线：团结一切可以团结的力量
- 党的建设：中国革命胜利的三大法宝之一

3. 影响

新民主主义革命理论是中国共产党在分析近代中国国情和时代特征的基础上，对中国革命实践经验的概括和总结。近代中国社会的性质和主要矛盾决定了中国革命的首要任务是推翻帝国主义、封建主义和官僚资本主义的统治。新民主主义革命总路线是无产阶级领导的，人民大众的，反对帝国主义、封建主义和官僚资本主义的革命。新民主主义的政治纲领、经济纲领、文化纲领是新民主主义革命总路线的展开和具体化，指明了新民主主义革命的发展方向。中国革命必须走农村包围城市、武装夺取政权的革命道路。统一战线、武装斗争、党的建设是新民主主义革命的三大法宝，是新民主主义革命胜利的基本经验。

4. 想一想

新民主主义革命理论是怎样在不断总结中国革命实践经验的基础上形成的？它经历了一个怎样的发展过程？在其形成的过程中，又存在哪些矛盾和斗争？党是如何纠正来自"左"的和右的错误倾向，并一步步走向成熟的？

视频内容简介

2.1 近代中国国情和中国革命的时代特征

毛泽东曾说，"认清中国社会的性质，就是说，认清中国的国情，乃是认清一切革命问题的基本的根据"①。鸦片战争前，清朝统治下的中国仍是一个主权独立的封

---

① 毛泽东. 中国革命和中国共产党［M］//毛泽东. 毛泽东选集：第二卷. 2 版. 北京：人民出版社，1991：633.

建国家，只是国势日趋衰微，政治腐败，各种社会矛盾激化，封建制度已经走进历史的死胡同。同时，欧美资本主义正迅猛发展，并开始向海外大规模扩张，故步自封的中国遂成为列强觊觎的猎物。

1840 年的鸦片战争就像打开了潘多拉魔盒一般，欧美列强和日本侵略者纷至沓来，接连发动了第二次鸦片战争、中法战争、中日甲午战争、八国联军侵华战争等多次侵略战争，先后逼迫中国签订了一系列丧权辱国的不平等条约，明火执仗地割占中国领土、掠夺中国财富、屠杀中国民众。屹立于东方的大帝国轰然倒塌，中国一步步沦为半殖民地半封建社会，中华民族濒临亡国的边缘。国家和民族付出了刻骨铭心的惨痛代价，中华传统思想文化经历了剧烈变革的阵痛。

这就是近代中国最基本的国情。半殖民地半封建社会既不同于封建社会，又有别于资本主义社会，它蕴含着特殊的社会矛盾和革命要求。这也决定了中国革命仍然是资产阶级民主革命，而且经历了从旧民主主义革命向新民主主义革命的转变，具有鲜明的时代特征。

挨打方知求变。19 世纪后期至 20 世纪初，中国人民在屈辱和苦难中奋起抗争，为探寻民族独立、人民解放和国家富强的出路，各个阶级和无数志士仁人前仆后继、上下求索，共进行了四次早期探索。旧式农民战争的最高峰——太平天国运动，由于农民阶级自身的局限性，在中外反动阶级的联合绞杀下，最终演变成人间悲剧；地主统治阶级中的洋务派打着"自强""求富"的口号，举行洋务运动，但由于没有触动封建统治的根基，在甲午战争的炮声中，洋务运动破了产；资产阶级维新派虽然有"杜鹃啼血"般的爱国情感，但百日维新如昙花一现，资本主义改良道路在中国行不通；资产阶级革命派领导的辛亥革命是一场完全意义上的资本主义民主革命，它推翻了清朝统治，废除了封建君主专制制度，建立了资产阶级民主共和国。然而，一个旧时代结束了，一个新时代并没有降临。中国民族资产阶级固有的软弱性和妥协性决定了它无法将中国民族民主革命引向最后的胜利。这都是旧民主主义革命的范畴。

中国向何处去？中华民族的出路到底在哪里？中国先进知识分子掀起了新文化运动的狂飙，高举民主和科学的旗帜，开启了一场影响深远的思想启蒙运动。各种主义和主张"你方唱罢我登场"，到底哪个能解决中国的问题呢？时代呼唤新的革命理论的产生。

1917 年，十月革命一声炮响，给我们送来了马克思列宁主义，给苦苦探寻救亡图存出路的中国人民指明了前进方向、提供了全新选择。李大钊是把马克思主义运用于中国实际的播火者，率先在中国介绍、宣传和研究马克思主义。1919 年，五四运动爆发，愤怒的学生喊出了彻底的反帝反封建口号。五四运动拉开了中国新民主主义革命的序幕，大大促进了马克思主义的传播。工人阶级也在五四运动中登上了历史舞台，并显示出伟大的力量。进步知识分子敏锐地捕捉到一种思想的力量，在风云激荡中坚定地选择了马克思列宁主义，并从中看到了解决中国问题的出路。1921年，经过马克思列宁主义同工人运动的结合，伟大的中国共产党应运而生。至此，中国革命的面貌焕然一新：领导革命的是无产阶级，指导革命的是马克思列宁主义。这从根本上有别于旧式资产阶级民主革命。

只有认清中国的国情，才能理解在诸多社会矛盾中占支配地位的主要矛盾是帝国主义和中华民族的矛盾、是封建主义和人民大众的矛盾。这决定了近代中国革命的根本任务是推翻帝国主义、封建主义和官僚资本主义的统治，压在中国人民头上的这"三座大山"是中国革命的对象。

2.2 孰敌孰友：《中国社会各阶级的分析》

认清中国的国情是认清革命问题的基本依据，也是实现马克思主义中国化时代化的重要条件。近代中国是半殖民地半封建社会，社会经济发展极不平衡，阶级关系也错综复杂，能否认清社会阶级状况直接关系到革命成败。毛泽东的《中国社会各阶级的分析》一文就是指导中国革命的纲领性文献之一，在中国革命历史上可谓光彩夺目。

1923年，党的三大确定了同孙中山领导的国民党合作，建立革命统一战线。但当时党内长期存在两种倾向：一种是以陈独秀为代表的右倾机会主义。陈独秀等认为，实现民主革命任务是资产阶级的事情，工人阶级不能成为领导阶级，而农民顽固迷信、散漫无知、没有远见，难以成为中国革命的主力军。另一种是以张国焘为代表的"左"倾机会主义。张国焘等只注意工人运动，不注意团结国民党内的革命力量，同样忽视和否认农民的革命要求与革命毅力。他们既没有真正弄清楚谁是革命的敌人，也没有找到革命的领导者和同盟军。

1925年2月6日，毛泽东以养病为由，带着妻子杨开慧和两个儿子回到韶山。这是毛泽东第二次回韶山。已从马克思主义中拿起了"阶级斗争"武器的毛泽东正好利用养病的机会，深入思考中国革命的对象、动力、性质和前途等问题。

在韶山的200多天里，毛泽东一边养病，一边进行农村调查和农民运动，研究农村的阶级状况和社会情况。他创办了韶山第一所农民夜校，成立了中国共产党韶山支部，秘密组织了韶山农民协会，一下子点燃了韶山农民运动的熊熊烈火。这次回韶山后，毛泽东体会到农民是一个非常具有战斗性的阶级，也更加清晰地看到农民身上蕴藏着伟大的力量。中国革命的力量在哪里？毛泽东心中已经有了答案。

1925 年 12 月 1 日，国民革命军第二军司令部编印的《革命》半月刊第四期刊登了毛泽东的《中国社会各阶级的分析》。他在这篇文章中开宗明义地指出："谁是我们的敌人？谁是我们的朋友？这个问题是革命的首要问题。"[①] 接着，毛泽东运用马克思主义的阶级分析方法，分析了当时国内各阶级的经济地位、政治觉悟和革命态度，辨明了中国革命的敌人和朋友，为中国革命树立了新的方向标。

在革命的领导权问题上，毛泽东认为，工业无产阶级失了生产手段，又受到帝国主义、军阀、资产阶级极为残酷的压迫，所以特别能战斗。他们虽然人数不多，却是中国新的生产力的代表，是近代中国最进步的阶级，是中国革命的领导力量。

关于革命的同盟者问题，毛泽东认为，"不但小资产阶级的左派参加革命，中派亦可参加革命，即右派分子受了无产阶级和小资产阶级左派的革命大潮所裹挟，也只得附和着革命"[②]；半无产阶级虽然占有少量的生产资料，但生活极其贫困，需要一个变更现状的革命。因此，小资产阶级和半无产阶级是中国革命的同盟者。民族资产阶级既有需要革命、赞成革命的一面，又有怀疑革命的一面，"其右翼可能是我们的敌人，其左翼可能是我们的朋友"[③]，因此，在统一战线中，要采取既团结又斗争的策略，使其成为中国革命的动力之一。

在革命的对象问题上，毛泽东指出，在经济落后的半殖民地的中国，地主阶级和买办阶级完全是国际资产阶级的附庸，代表中国最落后的和最反动的生产关系，阻碍了中国生产力的发展，是极端的反革命派，是中国革命的对象。

《中国社会各阶级的分析》是毛泽东思想形成期的早期著作，是指导中国革命的纲领性文献之一。它在中国革命历史上犹如一颗璀璨的明珠，熠熠生辉，照亮了中国革命前进的道路与方向。中国共产党认清了谁是中国革命的领导阶级、谁是中国革命的同盟军、谁是中国革命的对象，并按照这个原则组织革命队伍，经过 20 多年的浴血奋战，推翻了帝国主义、封建主义、官僚资本主义在中国的反动统治，取得了新民主主义革命的伟大胜利，建立了人民当家作主的新中国！

2.3　"枪杆子里面出政权"的由来

1927 年国民党反动派发动四·一二政变，使轰轰烈烈的国民大革命归于失败。

---

① 毛泽东. 中国社会各阶级的分析［M］//毛泽东. 毛泽东选集：第一卷. 2 版. 北京：人民出版社，1991：3.

② 毛泽东. 中国社会各阶级的分析［M］//毛泽东. 毛泽东选集：第一卷. 2 版. 北京：人民出版社，1991：6.

③ 毛泽东. 中国社会各阶级的分析［M］//毛泽东. 毛泽东选集：第一卷. 2 版. 北京：人民出版社，1991：9.

为了挽救中国革命，共产党人于 1927 年 8 月 7 日在武汉召开了一次紧急会议。毛泽东在会上提出了"枪杆子里面出政权"的著名论断，给一度处在迷茫中的共产党人点亮了前进的灯塔。

中国共产党成立初期，把主要精力放在宣传"主义"和组织工人上，重"笔杆子"，轻"枪杆子"。对有人主张要重视"枪杆子"，党中央一度持批判态度。建党初期的宣传和组织工作卓有成效，有力地推动了中国共产党的发展壮大。然而，一个革命的政党，面对强大凶残的帝国主义和反革命势力，没有"枪杆子"，连生存都成为问题，何谈为中国找到新生的道路？

1924 年 1 月，国共开始第一次合作。1924 年 6 月，黄埔军校建立，焕然一新的黄埔学生军让共产党人眼前一亮，认识到"枪杆子"的力量。中共广东区委还直接领导了一支革命武装——大元帅府铁甲车队。但是共产党人并没有能真正掌握一支有力的武装，以致在蒋介石集团背叛革命时无力还击，束手无策。从 1927 年四·一二反革命政变到 1928 年党的六大，仅一年多的时间，被屠杀的共产党员和革命群众多达 30 余万人，中共党员的数量从 1927 年 5 月时的 5.796 7 万人，一下子降到 1927 年 11 月时的 1.765 万人，损失的幅度几乎达 70%！损失惨重，教训深刻。

乌云压境，革命局势骤变，中国革命何去何从？这个关系到未来前途命运的选择题，急迫地摆在中国共产党人的面前。但陈独秀等领导人一时并没能跟上急遽变化的局势。1927 年 5 月 25 日，中共中央政治局会议还认为过火的农民运动是导致大革命失败的重要原因。其实，在没能独立掌握武装力量的情况下，党唯一比较有力的凭借便是工农运动，以及由此动员起来的广大群众。

7 月的江南，山雨欲来风满楼，局势愈加严峻。1927 年 7 月 4 日，在中共中央政治局会议上，毛泽东明确提出了"上山"和"投入军队中去"的策略。7 月 15 日，武汉国民党政府最终撕下了伪装，公开宣布"分共"。一时，"白色恐怖"弥漫武汉，笼罩全国，轰轰烈烈的大革命失败了。

千钧一发的紧要关头，在共产国际的帮助下，中共中央召开了"八七会议"，及时总结大革命失败的教训，纠正了陈独秀的右倾错误，整顿了党的思想与组织，确立了新的革命方针和任务。34 岁的毛泽东在发言中语出惊人："秋收暴动非军事不可，此次会议应重视此问题，新政治局的常委要更加坚强起来注意此问题。湖南这次失败，可说完全由于书生主观的错误，以后要非常注意军事。须知政权是由枪杆子中取得的。"[①] 这是我党历史上第一次明确提出了"枪杆子里面出政权"重要思想，无疑

---

① 毛泽东. 在中央紧急会议上的发言 [M] //中共中央文献研究室. 毛泽东文集：第一卷. 北京：人民出版社，1993：47.

是对中国革命理论及其斗争方式的重大突破。它一针见血地指出了以武装的革命反对武装的反革命，是中国革命的特点，从而为中国革命指明了正确方向。毛泽东的这一经典论断，后来成为我党创建、领导和指挥人民军队进行英勇斗争的行动口号。

"军叫工农革命，旗号镰刀斧头。匡庐一带不停留，要向潇湘直进。地主重重压迫，农民个个同仇。秋收时节暮云愁，霹雳一声暴动。"这是毛泽东专门填词的《西江月·秋收起义》。南昌起义和秋收起义是大革命失败后我党发动的最具影响力的两次大起义。南昌起义打响了武装反对国民党反动派的第一枪；秋收起义则锻造了一支新型的革命队伍——工农革命军第一军第一师。经三湾改编后，毛泽东将部队带上了井冈山，并在井冈山建立工农武装割据。他高瞻远瞩，描绘了中国革命胜利的蓝图，在回答红色政权为什么能够存在的问题时，他强调指出，其中一个重要原因就是"相当力量的正式红军的存在"①。

中国共产党在毛泽东等人的正确领导之下，深刻总结历史经验，紧紧握住为人民打天下的"枪杆子"，取得了一系列胜利，并最终用人民的"枪杆子"，缔造了一个全新的中华人民共和国。

2.4 秋收起义：农村包围城市战略的起点

1927年9月1日，毛泽东在湖南安源张家湾召开会议，传达了八七会议上党中央制定的开展土地革命和武装反抗国民党反动统治的总方针，决定将参加暴动的各处部队整编为一个师，将之命名为中国工农革命军第一军第一师，其下辖三个团，卢德铭任师长。会后，毛泽东留在当地，将安源的工人和附近的农民武装整编为工农革命军第一军第一师第二团。

1927年9月6日，毛泽东又马不停蹄地赶往铜鼓，整编铜鼓的队伍。9月9日，中共湖南省委下令破坏长沙至岳阳和长沙至株洲的铁路，湘赣边界秋收起义正式爆发。9月9日至11日，毛泽东命令修水的工农革命军第一军第一师第一团向平江进攻，安源的工农革命军第一军第一师第二团向萍乡、醴陵进攻，铜鼓的工农革命军第一军第一师第三团向浏阳进攻，这样就形成了起义部队三路推进、会攻长沙的态势。

三个团起义后，因为各自为战，指挥不统一，所以攻击县城的目标大都没有实现，反而不同程度地受损，士气也受到一定的影响。在形势明显不利的情况下，毛泽

---

① 毛泽东. 中国的红色政权为什么能够存在？［M］//毛泽东. 毛泽东选集：第一卷. 2版. 北京：人民出版社，1991：50.

东坚决阻止了一些人要继续攻打长沙的蛮干行为。

1927年9月19日，三个团在浏阳文家市会合，部队由起义前的5 000多人减少到1 000多人，一些官兵情绪低落，开小差当了逃兵。毛泽东果断下令停止执行围攻长沙的计划，带领部队向敌人力量薄弱的湘南山区撤退。在从9月21日离开湖南浏阳文家市到9月29日抵达江西省永新县三湾村的8天时间里，部队情况还是不容乐观。部队不时遭到反动民团的袭击，年轻、有才干的总指挥卢德铭牺牲。如果不稳住官兵的情绪和刹住失败主义这股歪风邪气，那么秋收起义部队的前途命运堪忧。

部队到达三湾村后，终于摆脱了敌人的围追。利用这个难得的机会，毛泽东决心对部队进行整编。首先，压缩部队编制，实行精兵主义，将一个师的空架子缩编成一个团。其次，建立民主、平等的新型官兵关系，肃清了军阀作风。最后，加强党的领导，发挥党组织的战斗堡垒作用。实行党指挥枪，确立了党对军队的绝对领导。经过改编，部队虽然人数没有原来多，但更加精干，官兵的信仰更加坚定，更有利于发挥党的组织和领导作用。毛泽东后来说，三湾改编是秋收起义部队的一次新生。

1927年10月，毛泽东率部队进驻茅坪，正式吹响了创建井冈山革命根据地的号角，开始了农村包围城市、武装夺取政权这一中国革命新道路的探索。

2.5 打土豪、分田地

1927年10月，毛泽东率领秋收起义的部队上井冈山后，时节由寒秋转入冬天，但部队官兵还穿着单衣单裤。缺衣少穿、吃不饱成为红军生活的常态，经济问题是红军遇到的最大困难，亟须解决。

红军是人民的军队，解决温饱问题不能骚扰贫苦百姓。没有钱、没有粮、没有衣服、没有炮，只能向土豪劣绅要。解决红军经济问题的唯一办法就是打土豪，没收他们的财产，用来克服部队的困难。1927年12月下旬，毛泽东在宁冈砻市召开会议，提出了革命军队的三大任务：打仗消灭敌人，打土豪筹款子，做群众工作。

1928年1月，毛泽东率军攻下江西省遂川县城，建立了中共遂川县委和县工农兵政府，派部队下乡领导贫苦农民打土豪。贫苦民众尝到了打土豪的甜头，经常跟在红军的后面一起打土豪。

打土豪、分财物给农民，使得农民认识到红军是穷人的军队，从而对红军和共产党有了好感。分财物给农民是发动群众的第一步，土地是农民生活的基本来源和依靠，是农民的命根子。只有让农民得到土地，才算是把群众工作做到家了。

到1928年上半年，打土豪、分田地逐渐在井冈山根据地开展起来，红军每到一处，都先打土豪，再实行"地主田地，农民收种，债不要还，租不要送"①。在乡苏维埃政权的领导下，以乡为单位，全乡土地按人口平均分配，红军也允许给土豪地主分一份土地，给他们提供生活出路。这一办法后来在所有根据地推广开来。翻身不忘共产党，吃水不忘挖井人。中央苏区的农民积极生产，热心政权建设，纷纷要求入党，踊跃参加红军，投入保卫胜利果实的斗争中。

正是通过土地革命，农民和共产党结成了荣辱与共的命运共同体，共产党在农村扎下了根、站住了脚；红军和老百姓结成了亲密的鱼水情，红军彻底解决了经济困难，力量不断壮大，革命根据地的地盘也随之不断扩大和巩固。

1927—1931 年，中国共产党相继建立了井冈山、湘赣、湘鄂西、鄂豫皖等十几个农村革命根据地，成立了与南京国民政府对抗的中华苏维埃共和国临时中央政府。在短短四年之内，共产党经历了从面临生死危机到取得燎原之势的辉煌。打土豪、分田地的土地革命证明了这一点。

2.6　十六字游击战术

1927 年 12 月下旬，因敌强我弱、条件艰苦，工农革命军第一军第一师第一团团长陈浩丧失了革命斗志，企图带领部队向敌人投降。毛泽东听说后心急如焚，亲自带人连夜追上部队，将部队带回江西省宁冈砻市，公开枪决了叛徒陈浩等，稳定了军心。陈浩叛逃事件让毛泽东十分震惊，这促使他开始思考在敌强我弱的情况下，如何战胜敌人、壮大自己。

毛泽东借鉴万安起义军反"进剿"战术，再结合打圈子的做法，融会贯通地提炼出"敌来我走，敌驻我扰，敌退我追"②的十二字诀，并很快应用到实战中。1928年年初，赣军第二十七师杨如轩率领赣军第二十七师师部占领了宁冈县新城。毛泽东就采用了"敌来我走，敌驻我扰，敌退我追"的作战原则。

1928 年 4 月，朱德、陈毅率领的南昌起义余部与毛泽东率领的部队胜利会师。两支部队合编为工农革命军第四军（后改称红军第四军，简称红四军），朱德任军长，毛泽东任党代表。久经沙场的老将与才华横溢的文秀才开始合作，谱写了中国战争史上的新篇章。英雄所见略同，二人共同切磋，最终进一步提炼成"敌进我退，敌驻我扰，敌疲我打，敌退我追"③这一经典的十六字游击战术。

---

① 中共中央文献研究室. 毛泽东思想年编：一九二一——一九七五[M]. 北京：中央文献出版社，2011：29.
② 中共中央文献研究室. 毛泽东思想年编：一九二一——一九七五[M]. 北京：中央文献出版社，2011：21.
③ 毛泽东. 中国革命战争的战略问题[M]//毛泽东. 毛泽东选集：第一卷. 2 版. 北京：人民出版社，1991：204.

在十六字游击战术的指导下，红四军接连取得了两次反"进剿"的胜利。1928年5月中旬，赣军第二十七师师长杨如轩以五个团的兵力向宁冈进攻。朱德主动放弃宁冈，避实就虚，在草市坳设伏，一举全歼敌人一个团，敌退我追，收复了永新县城，杨如轩狼狈败走。不甘心失败的杨如轩在1928年6月又纠合杨池生率领的赣军第九师师部，指挥五个团兵力向井冈山进攻。毛泽东、朱德避敌主力，主动放弃永新县城，在同敌人兜圈子中捕捉战机。6月23日，朱德集中优势兵力，在新、老七溪岭和龙源口一带打败了敌人三个团，赣军望风而逃，红军再次占领永新县城，取得了反"进剿"的重大胜利。此战后，迎来了井冈山根据地历史上的全盛时期，根据地面积扩展到7 000余平方千米，人口达65万。

1929年年初，毛泽东、朱德率领红四军主力，离开井冈山，转战赣南、闽西，灵活运用十六字游击战术，集中兵力对付敌人，分兵发动群众，成功开辟了这两个革命根据地。

后来，闪耀着辩证法光芒、进退自如、游击战和运动战有机结合的十六字游击战术上升为整个红军作战的指导思想，然后又发展为八路军、新四军和人民解放军作战的基本战略和战术，成为人民军队克敌制胜的法宝。

2.7 中国革命的命运自己做主：遵义会议

红军突破湘江封锁线后，不甘失败的蒋介石在湖南的洪江、芷江，贵州的松桃、铜仁、石阡一带又布置了新的"口袋阵"，集结了近20万人的军队，以逸待劳地等着红军"自投罗网"。

红军又要面对一次生死劫难，博古、李德仍不吸取血战湘江的残酷教训，依然坚持去湘西，要往火坑里跳。毛泽东则建议红军避开重兵，转向敌人力量薄弱的贵州进发，但被博古、李德拒绝。

在1934年12月18日的黎平会议上，毛泽东再次提出向贵州行进的正确主张，博古、李德还是不同意，王稼祥、张闻天等多数人同意。经过激烈的争论，周恩来采纳了毛泽东的建议。12月底，红军渡过乌江，把国民党的追兵甩在了乌江以东和以南地区，蒋介石的"口袋阵"不攻自破。甩开敌人之后，王稼祥和张闻天一致认为，应该尽快恢复毛泽东的军事指挥权。这一看法逐渐在红军内部传开，大家都希望毛泽东尽早走上军事指挥的一线。

1935年1月7日，红军攻占贵州遵义。1月15日至17日，党中央在遵义召开了有20人参加的中共中央政治局扩大会议。博古作了关于第五次反"围剿"失利的主报告。毛泽东在发言中一针见血地指出，第五次反"围剿"失利的主要原因在于博古、李德等犯了进攻时的冒险主义、防御时的保守主义、突围时的逃跑主义错误。军事指挥的严重错误使红军陷入疲于奔命、被动挨打、损失惨重的境地。毛泽东发言尾音刚落，王稼祥立即向会议提出应撤销李德的军事指挥权，让毛泽东参与军事指挥。参加会议的红军高级将领刘伯承、李富春、聂荣臻、彭德怀等也坚决要求让毛泽东参与军事指挥，主持会议的周恩来也支持由毛泽东指挥军事。

1935 年 1 月 17 日，会议上改组中央领导机构，增选毛泽东为政治局常委，撤销博古、李德的最高军事指挥权。会后不久，政治局常委决定由张闻天在政治局负总责，成立由周恩来、毛泽东、王稼祥组成的三人小组来负责全军的军事行动。遵义会议开始确立以毛泽东同志为代表的马克思主义正确路线在党中央的领导地位。

在革命最危急的关头，遵义会议拨正了中国革命的航向，挽救了党、挽救了红军、挽救了中国革命，在党的历史上具有伟大的转折意义。毛泽东后来说，中国共产党“真正懂得独立自主是从遵义会议开始的”[1]。习近平总书记指出，遵义会议确立了毛泽东同志在红军和党中央的领导地位，开始确立以毛泽东同志为主要代表的马克思主义正确路线在党中央的领导地位，开始形成以毛泽东同志为核心的党的第一代中央领导集体，这是我们党和革命事业转危为安、不断打开新局面最重要的保证。

2.8　进京“赶考”去

三大战役的胜利标志着解放战争取得了决定性的胜利，制定建立新中国的各项方针和政策迫在眉睫。1949 年 1 月 6 日至 8 日，中共中央政治局会议决定在北平解放后，必须召开中国共产党第七届中央委员会第二次全体会议（简称党的七届二中全会），以确定组建新中国的有关事项。

1949 年 3 月 5 日至 13 日，中华人民共和国成立前最后召开的一次中央委员会全体会议——党的七届二中全会在河北省平山县西柏坡村举行。到会中央委员有 34 人，候补中央委员有 19 人，列席人员有 11 人。毛泽东在会上作了报告，提出了促进革命迅速取得全国胜利的各项方针。他在报告中指出，在全国胜利的局面下，党的工作重心必须由乡村移到城市。报告还规定了党在全国胜利以后，在政治、经济、外交方面应当采取的基本政策。毛泽东郑重宣布，我们要建立一个“无产阶级领导的以工农联盟为基础的人民民主专政”[2] 的国家，从而指明了新中国的基本国体。报告还

---

① 中共中央文献研究室. 毛泽东思想年编：一九二一———一九七五［M］. 北京：中央文献出版社，2011：923.

② 毛泽东. 在中国共产党第七届中央委员会第二次全体会议上的报告［M］//毛泽东. 毛泽东选集：第四卷. 2 版. 北京：人民出版社，1991：1436.

论述了中国由农业国转变为工业国、由新民主主义社会转变为社会主义社会的总任务和主要途径。毛泽东在报告结尾部分郑重地告诫全党同志要做到"两个务必"："务必使同志们继续地保持谦虚、谨慎、不骄、不躁的作风，务必使同志们继续地保持艰苦奋斗的作风。"① 他还告诫全党，要防止执政后的腐化。经过历史的大浪淘沙，"两个务必"已经成为"赶考"精神的核心内容，成为全党作风建设的制胜法宝，警钟长鸣，世代传承。

毛泽东在党的七届二中全会上作的报告和他于同年6月30日写的《论人民民主专政》一文，构成了在中华人民共和国成立后起临时宪法作用的《中国人民政治协商会议共同纲领》的基础。

为了防止敌人的"糖衣炮弹"和为个人歌功颂德，根据毛泽东的提议，党的七届二中全会通过了"六条规定"：不做寿，不送礼，少敬酒，少拍掌，不以人名作地名，不要把中国同志同马克思、恩格斯、列宁、斯大林并列。

在中国革命胜利的前夜，中国共产党人在党的七届二中全会上描绘了新中国的宏伟蓝图，确定了新中国的大政方针，为促进和迎接全国胜利的到来、推动中国由新民主主义社会向社会主义社会转变，从政治、思想和理论方面做了充分的准备，具有巨大的指导作用。从西柏坡到北平，中国共产党人实现了从乡村到城市的转变，完成了从地方到全国的历史性转变。

1949年3月23日，毛泽东握别依依不舍的父老乡亲，率中共中央机关前往北平。毛泽东意味深长地对周恩来说："今天是进京的日子，不睡觉也高兴啊。今天是进京'赶考'嘛，进京'赶考'去，精神不好怎么行呀？"② 毛泽东临行前的一句感叹，开启了中国共产党人对"赶考"精神的坚守和求索。实践证明，中国共产党人在这场"考试"中确实取得了优异成绩。

2.9 百万雄师过大江

1948年，中国革命的形势发生了根本性的变化。辽沈战役、淮海战役、平津战役三大战役后，国民党军队的主力被歼，这动摇了国民党政权的根基。1948年12月12日，淮海战役激战正酣，中央军委即致电总前委，明确提出在淮海战役后进行渡江作战、向全国进军的战略设想。随着淮海战役的结束，渡江战役的准备工作开始紧

---

① 毛泽东. 在中国共产党第七届中央委员会第二次全体会议上的报告[M]//毛泽东. 毛泽东选集：第四卷. 2版. 北京：人民出版社，1991：1438－1439.
② 中共中央文献研究室. 将革命进行到底[M]//中共中央文献研究室. 毛泽东传：1893—1949. 北京：中央文献出版社，2004：954.

锣密鼓地进行。

1949 年元旦前后，两种不同的"新年献词"预示了国共两党在这一年的两种命运。1948 年 12 月 30 日，毛泽东为新华社亲笔撰写了《将革命进行到底》的新年献词。1949 年 1 月 1 日，日暮途穷的蒋介石在美国的授意下，发表了一篇"求和"的《新年文告》。为迅速结束战争、减少人民痛苦，中国共产党人愿意和南京国民政府进行谈判。1949 年 4 月 1 日，国共两党代表在北平开始和平谈判。为表示诚意，中共中央数度推迟渡江时间。4 月 15 日，国共双方和谈代表拟定了《国内和平协定（最后修正案）》，并商定于 4 月 20 日签字。但南京国民政府拒绝签字。4 月 21 日，毛泽东、朱德联名发布《向全国进军的命令》。

4 月 20 日，渡江大军中集团的晚饭吃得特别早。各级领导都到达连队，进行了简短的战前动员。这天夜里，渡江大军中集团首先渡江，从枞阳镇至芜湖裕溪口 100 余千米的江面上，千帆竞发，强渡"天堑"，将敌人的千里江防拦腰斩断。4 月 21 日，东集团由泰州七圩港至黄港地段渡过长江。同时，西集团分别由池州石矶头至前江口等地段登船起航，突破国民党军队的长江防线，截断了汤恩伯集团与白崇禧集团之间的联系。

4 月 23 日，在南京中共党组织和人民群众的接应下，第三野战军部队胜利进占南京，宣告统治中国 22 年之久的国民党政权覆灭。解放南京当天，毛泽东在北平的双清别墅里欣然写下了《七律　人民解放军占领南京》："钟山风雨起苍黄，百万雄师过大江。虎踞龙盘今胜昔，天翻地覆慨而慷。宜将剩勇追穷寇，不可沽名学霸王。天若有情天亦老，人间正道是沧桑。"[①]

就在人民解放军渡江之际，美、英等国的军舰停泊于上海吴淞口外海面上，虎视眈眈。渡江战役发起当天，英舰"紫石英号"闯入三野八兵团控制的江面，炮击人民解放军阵地。人民解放军前线指挥员下令坚决回击，击毙其舰长，迫使"紫石英号"升起白旗。英国首次在中国土地上升起白旗，这象征着帝国主义在中国土地上耀武扬威的时代一去不复返。毛泽东起草的《中国人民解放军总部发言人为英国军舰暴行发表的声明》指出，"人民解放军要求英国、美国、法国在长江黄浦江和在中国其他各处的军舰、军用飞机、陆战队等项武装力量，迅速撤离中国的领水、领海、领土、领空，不要帮助中国人民的敌人打内战"[②]。在人民解放军攻占上海时，英、美等国的军舰撤出吴淞口，未敢武装登陆直接干预。

1949 年 5 月 3 日，杭州解放。5 月 17 日，武汉解放。5 月 22 日，南昌解放。

---

① 毛泽东. 七律　人民解放军占领南京[M]//中共中央文献研究室. 毛泽东诗词集. 北京：中央文献出版社，1996：74.

② 毛泽东. 中国人民解放军总部发言人为英国军舰暴行发表的声明[M]//毛泽东. 毛泽东选集：第四卷. 2 版. 北京：人民出版社，1991：1461.

5月27日，上海解放。6月2日，崇明岛被人民解放军占领。渡江战役至此结束，人民解放军歼敌43万余人，这成为解放全中国的奠基礼，迎来了新中国诞生的曙光。渡江以后，粟裕在三野干部会议上的讲话中指出，渡江战役的胜利"对中国革命的发展具有极大意义……单从军事上去看国民党的崩溃是不够的，更重要的是从政治上去看。我们不仅在军事上渡了江，而且也在政治上渡了江"①。"在政治上渡了江"这句话耐人寻味，它意味着中国共产党领导的人民革命夺取全国的胜利指日可待。

2.10 开启历史新纪元

随着解放战争的节节胜利，召开新政治协商会议（中国人民政治协商会议）被提上日程。1949年6月，新政治协商会议筹备会第一次全体会议在北平中南海勤政殿召开。为了开好新政治协商会议，毛泽东从西山搬到了中南海。在菊香书屋，他先后会见了张澜、李济深、沈钧儒、陈叔通、何香凝、马叙伦、柳亚子等代表。1949年8月28日，当宋庆龄到达北平前门火车站时，毛泽东、朱德、周恩来、刘少奇等中共中央领导人集体迎接她。中共中央对宋庆龄的尊敬与至诚在新中国筹建史上留下了浓墨重彩的一页。

在1954年之前，新政治协商会议实际上扮演了全国人民代表大会的角色。新政治协商会议筹备会常务委员会成立后要解决的第一个问题就是制定一部"临时宪法"。新中国的国家结构形式是采取单一制还是采取苏联式的联邦制？统一的单一制国家和民族区域自治制度就是《中国人民政治协商会议共同纲领》给出的答案。给即将诞生的新中国取一个什么样的"名字"，引起了代表们的极大关注。清华大学教授张奚若建议叫"中华人民共和国"，得到了大多数代表的认可。从此，中国有了自己的新"名字"——中华人民共和国。

1949年9月21日，在北平中南海怀仁堂，中国人民政治协商会议第一届全体会议隆重开幕。国旗、国徽、国歌是国家的象征，是历史的记忆。9月25日，毛泽东、周恩来亲自与各方人士一起协商方案。根据田汉的提议，与会者一致议定，以五星红旗作为中华人民共和国国旗。徐悲鸿提议，以《义勇军进行曲》作为代国歌。但有代表持不同的意见，他们认为，歌词中的"中华民族到了最危险的时候"不合适。毛泽东为选择《义勇军进行曲》投了决定性的一票："'中华民族到了最危险的时候'，这句歌词过时了吗？我看没有。"② 对于国徽图案，会议尚没有一个成熟的方

---

① 粟裕. 充分做好入城准备[M]//中国人民解放军上海警备区，中共上海市委党史资料征集委员会. 上海战役. 上海：学林出版社，1989：312.
② 何明. 建国大业[M]. 北京：人民出版社，2009：90.

案。大会主席团决定，国徽图案"邀请专家另行拟制"。

1949 年 9 月 27 日，中国人民政治协商会议第一届全体会议通过了《中国人民政治协商会议组织法》《中华人民共和国中央人民政府组织法》，并通过了定都北京、采用公元纪年和国歌、国旗的决议案。9 月 29 日，会议决定将《中国人民政治协商会议共同纲领》作为中国人民革命建立新中国的基本纲领。9 月 30 日，中国人民政治协商会议第一届全体会议选举毛泽东为中华人民共和国中央人民政府主席，朱德、刘少奇、宋庆龄、李济深、张澜、高岗为副主席，陈毅、周恩来等 56 人为中央人民政府委员会委员。傍晚时分，毛泽东率中国人民政治协商会议全体代表来到天安门广场，为人民英雄纪念碑举行奠基典礼。"人民英雄们永垂不朽！"的铿锵之声从此永久高扬在天安门上空。

1949 年 10 月 1 日下午，开国大典隆重开始。毛泽东用洪亮的声音向全中国、全世界庄严宣告："中华人民共和国中央人民政府今天成立了。"[1] 这一天成为中国历史的一个分水岭。中国人民受奴役、受压迫的半殖民地半封建时代一去不复返了，中华民族从此进入了发展进步的历史新纪元。

2.11 《新民主主义论》中的三大纲领

1940 年 1 月 9 日的延安，寒风凛冽。但在延安中国女子大学礼堂里，五六百人抑制不住激动的情绪，聚精会神地聆听着毛泽东的演讲。原来陕甘宁边区文化协会第一次代表大会正在这里召开。据当时台下的听讲者回忆，"这个长篇讲话，从下午一直讲到入夜点起煤气灯的时分"[2]，代表"被他的精辟见解和生动话语所鼓舞、所吸引，聚精会神，屏息静听，情绪热烈，不时响起一阵阵的掌声"[3]。毛泽东做的是什么演讲？为何他会让与会者如此折服？

1938 年 10 月，广州、武汉失守以后，抗日战争进入战略相持阶段。国民党虽然继续主张抗战，但已经表现出很大的动摇性，消极抗日、积极反共的倾向日益明显。国民党开动宣传机器，鼓吹"一个主义""一个政党""一个领袖"，叫嚣着"共产主义不适合中国国情"。1939 年 5 月，蒋介石在中央训练团发表演讲声称，共产主义有缺点，内容很不完备，唯有三民主义是完满无缺的革命的最高指导原则。这样一来，中国面临着向何处去的历史抉择。关心国家命运的人们渴望了解中国共产党对时

① 中共中央文献研究室. 毛泽东思想年编: 一九二一——一九七五[M]. 北京: 中央文献出版社, 2011: 679.
② 温济泽. 听毛泽东讲《新民主主义论》[M]//温济泽. 征鸿片羽集. 北京: 当代中国出版社, 1995: 472.
③ 温济泽. 听毛泽东讲《新民主主义论》[M]//温济泽. 征鸿片羽集. 北京: 当代中国出版社, 1995: 473.

局和中国未来前途的主张。

此时，中国共产党经历了大革命、土地革命和抗日战争的洗礼，已经成为一个具有丰富斗争经验、在政治上十分成熟的政党。1940 年 1 月 4—12 日，陕甘宁边区文化协会第一次代表大会在延安召开。1 月 9 日，毛泽东亲临大会，做了题为《新民主主义的政治与新民主主义的文化》的演讲，旗帜鲜明地向全国人民亮出了中国共产党的政治主张。这篇文章后来刊登于在延安出版的《解放》杂志第 98 期、第 99 期合刊上，题目改为《新民主主义论》。他系统地阐述了新民主主义革命和新民主主义社会理论，科学地回答了"中国向何处去"的问题。

毛泽东在《新民主主义论》中指出，中国共产党人的奋斗目标在于建设一个中华民族的新社会和新国家。"我们不但要把一个政治上受压迫、经济上受剥削的中国，变为一个政治上自由和经济上繁荣的中国，而且要把一个被旧文化统治因而愚昧落后的中国，变为一个被新文化统治因而文明先进的中国。"① 未来的中国究竟是一个什么样子，《新民主主义论》从政治、经济、文化三个方面描绘了其蓝图与前景。

新民主主义的政治纲领，就是推翻封建主义和帝国主义的压迫，在中国建立一个在无产阶级领导下的一切反帝反封建的人们联合专政的民主共和国。这就是新民主主义共和国，其国体是各革命阶级联合专政，政体是民主集中制。这是"建国"工作的唯一正确的方向。

新民主主义的经济纲领，就是在经济上"一定要走'节制资本'和'平均地权'的路……决不能让少数资本家少数地主'操纵国民生计'"②。大银行、大工业、大商业归国家所有，建立在无产阶级领导下的新民主主义共和国的国营经济；没收地主的土地，归农民所有，实行孙中山先生"耕者有其田"的土地制度；允许民族资本主义经济的发展和富农经济的存在。

新民主主义的文化纲领，就是人民大众反帝反封建的文化，就是发展"民族的科学的大众的文化"③。这种文化只能由无产阶级的文化思想，即共产主义思想去领导。

最后，毛泽东指出："新民主主义的政治、新民主主义的经济和新民主主义的文化相结合，这就是新民主主义共和国……这就是我们要造成的新中国。"④

《新民主主义论》不仅回答了"中国向何处去"的问题，而且回答了未来中国建

① 毛泽东. 新民主主义论[M]//毛泽东. 毛泽东选集：第二卷. 2 版. 北京：人民出版社，1991：663.
② 毛泽东. 新民主主义论[M]//毛泽东. 毛泽东选集：第二卷. 2 版. 北京：人民出版社，1991：678 - 679.
③ 中共中央文献研究室. 毛泽东思想年编：一九二一——一九七五[M]. 北京：中央文献出版社，2011：251.
④ 毛泽东. 新民主主义论[M]//毛泽东. 毛泽东选集：第二卷. 2 版. 北京：人民出版社，1991：709.

设的一系列根本问题，是马克思主义中国化时代化历史进程中的一次飞跃，标志着毛泽东思想有了进一步的发展。《新民主主义论》发表后，在全国引起了巨大反响，新民主主义理论这面大旗从此在中国高高竖起，极大地坚定了中国人民抗战到底的决心和抗日战争必胜的信心。后来，毛泽东又在《论联合政府》《论人民民主专政》等著作中进一步完善了三大纲领，为全党和全国人民指明了前进的方向，为新中国政权的建立和建设奠定了坚实的思想理论基础。

2.12　新民主主义革命道路

没有革命的理论，就没有革命的行动。在一个以农民为主体的半殖民地半封建的国家中进行革命，应该选择什么样的道路，是中国共产党在领导中国革命的过程中必须面对和回答的重大问题。中国共产党在马克思主义的指导下，立足中国国情，找到了一条农村包围城市、武装夺取政权的新民主主义革命道路，引导中国人民站了起来。

1927 年大革命失败后，中国进入"白色恐怖"时期。年轻的共产党并没有被吓倒、被征服，他们揩干身上的血迹，继续战斗，探索新的革命道路。1927 年 8 月 1 日，南昌起义打响了武装反抗国民党反动派的第一枪，揭开了党独立领导武装斗争和创建革命军队的序幕。在八七会议上，毛泽东提出了"政权是由枪杆子中取得的"著名论断，会议决定进行土地革命和武装反抗国民党反动派的统治。1927 年 9 月，毛泽东组织和领导湘赣边界的秋收起义，却在准备攻打长沙时受挫。城市武装起义屡遭挫败，很多人感到前途茫然。为什么俄国十月革命攻打中心城市的道路在中国行不通？中国应该选择怎样的革命新道路？谙熟中国国情的毛泽东总结了秋收起义受挫的教训，另辟蹊径，探索出一条适合中国实际的农村包围城市、武装夺取政权的革命新路。

在农村包围城市、武装夺取政权理论的指引下，中国革命的星星之火在中国大地上渐成燎原之势。中央革命根据地也相继取得了四次反"围剿"的胜利。

然而，革命的道路从来都不是一帆风顺的。在王明"左"倾错误思想的指导下，中国革命误入歧途。1934 年 10 月，中央红军被迫长征。1935 年 1 月，在中国革命最危急的关头，遵义会议召开，重新确立了毛泽东在党和红军中的领导地位，使党重新走上了马克思主义的正确轨道。

1937 年 7 月 7 日，卢沟桥事变后，抗日战争全面爆发。共产党在抗日民主统一战线中坚持独立自主原则，贯彻执行全面抗战路线，开辟了抗日敌后战场，成为抗日战争的中流砥柱。

毛泽东不仅在实践中开辟了革命新道路，而且善于总结革命的经验和教训。他把握中国革命的规律性，以革命的理论指导中国革命，相继写下了《中国的红色政权为什么能够存在?》《井冈山的斗争》《星星之火,可以燎原》等文章,提出了"工农武装割据"[①] 思想。1930 年 5 月,毛泽东又写了《反对本本主义》,提出了"没有调查,没有发言权"[②]。农村包围城市、武装夺取政权理论的提出,标志着中国化的马克思主义,即毛泽东思想的初步形成,这是马克思主义在中国的创造性运用和发展。抗日战争时期,为了将中国革命丰富的实际经验马克思主义化,毛泽东又撰写了《〈共产党人〉发刊词》《中国革命和中国共产党》《新民主主义论》等一批重要的理论著作,系统地阐明了新民主主义革命理论。

中国革命道路的理论反映了中国半殖民地半封建社会民主革命发展的客观规律。新民主主义革命是无产阶级领导的,人民大众的,反对帝国主义、封建主义和官僚资本主义的革命。中国革命要分两步走。第一阶段是资产阶级民主主义革命,必须先推翻"三座大山",实现国家独立、人民解放,为社会主义革命创造前提。第二阶段是新民主主义革命,走农村包围城市、武装夺取政权的道路,必须处理好土地革命、武装斗争、农村革命根据地建设三者之间的关系。统一战线、武装斗争、党的建设是中国共产党在中国革命中战胜敌人的三个主要法宝。

理论引领方向,方向决定道路,道路决定命运。新民主主义革命理论是以毛泽东同志为主要代表的中国共产党人,把马克思列宁主义基本原理同中国革命具体实践相结合,在认真总结中国革命实践经验的基础上形成的、具有独创性的革命理论,是马克思主义中国化时代化的重要理论成果,是集体智慧的结晶。

在新民主主义革命理论的指导下,中国共产党团结带领人民不仅取得了抗日战争的伟大胜利,而且在解放战争中以摧枯拉朽之势,击溃了国民党反动势力,完成了新民主主义革命,于 1949 年成立了中华人民共和国。中国人从此站起来了!

2.13 武装斗争:中国共产党人战胜敌人的一大法宝

1939 年 10 月,毛泽东说:"在中国,离开了武装斗争,就没有无产阶级的地位,就没有人民的地位,就没有共产党的地位,就没有革命的胜利。"[③] 近代中国人民面对的敌人异常强大而凶恶,它们都是武装到牙齿的,如果不打,它们是不会倒的。这一特点决定了中国共产党必须以武装的革命反对武装的反革命,这样才能完成反帝反

---

① 毛泽东. 中国的红色政权为什么能够存在? [M]//毛泽东. 毛泽东选集:第一卷. 2 版. 北京:人民出版社,1991:50.

② 毛泽东. 反对本本主义[M]//毛泽东. 毛泽东选集:第一卷. 2 版. 北京:人民出版社,1991:109.

③ 毛泽东.《共产党人》发刊词[M]//毛泽东. 毛泽东选集:第二卷. 2 版. 北京:人民出版社,1991:610.

封建的历史使命。

1921 年中国共产党成立之初，确定的党的中心任务是开展工人运动，启发工人觉悟，积极维护工人的利益。此时，中国共产党还没有认识到武装斗争和组织军队的重要性。

1924—1927 年第一次国共合作期间，中国共产党开始认识到武装斗争的重要性。1926 年 7 月，《军事运动议决案》指出，中国共产党是无产阶级革命政党，也是随时准备武装暴动的党。尽管如此，当时中国共产党对直接掌握军队的重要性仍缺乏明确的认识。北伐战争开始后，共产国际派来的顾问鲍罗廷要求共产党充当国民党的苦力，不允许共产党独自武装暴动和夺取地方政权。以陈独秀为首的党中央也没有把武装斗争作为党的中心工作去抓。大革命失败与这两方面有重要关系。

基于大革命失败的惨痛教训，中国共产党意识到武装斗争和组织军队的重要性，八七会议提出了武装起义和土地革命的总方针。经过南昌起义、秋收起义和广州起义等一系列的武装暴动，以毛泽东同志为主要代表的中国共产党人经过艰苦的探索和实践，成功走出了一条创建人民军队和农村包围城市、武装夺取政权的中国特色革命胜利之路。

土地革命初期，毛泽东、朱德等在同敌人交手的过程中，总结出"敌进我退，敌驻我扰，敌疲我打，敌退我追"的十六字作战口诀。1930—1931 年，面对敌人的重兵"围剿"，毛泽东等指挥红军采取"诱敌深入"的作战方针，以十六字作战口诀为战术，以少胜多，打败了蒋介石对中央根据地的三次"围剿"。

抗日战争时期，中国共产党领导的八路军、新四军等主要武装力量，在敌后战场灵活、机动地开展游击战，适时地进行运动战，"零敲牛皮糖"式地消灭敌人，敌我力量呈现彼消我长的态势。到 1945 年 8 月日本投降时，中国共产党领导的正规军超过了 100 万人，民兵有 200 多万人，他们成为抗日战争的中流砥柱和打败日本侵略者的中坚力量。

解放战争时期，面对在数量和装备上均处于优势的国民党军队，人民解放军集中优势兵力，以在运动战中歼灭敌人的有生力量为主要作战目标，最终使用"小米加步枪"的人民解放军完胜了国民党军队。1949 年 4 月，人民解放军百万雄师过大江，占领了国民党的统治中心南京，统治中国 22 年的国民党反动统治覆灭了。

毛泽东指出，尽管敌人熟悉人民解放军的战略方针，仔细研究了人民解放军的战术，并寻找破解的办法，但这些都无济于事。这是因为，中国共产党领导的武装斗争是建立在人民战争基础上的，日本侵略者也好，蒋介石领导的军队也好，他们发动的都是反人民、非正义的战争，都逃脱不了最终失败的下场。

中国革命的胜利主要是依靠中国共产党领导的人民军队，经过长期武装斗争，战胜了强大的敌人而取得的。武装斗争对于中国共产党和中国革命的重要性可见一斑，这也是毛泽东把武装斗争作为中国革命胜利的一大法宝的最重要原因。

2.14　统一战线：团结一切可以团结的力量

1925 年 12 月，毛泽东发表的《中国社会各阶级的分析》一文开篇就提出了"谁是我们的敌人？谁是我们的朋友？"① 这一命题。区分敌人和朋友是中国共产党领导革命必须面对和解决的首要问题。

1922 年 6 月，中国共产党开始注意到革命统一战线问题，指出目前中国革命的最大敌人是帝国主义和封建军阀，因此，中国无产阶级目前最重要的任务是推翻封建军阀及其后台帝国主义的统治。为了完成这一任务，1922 年 7 月，党的二大做出了建立"民主的联合战线"的决议。1923 年 6 月，党的三大决定，以党内合作的形式与国民党合作，推进国民革命的开展。

1924 年 1 月，中国国民党第一次全国代表大会召开，标志着中国共产党倡导的革命联合战线正式建立。工人阶级、农民阶级、民族资产阶级、城市小资产阶级等联合起来，发动了轰轰烈烈的大革命。由于其时的共产国际和中国共产党的领导人未能正确处理联合战线中的领导权问题，尤其是把军队的领导权交给国民党掌握，因而在 1927 年国民党右派发动四·一二反革命政变时，革命力量还手乏力，损失惨重，中国革命也因此陷入了低潮。

大革命的失败给年幼的中国共产党上了刻骨铭心的一堂课。血的教训表明，代表资产阶级利益的国民党有革命和反革命的两面性，不可能将革命进行到底。毛泽东在 1925 年指出，无产阶级最可靠的朋友不是资产阶级，而是农民阶级。

1927 年党的八七会议后，中国共产党人逐渐认识到，农民是中国革命最可靠、最值得信赖的朋友，于是发起了打土豪、分田地的土地革命，建立了工农民主统一战线。1927—1931 年，依靠农民、工人和左翼文化人士等的支持，中国共产党在全国建立了十几个农村革命根据地，成立了中华苏维埃共和国，推动了中国革命新的发展。

1931 年九一八事变后，日本帝国主义成为中国人民最凶恶的敌人。面对亡国灭种的民族危机，1935 年 8 月，中国共产党提出了"停止内战，一致对外"的口号，倡导团结一切爱国反日力量，建立抗日民族统一战线。

1937 年 7 月，日本帝国主义发动了卢沟桥事变，开始全面侵华战争。中国共产党再一次向全国人民发出尽快建立抗日民族统一战线的号召，提出愿意与国民党等党派阶层合作，携手抗战、共赴国难。1937 年 9 月 22 日，国民党中央通讯社公布《中

---

① 毛泽东. 中国社会各阶级的分析[M]//毛泽东. 毛泽东选集：第一卷. 2 版. 北京：人民出版社，1991：3.

共中央为公布国共合作宣言》，蒋介石发表了承认中国共产党在全国的合法地位的谈话。这标志着中国共产党倡导的抗日民族统一战线正式形成。在此后的八年中，中国共产党始终以抗日为最大的政治，采取发展进步势力、争取中间势力、反对顽固势力的策略，在根据地普遍建立了"三三制"的统一战线政权，团结了民族资产阶级、开明士绅和其他中间力量；在国民党统治区（国统区），与民主党派和无党派爱国人士建立了良好的合作关系，团结一切可以团结的人，最终取得了抗日战争的伟大胜利。

抗日战争胜利后，以蒋介石为首的国民党不顾全国人民求和平、求民主的强烈渴望，拒绝中国共产党提出的建立联合政府的提议，悍然发动了反共反人民的内战。中国共产党制定了放手发动群众、壮大人民力量、建立人民民主统一战线的政治路线，以打败国民党反动派，建立一个自由、民主、光明的新中国为目标。

在国统区，中国共产党号召民主党派和无党派力量，以及工人、农民、商人、学生等阶层，共同反对国民党反动派的腐败统治，形成了国统区反蒋斗争的第二条战线。国统区反蒋斗争的第二条战线与解放区反蒋斗争的第一条战线相互配合、相互支持，形成了最广泛的人民民主统一战线。1948年5月1日，中国共产党发表宣言，提出召开新的政治协商会议、筹备成立民主联合政府等建议，得到了全国各族人民、各民主党派、各人民团体及海外侨胞的积极响应。这标志着国民党反动派已经陷入全民的包围之中。1949年4月，失去民心的蒋介石政权垮台。1949年10月1日，中华人民共和国成立。

在22年的革命实践中，中国共产党逐渐建立了广泛的革命统一战线，最终夺取了中国革命的胜利。统一战线对中国革命的胜利起到了至关重要的作用，被毛泽东称为中国共产党争取革命胜利的三大法宝之一。

2.15　党的建设：中国革命胜利的三大法宝之一

1939年，毛泽东在《〈共产党人〉发刊词》一文中强调指出："统一战线，武装斗争，党的建设，是中国共产党在中国革命中战胜敌人的三个法宝，三个主要的法宝。"[①] 在这三个法宝中，党的建设是关键，因为党是统一战线、武装斗争这两大武器的创造者和使用者。

大革命时期，中国共产党制定并实行了与国民党合作，发起和领导国民革命，打倒北洋军阀的政治路线。在这一政治路线的指引下，中国共产党积极加强组织建设，建立了从中央政治局到基层支部的各级机构，党员数量从1923年的400多人发展到1927年国共分裂时的57 000多人。但由于中国共产党没有深刻认识到"政权是由枪杆子中取得的"

① 毛泽东.《共产党人》发刊词[M]//毛泽东.毛泽东选集：第二卷. 2版. 北京：人民出版社，1991：606.

重要性，没有把马克思主义同中国的具体国情很好地结合起来，大革命最终失败了。

大革命失败后，中国共产党不畏敌人的屠刀，独立担负起领导中国革命的艰巨任务，发动了土地革命，开展了武装起义。党的建设进入了确立党对军队的绝对领导的新阶段。1927年9月底，毛泽东在江西永新县三湾村整顿秋收起义部队。三湾改编是党对军队绝对领导原则确立的重要开端。

随着土地革命的展开，大批农民纷纷加入党组织，积极参军，保卫革命果实。党组织和军队中的各种非无产阶级思想，如单纯军事观点、极端民主化、绝对平均主义、流寇主义、盲动主义等都表现出来了。这些不纯的思想和表现严重影响了中国共产党队伍的纯洁性与先进性。1929年12月底，红四军召开古田会议，通过采取肃清各种非无产阶级思想的措施，系统地解决了将以农民为主力的军队改造为无产阶级领导的新型人民军队的根本问题，确立了党对军队绝对领导的原则。

1937年卢沟桥事变后，中国共产党倡导并建立了抗日民族统一战线。在同国民党合作的过程中，以王明为首的教条主义者不顾国民党消灭共产党之心未变的实际，提出了"一切经过统一战线"的口号，对国民党让步过多。对王明这一主观主义和教条主义的做法，毛泽东进行了抵制。如果不解决党的指导思想上的主观主义、教条主义等问题，中国共产党就无法团结起来夺取革命的胜利。

1942年，全党开始了整风运动，主要任务是整顿主观主义、宗派主义和党八股，以端正学风、党风和文风。"整顿三风'就是一个无产阶级的思想同小资产阶级思想的斗争'。"① 整风的办法是惩前毖后、治病救人，整风的武器是批评和自我批评，主要是自我批评。整风运动的开展使实事求是、反对主观主义成为中国共产党的优良作风。

1945年4月，党的七大把毛泽东思想作为全党的指导思想，并写入党章。这标志着经过三年的整风运动，全党达到了队伍的高度团结和思想的高度统一。

抗日战争胜利后，蒋介石悍然发动了反共反人民的内战。"多行不义必自毙"，到1949年3月，国民党军队的主力基本被消灭殆尽，中国革命的胜利指日可待。1949年3月，在西柏坡召开的党的七届二中全会上，毛泽东警告全党，不要被胜利冲昏头脑，不能被资产阶级的糖衣炮弹打中和俘虏，并提出了"两个务必"："务必使同志们继续地保持谦虚、谨慎、不骄、不躁的作风，务必使同志们继续地保持艰苦奋斗的作风。"② 在这次会议上，毛泽东还给各级党员领导干部制定了"六条规定"：不做寿，不送礼，少敬酒，少拍掌，不以人名作地名，不要把中国同志同马克思、恩

---

① 中共中央文献研究室. 毛泽东传：1893—1949[M]. 北京：中央文献出版社，2004：663.

② 毛泽东. 在中国共产党第七届中央委员会第二次全体会议上的报告[M]//毛泽东. 毛泽东选集：第四卷. 2版. 北京：人民出版社，1991：1438-1439.

格斯、列宁、斯大林并列。因此，习近平总书记说，西柏坡是立规矩的地方。

历史经验昭示我们，打铁必须自身硬，"办好中国的事情，关键在党"①。只要党的建设工作刚健有力，中国的革命和社会主义建设事业就会取得一个又一个的胜利。

学习检测

一、判断题

1. 认清近代中国的国情乃是认清一切革命问题的基本根据。　　　　（　　）

2. 在晚清时期，地主统治阶级中的洋务派打着"扶清灭洋"的口号，举行洋务运动。　　　　　　　　　　　　　　　　　　　　　　　　　　　　（　　）

3. 中华人民共和国成立之初，我国人民民主专政属于新民主主义政权性质。（　　）

4. 新民主主义革命总路线是无产阶级领导的，人民大众的，反对帝国主义、封建主义和官僚资本主义的革命。　　　　　　　　　　　　　　　　（　　）

5. 中华人民共和国的成立，实现了从新民主主义社会向社会主义社会的转变。

　　　　　　　　　　　　　　　　　　　　　　　　　　　　　　　（　　）

6. 毛泽东在《湖南农民运动考察报告》这篇文章中开宗明义地指出："谁是我们的敌人？谁是我们的朋友？这个问题是革命的首要问题。"　　　（　　）

7. 1927年8月7日，中共中央在武汉召开了八七会议，制定了武装反抗国民党反动统治的总方针。　　　　　　　　　　　　　　　　　　　　　（　　）

8. "枪杆子里面出政权"这一重要思想是对中国革命理论及其斗争方式的重大突破。它一针见血地指出了以武装的革命反对武装的反革命，是中国革命的特点，从而为中国革命指明了正确方向。　　　　　　　　　　　　　　　（　　）

9. 在秋收起义中，为了稳住官兵的情绪、刹住失败主义的歪风邪气，毛泽东开展了三湾改编，采取了一系列措施。其中，通过将党支部建在连上，实行党指挥枪，确立了党对军队的绝对领导。　　　　　　　　　　　　　　　　（　　）

10. 1927年10月17日，毛泽东率部队进驻江西茅坪，正式吹响了创建鄂豫皖革命根据地的号角，开始了农村包围城市、武装夺取政权这一中国革命新道路的探索。　　　　　　　　　　　　　　　　　　　　　　　　　　（　　）

11. 1927年12月下旬，毛泽东在江西宁冈砻市召开会议，提出了革命军队的三

---

①　习近平.关于新形势下党内政治生活的若干准则[M]//《制度治党：十八大以来全面从严治党新规定》选编组.制度治党：十八大以来全面从严治党新规定.北京：红旗出版社，2016：387.

大任务：打仗消灭敌人，打土豪筹款子，分田地给农民。 （　　）

12. 1929 年，毛泽东、朱德率领红四军主力，灵活运用十六字游击战术，集中兵力对付敌人，分兵发动群众，成功开辟了湘鄂赣、湘西这两个革命根据地。 （　　）

13. 1935 年，遵义会议后不久，成立了由周恩来、毛泽东、张闻天组成的三人小组来负责全军的军事行动。 （　　）

14. 1935 年 10 月，中央红军胜利到达延安。这标志着长达一年、历经二万五千里的红一方面军长征画上了圆满的句号。 （　　）

15. 1940 年，毛泽东在延安发表《新民主主义论》，系统地阐述了新民主主义革命和新民主主义社会理论，科学地回答了"中国向何处去"的问题。 （　　）

16. 党的七大完成了确定党的路线、通过新党章、选举新的中央委员会这三个历史性任务。 （　　）

17. 党的七届二中全会是党在中华人民共和国成立前最后召开的一次中央委员会全体会议。 （　　）

18. 1949 年 6 月 30 日，毛泽东在庆祝建党 28 周年大会上发表了《论联合政府》的讲话，提出了人民民主专政理论，为建立新中国奠定了理论和政策基础。 （　　）

19. 1949 年 9 月 29 日，新政治协商会议筹备会决定将《中国人民政治协商会议共同纲领》作为中国人民革命建立新中国的基本纲领。 （　　）

20. 中国国情决定了近代中国革命的根本任务是推翻帝国主义、封建主义和官僚资本主义的统治，压在中国人民头上的这"三座大山"是中国革命的对象。 （　　）

21. 抗日战争时期，为了将中国革命丰富的实际经验马克思主义化，毛泽东撰写了《〈共产党人〉发刊词》《中国革命和中国共产党》《新民主主义论》等一批重要的理论著作，系统地阐明了新民主主义革命理论，将中国革命丰富的实际经验马克思主义化。 （　　）

22. 《新民主主义论》不仅回答了"中国向何处去"的问题，而且回答了未来中国建设的一系列根本问题，是马克思主义中国化时代化历史进程中的一次飞跃，标志着毛泽东思想的初步形成。 （　　）

二、单项选择题

1. 近代中国社会的性质是（　　）。
   A. 封建社会　　　　　　　　　B. 资本主义社会
   C. 半殖民地半封建社会　　　　D. 新民主主义社会

2. 1923 年，（　　）确定了同孙中山领导的国民党合作，建立了革命统一战线。
   A. 党的二大　　　　　　　　　B. 党的三大

C. 党的四大　　　　　　　　　　D. 党的五大

3. 中国无产阶级在新民主主义革命中最可靠的同盟军是（　　）。

A. 民族资产阶级　　　　　　　　B. 农民阶级

C. 小资产阶级　　　　　　　　　D. 大资产阶级

4. 中国革命必须走农村包围城市的道路，下列选项中，不是其主要依据的是
（　　）。

A. 中国是一个半殖民地半封建大国，经济、政治发展不平衡

B. 农村人口占全国人口的绝大多数，农民是革命的主力军

C. 大革命失败的深刻教训，敌强我弱的形势，广大农村是敌人统治的薄弱环节

D. 列宁关于民族殖民地问题的理论

5. 新民主主义革命中指出中国革命的首要对象是（　　）。

A. 帝国主义　　　　　　　　　　B. 封建主义

C. 民族资本主义　　　　　　　　D. 官僚资本主义

6. 新民主主义革命的性质是（　　）。

A. 无产阶级社会主义革命　　　　B. 资产阶级民主革命

C. 无产阶级民主革命　　　　　　D. 社会主义革命

7. 中国革命最基本的动力是（　　）。

A. 农民阶级，尤其是贫农　　　　B. 城市小资产阶级

C. 民族资产阶级　　　　　　　　D. 无产阶级

8. 1924 年 1 月，（　　）召开，标志着中国共产党倡导的革命联合战线正式
建立。

A. 中国国民党第一次全国代表大会

B. 中国国民党第二次全国代表大会

C. 中国共产党第三次全国代表大会

D. 中国共产党第四次全国代表大会

9. 新民主主义革命的领导权应掌握在（　　）手中。

A. 民族资产阶级　　　　　　　　B. 无产阶级

C. 农民阶级　　　　　　　　　　D. 小资产阶级

10. 《新民主主义论》从三个方面描绘了其蓝图与前景，下列选项中，没有涉
及的是（　　）。

A. 经济　　　　B. 政治　　　　C. 文化　　　　D. 社会

11. （　　），湘赣边界秋收起义正式爆发。

A. 1927 年 9 月 1 日　　　　　　B. 1927 年 9 月 8 日

C. 1927 年 9 月 9 日   D. 1927 年 9 月 19 日

12. 1927 年 9 月底，毛泽东率领进攻大城市受挫的秋收起义部队到达（　　），经过改编，将党支部建在连上，实行党指挥枪，确立了党对军队的绝对领导。

     A. 张家湾   B. 南泥湾   C. 三湾   D. 茨坪

13. 大革命失败的紧急关头，党的八七会议确定的总方针是（　　）。

     A. 推翻北洋军阀黑暗统治

     B. 开辟农村革命根据地

     C. 土地革命和武装反抗国民党反动统治

     D. 建立工农民主统一战线

14. 1927 年 10 月，毛泽东率部队进驻茅坪，正式吹响了创建井冈山革命根据地的号角，开始了（　　）这一中国革命新道路的探索。

     A. 武装夺取政权   B. 农村包围城市

     C. 聚焦力量，武装夺取政权   D. 农村包围城市、武装夺取政权

15. 通过（　　），农民和共产党结成了荣辱与共的命运共同体，红军彻底解决了经济困难，力量不断壮大，革命根据地的地盘也随之不断扩大和巩固。

     A. 土地革命   B. 打土豪、分田地

     C. 分田地给农民   D. 打土豪筹款子

16. 1928 年 4 月，朱德、陈毅率领的南昌起义余部与毛泽东率领的部队胜利会师。两支部队合编为（　　），朱德任军长，毛泽东任党代表。

     A. 国民革命军第一军   B. 工农革命军第四军

     C. 工农红军第一方面军   D. 工农红军第四方面军

17. 游击战以"敌进我退，敌驻我扰，敌疲我打，（　　）"十六字作战口诀为战术核心。

     A. 敌退我追   B. 敌进我进   C. 敌退我退   D. 敌打我打

18. 中国共产党在长征途中召开的遵义会议，集中解决了当时具有决定意义的（　　）。

     A. 军事问题和组织问题   B. 政治问题和路线问题

     C. 战略问题和战术问题   D. 思想问题和作风问题

19. 遵义会议上改组了中央领导机构，增选毛泽东为政治局常委，撤销博古、李德的（　　）。

     A. 最高指挥权   B. 最高领导职务

     C. 最高军事指挥权   D. 最高军事顾问

20. 党的七大于（　　）召开。

A. 1945 年 3 月 23 日　　　　　　B. 1945 年 3 月 24 日

C. 1945 年 4 月 23 日　　　　　　D. 1945 年 4 月 24 日

21. 将毛泽东思想作为全党的指导思想，奠定了全党思想一致的理论基础的会议是（　　）。

A. 党的五大　　　B. 党的六大　　　C. 党的七大　　　D. 党的八大

22. 1949 年 3 月 5 日至 13 日，中华人民共和国成立前最后召开的一次中央委员会全体会议——党的七届二中全会在（　　）举行。

A. 北京　　　　　B. 延安　　　　　C. 井冈山　　　　D. 西柏坡

23. 毛泽东在党的七届二中全会上的报告中（　　）。

① 提出了党的工作重心必须由乡村移到城市

② 指明了新中国的基本国体

③ 通过了《中国人民政治协商会议共同纲领》作为临时宪法

④ 规定了党在全国胜利后，在政治、经济、外交方面应当采取的基本政策

A. ①②③　　　B. ②③④　　　C. ①②④　　　D. ①③④

24. 中国共产党和南京国民政府在 1949 年 4 月 1 日举行和平谈判的目的是（　　）。

① 迅速结束战争

② 建立共同政府

③ 减少人民痛苦

④ 夺取革命胜利

A. ①②　　　B. ①③　　　C. ②④　　　D. ③④

25. 粟裕在一次讲话中高度评价（　　），指出该战役的胜利"对中国革命的发展具有极大的意义……我们不仅在军事上过了江，而且在政治上过了江"。

A. 辽沈战役　　　　　　　B. 淮海战役

C. 渡江战役　　　　　　　D. 解放海南岛战役

26. 关于中国共产党在中国革命中战胜敌人的主要法宝，下列选项中，错误的是（　　）。

A. 独立自主　　　　　　　B. 武装斗争

C. 党的建设　　　　　　　D. 统一战线

27. 1949 年（　　），中共中央进驻北平。

A. 1 月 25 日　　B. 2 月 25 日　　C. 3 月 25 日　　D. 4 月 25 日

28. 1939 年，毛泽东在（　　）中提出了中国共产党战胜敌人的三个法宝。

A.《〈共产党人〉发刊词》　　　B.《新民主主义论》

C. 《论联合政府》　　　　　　　　D. 《为人民服务》

29. 下列选项中，不属于中国人民政治协商会议第一届全体会议通过的内容的是（　　）。

A. 临时宪法

B. 《中国人民政治协商会议组织法》

C. 《中华人民共和国中央人民政府组织法》

D. 定都北京、采用公元纪年

30. 1949 年 9 月 30 日，中国人民政治协商会议第一届全体会议选举（　　）为中华人民共和国中央人民政府主席。

A. 朱德　　　　　B. 毛泽东　　　　　C. 刘少奇　　　　　D. 宋庆龄

31. 1949 年 3 月，毛泽东等中央领导人从西柏坡前往北平，他同（　　）对话，提出前往北平就是进京"赶考"，必须保持谦虚、谨慎的精神。

A. 周恩来　　　　B. 刘少奇　　　　C. 朱德　　　　　D. 任弼时

32. 中国共产党在领导人民革命的过程中，积累了丰富的经验，锻造出了有效的克敌制胜的武器，武装斗争就是中国共产党在中国革命中战胜敌人的重要法宝之一，其实质是（　　）。

A. 无产阶级领导的反帝国主义战争

B. 资产阶级领导的反封建战争

C. 工农联合的反军阀战争

D. 工人阶级领导的农民战争

重点·难点·热点

一、试述近代中国社会的基本国情和历史任务

（一）近代中国社会的基本国情

近代中国的社会性质是半殖民地半封建社会，这是近代中国最基本的国情。中国之所以沦为半殖民地半封建社会，其根本原因在于帝国主义的侵略。帝国主义的侵略使中国发生了两方面的变化：一方面，出现了先进的生产方式，民族资本主义有了一定程度的发展，单一的封建社会变成了半封建社会；另一方面，随着帝国主义侵略的加紧，中国由一个独立的封建国家变为一个半殖民地国家。中国之所以没有完全沦为殖民地，主要是因为中国人民的反抗，加之帝国主义国家之间的矛盾，使任何一个国家都不能独霸中国。近代中国是一个半殖民地半封建社会，它既不同于鸦片战争前的

封建社会，也不同于一般的封建社会，蕴含着特殊的社会矛盾和革命要求。其基本特点如下：

第一，帝国主义侵略势力日益成为统治中国的决定性力量。帝国主义列强以武力侵略中国，强迫清政府签订不平等条约，从政治、经济、军事和文化各方面控制中国，成为近代中国一切灾难和祸害的总根源，也是阻碍中国独立发展的根本原因。

第二，中国的封建势力同帝国主义侵略势力狼狈为奸、互相勾结，成为帝国主义奴役中国的最反动的势力。皇帝和贵族的专制政权被推翻了，代之而起的先是地主阶级的军阀统治，接着是地主阶级和大资产阶级联盟的专政，它们仍然是近代中国最反动、最黑暗的势力。

第三，帝国主义的入侵，使封建时代自给自足的自然经济基础被破坏了，但封建制度剥削的根基——地主阶级对农民的剥削不仅依旧保持着，而且同买办资本和高利贷资本的剥削结合在一起，在中国的社会生活中占据着明显的优势。

第四，民族资本主义有了某些发展，并在政治、文化生活中起了颇大的作用。但中国的民族资本主义是在外国势力、本国官僚买办资本势力、封建势力的夹缝中产生和发展起来的，经济地位脆弱，始终没有成为中国社会经济的主要形式。

第五，帝国主义列强在中国划分势力范围，实行分裂剥削政策，同时小农经济广泛存在，加上中国地域广大，这造成了中国实际上的不统一，中国政治、经济、文化的发展表现出极端的不平衡。

第六，在帝国主义和封建主义的双重压迫下，中国广大群众，尤其是农民群众日益贫困，以至于大批破产，过着饥寒交迫和毫无政治权利的生活。

（二）近代中国社会的历史任务

"帝国主义和中国封建主义相结合，把中国变成半殖民地和殖民地的过程，也就是中国人民反抗帝国主义及其走狗的过程。"[①] 中国人民近百年反帝反封建的英勇斗争，推动了中国社会的不断进步。毛泽东指出，认清中国的国情，乃是认清一切革命问题的基本前提。帝国主义和中华民族之间的矛盾、封建主义和人民大众之间的矛盾是近代中国社会占支配地位的主要矛盾，而帝国主义和中华民族之间的矛盾乃是一切矛盾中最主要的矛盾。这决定了实现中华民族伟大复兴，必须争取民族独立、人民解放，进行反帝反封建斗争。近代中国革命的根本任务是推翻帝国主义、封建主义和官僚资本主义的统治，从根本上推翻反动腐朽的政治上层建筑，变革阻碍生产力发展的生产关系，为建设富强民主的国家，创造必要的前提。江泽民在党的十五大报告中指出，近代中国鸦片战

---

① 毛泽东. 中国革命和中国共产党［M］//毛泽东. 毛泽东选集：第二卷. 2版. 北京：人民出版社，1991：632.

争后，中华民族面临着两大历史任务：一个是求得民族独立和人民解放；另一个是实现国家繁荣富强和人民共同富裕。前一个任务为后一个任务扫清障碍，创造必要的前提。

二、怎样理解新民主主义革命是资产阶级民主革命，而不是社会主义革命，却又说它是世界无产阶级社会主义革命的一部分

毛泽东指出，中国资产阶级的民主主义革命不同于一般的资产阶级民主主义革命。这种革命被称为新民主主义革命，是指无产阶级领导的，人民大众的，反对帝国主义、封建主义和官僚资本主义的革命。原因如下：

第一，新民主主义革命是无产阶级领导的。新、旧民主主义革命的根本区别在于领导阶级不同。五四运动以前，中国民主革命的政治指导者是中国的资产阶级和小资产阶级及知识分子。这时，中国的无产阶级是作为资产阶级的追随者参加革命的。五四运动以后，中国民主革命的政治指导者已经不属于中国的资产阶级，而属于无产阶级了。中国的无产阶级由于自身的成长和受到十月革命的影响，已经迅速地成长为一支独立的政治力量，并登上了历史舞台，随后组建了自己的政党，提出了彻底反帝反封建的纲领，成为中国民主革命的领导者。

第二，新民主主义革命发生在十月革命之后，属于世界无产阶级革命的范畴。毛泽东认为，第一次世界大战和十月革命的胜利改变了整个世界历史的发展方向，开始了无产阶级革命的新时代。在这样的时代，任何殖民地、半殖民地国家反对帝国主义的革命都属于世界无产阶级社会主义革命的范畴。

第三，新民主主义革命的指导思想是马克思主义。在五四运动以前，中国的革命、改良或其他形式反封建、反侵略斗争的指导思想均是西方的资产阶级民主主义。事实证明，西方资产阶级民主主义指导不了中国人民的革命斗争获得胜利。十月革命一声炮响，给中国送来了马克思主义。中国人民找到了新的指导思想，马克思主义是无产阶级的宇宙观和方法论，以马克思主义作为思想理论武器是新民主主义革命的一个重要特点。

第四，新民主主义革命的前途是经过新民主主义，过渡到社会主义。一般来说，资产阶级民主革命的前途应是建立资产阶级专政的资本主义制度。但是，因为中国的民族资产阶级几次失掉了发展资本主义的机遇，所以新民主主义革命胜利后，中国没有走资本主义道路，但也不是立即建立社会主义社会，而是经过新民主主义社会逐渐过渡到社会主义社会。

此外，根据中国半殖民地半封建的社会性质，毛泽东还认为，中国革命必须分两步走：第一步，改变半殖民地半封建的社会形态，使中国成为一个独立的新民主主义社会；第二步，使革命向前发展，建立一个社会主义社会。两者之间是上篇和下篇的关系。民主革命是社会主义革命的必要准备，社会主义革命是民主革命的必然趋势。

在两者的关系上，要反对两种错误倾向：一是陈独秀的"二次革命论"，即把中国革命进程中的两个紧密联系的阶段割裂开来，只看到两个阶段的区别，没看到两个阶段的联系，要在两个阶段之间硬插一个资产阶级专政和发展资本主义的阶段。二是以王明为代表的"左"倾教条主义，主张民主革命和社会主义革命"毕其功于一役"，混淆了民主革命和社会主义革命之间的界限，企图把两种不同性质的革命阶段并作一步走，一举取得社会主义革命的胜利。这种观点只看到了两者之间的联系，而忽视了两者之间的区别。"二次革命论"和"毕其功于一役"的观点都违背了中国革命的发展规律。中国革命分两步走的思想深刻地揭示了中国革命的客观规律，揭示了中国革命的前途，为中国革命指明了方向，丰富和发展了马克思主义关于资产阶级民主革命的学说。

三、为什么说旧民主主义革命向新民主主义革命转变是历史的必然

鸦片战争后，中国人民为了民族独立、人民解放，进行了前仆后继、不屈不挠的英勇斗争。洪秀全领导的太平天国运动沉重地打击了中国封建统治，教训了外国侵略者。戊戌变法则把近代中国挽救民族危亡和发展资本主义两大目标提到了全新的高度，对中国的出路进行了可贵的探索。辛亥革命开创了比较完全意义上的资产阶级民主革命，是20世纪中国的第一次历史性巨变，为中国的进步打开了闸门，使反动统治秩序再也无法稳定下去。但是，由于中国资产阶级的软弱性、妥协性，作为旧民主主义革命高潮的辛亥革命终以失败而告终，资本主义道路在近代中国行不通。

20世纪初，中国经济、政治、思想的剧烈变动为旧民主主义革命向新民主主义革命转变创造了条件。这些条件如下：在经济上，第一次世界大战期间中国民族资本主义的发展；在政治上，中国工人阶级的成长和工人运动的发展；在思想上，新文化运动和俄国十月革命的影响。1919年爆发的五四运动标志着旧民主主义革命向新民主主义革命的转变。五四运动是近代中国第一次彻底反帝反封建的革命运动，是新民主主义革命的开端，也为中国共产党的创建创造了条件。中国共产党是马克思主义同中国工人运动相结合的产物，它的成立是中国近代社会经济、政治发展和思想演变的结果。中国共产党的成立具有划时代的意义，是中国历史上"开天辟地的大事"。从此，中国革命的面貌焕然一新。

四、试述新民主主义的政治纲领、经济纲领和文化纲领

毛泽东在解决新民主主义革命总路线的同时，提出了新民主主义的政治、经济和文化的基本纲领，并将之作为贯彻执行新民主主义革命总路线的具体目标和要求。新民主主义的基本纲领是以毛泽东同志为主要代表的中国共产党人，在长期的革命战争

年代，从中国的国情出发，逐步形成、发展和完善的。

（一）新民主主义的政治纲领

新民主主义的政治纲领，就是推翻帝国主义和封建主义的统治，建立一个无产阶级领导的、以工农联盟为基础的、各革命阶级联合专政的新民主主义共和国。新民主主义共和国既不同于欧美式的资产阶级专政的共和国，又与苏联式的无产阶级专政的社会主义共和国相区别。

第一，国体是指社会各阶级在国家中的地位。社会各阶级在国家中的地位是由各阶级在中国革命和建设中的地位决定的。中国的无产阶级、农民、知识分子和其他小资产阶级乃是决定国家命运的基本势力，必然成为新民主主义国家构成的基本部分，而无产阶级是领导力量。新民主主义共和国的国体是无产阶级领导的，以工农联盟为基础的，包括小资产阶级、民族资产阶级和其他反帝反封建者在内的几个革命阶级的联合专政。

第二，政体是指政权的构成形式，即占统治地位的阶级采取什么形式来组织政权机关。与新民主主义政权相适应的政体是采取民主集中制的人民代表大会制度。

第三，新民主主义的政治是半殖民地半封建中国革命中，在一定时期内采取的国家形式，具有过渡性质，却是"不可移易的必要的形式"①。新民主主义的政治中既有社会主义因素，又有非社会主义因素，是过渡性的。无产阶级的领导、无产阶级军队等将保证新民主主义向社会主义的转变，因此，新民主主义政治的终极前途是社会主义政治。

（二）新民主主义的经济纲领

新民主主义的经济纲领，就是没收封建地主阶级的土地归农民所有，没收官僚资产阶级的垄断资本归新民主主义国家所有，保护民族工商业。经过长期革命的检验和不断地总结经验与教训，1947年，毛泽东在《目前形势和我们的任务》中明确提出了新民主主义的三大经济纲领，即"没收封建阶级的土地归农民所有，没收蒋介石、宋子文、孔祥熙、陈立夫为首的垄断资本归新民主主义的国家所有，保护民族工商业"②。新民主主义国民经济的指导方针是，必须紧紧地追随发展生产、繁荣经济、公私兼顾、劳资两利这个总目标。

（三）新民主主义的文化纲领

新民主主义的政治和经济必须有与之相适应的新民主主义文化。新民主主义的文化纲领，就是无产阶级领导的人民大众的反帝反封建的文化，即民族的科学的大众的文化。新民主主义文化是民族的，就其内容说是反对帝国主义压迫，主张中华民族的

---

① 毛泽东. 新民主主义论[M]//毛泽东. 毛泽东选集：第二卷. 2版. 北京：人民出版社，1991：675.
② 毛泽东. 目前形势和我们的任务[M]//毛泽东. 毛泽东选集：第四卷. 2版. 北京：人民出版社，1991：1253.

尊严和独立；就其形式说是具有鲜明的民族风格、民族形式和民族特色，要有中国作风和中国气派，同时吸收外国的进步文化。新民主主义文化是科学的，反对一切封建思想和迷信思想，主张实事求是、客观真理及理论和实践的一致性。新民主主义文化是大众的，是为全民族中绝大多数工人阶级和劳动群众服务的。这种文化既不同于国民党鼓吹的封建专制主义的文化，也不是单纯的无产阶级的社会主义文化。

总之，新民主主义的政治纲领、经济纲领和文化纲领是新民主主义革命路线的具体化，是新民主主义革命理论体系的重要组成部分。既然新民主主义革命是无产阶级领导的、新式的、特殊的资产阶级民主革命，那么新民主主义的基本纲领也是新式的、特殊的，新民主主义的基本纲领将引导中国经过新民主主义最终走向社会主义。

五、中国红色政权存在与发展的原因和条件是什么

1928 年 10 月和 11 月，毛泽东分别写了《中国的红色政权为什么能够存在?》和《井冈山的斗争》两篇著作，深刻地分析了半殖民地半封建的中国社会的特点，总结了井冈山和各地的斗争经验，第一次从理论上系统地分析和论证了中国红色政权存在与发展的原因和条件。

第一，中国是政治、经济发展不平衡的，处于几个帝国主义国家的间接统治之下的半殖民地半封建大国。这是中国红色政权存在与发展的根本原因。由于近代中国的经济发展不平衡，没有统一的资本主义市场，自给自足的地方性农业经济广泛存在，这为中国红色政权的存在提供了必要的物质条件。由于近代中国的政治发展不平衡，广大农村是反动统治的薄弱环节，而农民又是革命的主力军，这使中国红色政权获得了深厚的阶级基础。几个帝国主义国家的间接统治及其相互之间的斗争，造成了军阀割据的局面和连绵不断的军阀混战，这使中国红色政权获得了存在与发展的缝隙。由于中国是一个大国，因而革命力量有广泛回旋的余地。

第二，良好的群众基础。这是中国红色政权存在与发展的必备客观条件。中国红色政权首先发生和能够长期存在的地方往往是那些受过大革命的影响、发生过高涨的群众性的革命运动的地方。这些地方有良好的群众基础。

第三，不断向前发展的革命形势。这是中国红色政权存在与发展的重要客观条件。大革命失败后，引起中国革命的主要矛盾一个也没有得到解决，全国革命形势是继续向前发展的，因此也必将推动中国红色政权向前发展。

第四，相当力量的正式红军的存在。这是中国红色政权存在与发展的必要主观条件。如果只有赤卫队，没有正式红军，便不能对付反动派。只有相当力量的正式红军存在，中国共产党才能拥有对敌作战的强大组织和力量。

第五，共产党的正确领导。共产党组织的坚强有力和各项政策的正确执行，是中

国红色政权存在与发展的关键性主观条件。

六、农村包围城市、武装夺取政权的中国革命新道路理论内容和意义是什么

农村包围城市、武装夺取政权的中国革命新道路理论，是中国新民主主义革命理论的最基本内容，是马克思主义中国化时代化的光辉典范。其中，毛泽东对这一理论作出了杰出贡献。其内容主要包括以下几方面：

第一，1930 年 1 月，毛泽东在《星星之火，可以燎原》中阐明了中国必须而且只能走与资本主义国家无产阶级不同的道路。主要内容如下：首先，批评了"城市中心论"的思想。中国是一个许多帝国主义国家互相争夺的半殖民地国家，在中国走城市武装起义的道路是行不通的。其次，提出了一条红色政权巩固和扩大的路线，即红色政权必须执行有根据地的、有计划地建设政权的、深入土地革命的、扩大人民武装的路线，这样才能波浪式地向前扩大。最后，强调了农村革命根据地、武装斗争的意义，指出，"必须这样，才能促进革命的高潮"[①]。这些论述实际上否定了照搬外国经验的"城市中心论"的思想，提出了"以农村为中心"的思想。这标志着农村包围城市、武装夺取政权的中国革命新道路理论基本形成。

第二，1930 年 5 月，毛泽东又写了《反对本本主义》，第一次明确提出"马克思主义的'本本'是要学习的，但是必须同我国的实际情况相结合"[②]。这就从思想路线的高度为开创农村包围城市、武装夺取政权的道路指明了方向，并把它建立在坚实的唯物主义哲学基础之上。

第三，1936—1939 年，毛泽东又发表了多篇文章，根据以往斗争的实践经验，从新的角度，再次系统地论述了农村包围城市、武装夺取政权道路的理论。其一，半殖民地半封建的中国不同于资本主义国家，内部没有民主制度，没有议会可以利用，也没有组织工人举行罢工的合法权利，因而共产党的任务不是经过长期合法的斗争以发动起义和战争，也不是先占城市后取农村，而是走相反的道路。其二，根据中国在较长时期内敌强我弱的特点，把游击战提高到战略地位。其三，明确提出统一战线、武装斗争、党的建设是中国共产党在中国革命中战胜敌人的三个法宝，并阐述了三者之间的相互关系：土地革命是中国革命的基本内容；武装斗争是中国革命的主要形式，是农村革命根据地建设和土地革命的强有力保证；农村革命根据地是中国革命的战略阵地，是进行武装斗争和开展土地革命的依托。其四，根据中国革命的敌人总是长期占据中心城市的特

---

① 毛泽东. 星星之火，可以燎原[M]//毛泽东. 毛泽东选集：第一卷. 2 版. 北京：人民出版社，1991：98 - 99.

② 毛泽东. 反对本本主义[M]//毛泽东. 毛泽东选集：第一卷. 2 版. 北京：人民出版社，1991：111 - 112.

点，提出必须把落后的农村改造成先进的、巩固的根据地。其五，指出根据地农村的武装斗争要同其他各种必要的斗争形式相互配合。毛泽东的这些论述使农村包围城市、武装夺取政权的道路理论更加严整、完善，并成为全党的共识。

农村包围城市、武装夺取政权的中国革命新道路理论具有伟大而深远的意义。

第一，农村包围城市、武装夺取政权的中国革命道路，揭示了中国革命发展的客观规律，为党在国民革命失败后领导中国革命指明了新的斗争方向，是中国革命唯一正确的革命道路。历史证明，这条道路是中国共产党历经重重磨难探索出来的、符合中国国情的、正确的革命道路。实践也证明了，中国人民就是沿着这条道路取得革命在全国的胜利的。

第二，农村包围城市、武装夺取政权的中国革命新道路理论，是以毛泽东同志为主要代表的中国共产党人坚持实事求是的原则，一切从实际出发，把马克思列宁主义基本原理同中国革命实践相结合的产物，是马克思主义中国化时代化的重要成果和光辉典范，也是毛泽东思想形成的重要标志。

第三，农村包围城市、武装夺取政权的中国革命新道路理论的产生、发展和完善，对马克思主义理论宝库作出了独创性的贡献，为殖民地、半殖民地国家的人民通过革命夺取政权树立了榜样。

第四，农村包围城市、武装夺取政权的中国革命新道路理论及其实现自始至终贯穿的基本思想，就是马克思列宁主义基本原理同中国革命具体实践相结合，走自己的路，这对于中国今天进一步推进社会主义现代化建设仍具有重要的启迪意义。

七、试论新民主主义革命道路理论的主要内容、历史意义和现实意义

（一）新民主主义革命道路理论的主要内容

在半殖民地半封建的中国，选择什么样的革命道路，是中国共产党必须回答的重大问题。以毛泽东同志为主要代表的中国共产党人把马克思主义与中国革命实践相结合，走出了一条农村包围城市、武装夺取政权的革命道路。要走这条道路，就必须处理好土地革命、武装斗争、农村革命根据地建设三者之间的关系。土地革命是中国革命的基本内容；武装斗争是中国革命的主要形式，是农村革命根据地建设和土地革命的强有力保证；农村革命根据地是中国革命的战略阵地，是进行武装斗争和开展土地革命的依托。

（二）新民主主义革命道路理论的历史意义

中国革命道路理论，是中国共产党运用马克思主义的立场、观点和方法，分析、研究和解决中国革命具体问题的光辉典范，反映了中国半殖民地半封建社会民主革命发展的客观规律，独创性地发展了马克思列宁主义。中国革命道路理论对于推进马克

思主义中国化时代化具有重要的方法论意义。

（三）新民主主义革命道路理论的现实意义

我们应当在进行社会主义现代化建设中坚持解放思想、实事求是、与时俱进，与进行革命一样，都必须把马克思主义的基本原理与本国具体实际相结合，走自己的路。

八、为什么说党的建设是中国革命取得胜利的三大法宝之一？在新民主主义革命时期，党是如何总结历史经验，加强党的思想理论建设的

（一）党的建设是中国革命取得胜利的三大法宝的核心

1939 年 10 月，毛泽东在撰写《〈共产党人〉发刊词》，论述新民主主义理论时指出，"统一战线问题，武装斗争问题，党的建设问题，是我们党在中国革命中的三个基本问题。正确地理解了这三个问题及其相互关系，就等于正确地领导了全部中国革命"①。"统一战线，武装斗争，党的建设，是中国共产党在中国革命中战胜敌人的三个法宝，三个主要的法宝。这是中国共产党的伟大成绩，也是中国革命的伟大成绩。"②

三大法宝的核心是党的建设。中国人民之所以能够战胜强大的敌人，推翻帝国主义、封建主义和官僚资本主义的反动统治，赢得革命的胜利，基本上是因为依靠了统一战线和武装斗争这两个武器，"而党的组织，则是掌握统一战线和武装斗争这两个武器以实行对敌冲锋陷阵的英勇战士"③。因此，围绕党的政治路线，加强党的建设，不断增强党的创造力、凝聚力和战斗力，对于中国革命的胜利具有极其重要的意义。

（二）在新民主主义革命时期，党总结历史经验，不断加强党的思想理论建设

土地革命时期，党内连续发生"左"倾错误，这给中国革命带来了极其严重的危害。这些错误的发生主要是由于中国共产党人对于马克思列宁主义的理论和中国革命实践没有统一的理解。以毛泽东同志为主要代表的中国共产党人历来重视总结经验和加强党的思想理论建设。毛泽东早就提出，要注重调查研究，反对本本主义。

遵义会议后，随着以毛泽东同志为主要代表的党中央正确领导的确立和党在政治上逐步走向成熟，党的建设也出现了新的局面。

1935 年 12 月，毛泽东在瓦窑堡会议上作了《论反对日本帝国主义的策略》的报

---

① 毛泽东.《共产党人》发刊词[M]//毛泽东. 毛泽东选集：第二卷. 2 版. 北京：人民出版社，1991：605 - 606.

② 毛泽东.《共产党人》发刊词[M]//毛泽东. 毛泽东选集：第二卷. 2 版. 北京：人民出版社，1991：606.

③ 毛泽东.《共产党人》发刊词[M]//毛泽东. 毛泽东选集：第二卷. 2 版. 北京：人民出版社，1991：613.

告，阐明了党的抗日民族统一战线策略，批判了党内的关门主义和对于革命的急性病，系统地解决了党的政治路线上的问题，确定了"为扩大与巩固共产党而斗争"的方针。

1937年夏，毛泽东先后写了《实践论》《矛盾论》，从马克思主义认识论的高度，总结了中国共产党的历史经验，揭露和批判了党内的主观主义，尤其批判了教条主义的错误，深入论证了马克思列宁主义基本原理同中国革命具体实践相结合的原则，科学地阐明了党的思想路线。

1938年9月至11月，中共扩大的六届六中全会提出和制定的关于党的建设的一系列重要决策，对于党的建设产生了深远影响。毛泽东在会上强调，"共产党员无论何时何地都不应以个人利益放在第一位，而应以个人利益服从于民族的和人民群众的利益。……共产党员应是实事求是的模范"①。

1939年10月，毛泽东为中共中央主办的党内刊物《共产党人》撰写了发刊词，系统地总结了建党以来党的建设的历史经验，阐述了党的建设的指导思想，强调党的建设是一项"伟大的工程"，提出"建设一个全国范围的、广大群众性的、思想上政治上组织上完全巩固的布尔什维克化的中国共产党"②。在此前后，刘少奇、周恩来、张闻天、陈云、邓小平等党的许多领导人也发表了一系列加强党的建设的演说、论著等，论述了加强党的思想、组织、作风建设，丰富和发展了毛泽东的建党学说。

1942年的整风运动，既是一次全党范围内马克思主义的思想教育运动，也是破除党内把马克思主义教条化、把共产国际决议和苏联经验神圣化错误倾向的伟大的思想解放运动。同时，整风运动对于加强党的自身建设、增强党的战斗力是一次成功的实践，是一次伟大的创举。

在1945年党的七大上，毛泽东思想作为马克思主义中国化时代化第一次飞跃的理论成果，被写进了党章。正是以毛泽东同志为主要代表的中国共产党人及时总结历史经验、加强党的思想理论建设，才保证了党沿着正确的路线不断取得胜利。

九、新民主主义革命理论的意义是什么

新民主主义革命理论是以毛泽东同志为主要代表的中国共产党人，把马克思列宁主义基本原理同中国革命具体实践相结合，在认真总结中国革命实践经验的基础上形成的具有独创性的革命理论。

新民主主义革命理论揭示了近代中国革命发展的客观规律，解决了在一个以农民

---

① 毛泽东. 中国共产党在民族战争中的地位[M]//毛泽东. 毛泽东选集：第二卷. 2版. 北京：人民出版社，1991：522.

② 毛泽东.《共产党人》发刊词[M]//毛泽东. 毛泽东选集：第二卷. 2版. 北京：人民出版社，1991：602.

为主体的、落后的、半殖民地半封建的东方大国里进行革命的一系列理论问题，在当时的历史条件下科学地回答了中国革命向何处去的问题，以及中国革命的发展阶段问题，极大地丰富了马克思主义的理论宝库。

新民主主义革命理论是马克思主义中国化时代化的重要理论成果，开辟了马克思主义中国化时代化的发展道路。新民主主义革命理论是在反对各种错误倾向的过程中形成的。它是从中国革命的具体实际出发，不拘泥于已有的结论，运用马克思主义的立场、观点和方法，独立自主地对中国革命实际问题做出的分析和研究；是对中国革命实践经验的概括和总结；是中国共产党集体智慧的结晶。

在新民主主义革命理论的指导下，党团结带领人民找到了一条农村包围城市、武装夺取政权的中国革命新道路，经过浴血奋战，完成了新民主主义革命，于1949年成立了中华人民共和国，实现了民族独立和人民解放。中国人民从此站起来了，中华民族任人宰割、饱受欺凌的时代一去不返了，中国发展从此开创了新纪元。

中国新民主主义革命的伟大胜利，是20世纪继俄国十月革命以后改变世界面貌的伟大历史事件，也极大地改变了世界政治格局，鼓舞了全世界被压迫民族与被压迫人民争取解放的斗争，极大地增强了他们反对帝国主义斗争的信心、增强了世界人民争取和平的力量。

十、为什么说"第三条道路"在中国行不通

从1921年中国共产党诞生至1949年中华人民共和国成立，中国存在三种主要的政治力量：一是地主阶级和买办性的大资产阶级（1927年后成为官僚资产阶级），他们是反动势力（有时称为顽固势力），是民主革命的对象。其政治代表先是北洋政府，以后主要是国民党统治集团。二是民族资产阶级，他们是中间势力，是民主革命的力量之一。其政治代表是民主党派的某些领导人物和若干无党派人士。三是工人阶级、农民阶级和城市小资产阶级，他们是进步势力，是民主革命的主要力量。其政治代表是中国共产党。

民族资产阶级企图在国民党坚持的地主阶级与买办性的大资产阶级专政和共产党主张的无产阶级领导的各革命阶级联合专政的政权之外，另找一条道路，即"第三条道路"，希望建立一个名副其实的资产阶级民主共和国。

尽管辛亥革命的流产已经宣告了资产阶级民主共和国方案在中国行不通，但中国的资产阶级及其代表人物还是一次又一次地把这个方案提出来。在抗日战争胜利以后的一个时期内，一些民主党派的领导人物和若干无党派人士更大力鼓吹过"中间路线"或"第三条道路"，但它实际上并不具备现实的可行性。

资产阶级民主共和国的方案之所以行不通，与当时中国所处的时代条件和中国革

命的形势有关。

中国是一个半殖民地半封建国家，帝国主义是中国进步最主要的敌人。帝国主义列强来到中国，不是为了使中国成为一个独立、富强的资本主义国家，而是为了掠夺中国，从而发展自己国家的资本主义。帝国主义不能容忍中国成为独立、富强的资本主义国家。

民族资产阶级真诚地希望中国通过建立资产阶级民主共和国走上独立、富强之路，但是，它的力量过于弱小，它也没有勇气和能力去领导中国人民进行彻底的反帝反封建的革命斗争，从而为建立资产阶级民主共和国扫清障碍。代表这个阶级要求的中间势力由于提不出彻底的土地革命纲领，无法动员农民这个最广大的群体，并且不敢进行革命的武装斗争，根本不掌握军队，因此，他们在政治上没有占很大的分量。在这种情况下，他们往往把实现民主政治的希望寄托在统治阶级让步这种幻想之上。由于中国的反动统治者自身的社会基础极其薄弱，其统治是十分残暴的，又是十分虚弱的，它不能容忍更经受不住任何的民主改革，它绝不会对中间势力关于建立资产阶级民主共和国的要求做出原则性的让步。

解放战争时期，客观形势决定了人们没有走"中间路线"的余地。国民党反动统治者不断用暴力对想要走"中间路线"的人们施行迫害，直至取缔他们的组织，监视、逮捕以至于杀害他们。严酷的事实教育了他们，使他们逐步放弃了走"中间路线"的幻想，站到了拥护共产党主张的新民主主义革命的立场上来。

拓展阅读

[1] 毛泽东. 中国社会各阶级的分析[M]//毛泽东. 毛泽东选集：第一卷. 2 版. 北京：人民出版社，1991：3 - 11.

[2] 毛泽东. 星星之火，可以燎原[M]//毛泽东. 毛泽东选集：第一卷. 2 版. 北京：人民出版社，1991：97 - 108.

[3] 毛泽东. 实践论[M]//毛泽东. 毛泽东选集：第一卷. 2 版. 北京：人民出版社，1991：282 - 298.

[4] 毛泽东.《共产党人》发刊词[M]//毛泽东. 毛泽东选集：第二卷. 2 版. 北京：人民出版社，1991：602 - 614.

[5] 毛泽东. 新民主主义论[M]//毛泽东. 毛泽东选集：第二卷. 2 版. 北京：人民出版社，1991：662 - 711.

[6] 毛泽东. 论人民民主专政[M]//毛泽东. 毛泽东选集：第四卷. 2 版. 北京：人民出版社，1991：1468 - 1482.

专题三 社会主义改造理论

学习目标

1. 分析我国新民主主义社会的过渡性质和社会主义改造的历史必然性。

2. 总结社会主义改造的原则、方针、从低级向高级发展的形式，以及探索出的适合中国特点的社会主义改造道路和社会主义改造的历史经验。

专题导学

1. 背景

"为有牺牲多壮志，敢教日月换新天。"① 经过 28 年的浴血奋战和顽强奋斗，中华人民共和国成立了，中国人民真正成为国家的主人，中华民族进入了发展进步的新纪元。山河重整，百废待兴，接下来的路该怎么走？如何进行社会主义革命？如何改造旧社会，建立新社会？如何尽快实现国家工业化？社会主义改造理论就是对这一系列崭新课题的创造性回答。

2. 视频学习中重要事件坐标

- 土地改革
- 没收四大家族资本
- 收回东交民巷的"特权"
- "一化三改"——党在过渡时期的总路线
- 新中国第一部宪法诞生记

3. 影响

中华人民共和国成立后，我国开始了从新民主主义到社会主义的转变。在这一时

---

① 毛泽东. 七律 到韶山［M］//中共中央文献研究室. 毛泽东诗词集. 北京：中央文献出版社，1996：110.

期，中国社会的性质是新民主主义社会。新民主主义社会是一个过渡性的社会，通过社会主义改造转变为社会主义社会是历史发展的必然。党根据马克思列宁主义基本原理，结合我国的具体实际，创造性地开辟了一条适合中国特点的社会主义改造道路，成功地完成了生产资料私有制的社会主义改造，实现了中国历史上最深刻、最伟大的社会变革，积累了宝贵的历史经验。中华人民共和国的成立和社会主义基本制度的确立是 20 世纪中国一次划时代的历史巨变，也是世界社会主义发展史上又一个历史性的伟大胜利，为当代中国的一切发展进步奠定了根本的政治前提和制度基础，实现了中华民族由近代不断衰落到根本扭转命运、持续走向繁荣富强的伟大飞跃。

4. 想一想

为什么说新民主主义社会是一个过渡性的社会？怎样理解党在过渡时期的总路线？如何认识中国社会主义改造的基本经验？如何理解中国确立社会主义基本制度的重大意义？

视频内容简介

3.1　土地改革

历史上，每到朝代鼎革之际，"均田地"都会成为号召农民参与反抗的最有效口号。中国共产党从成立那天起就已经注意到这个问题。新民主主义革命时期，打土豪、分田地成为中国共产党动员农民参加革命最有效的途径之一。因此，中华人民共和国成立后，土地改革成为中国共产党改变农村土地结构、稳定社会局面的重要手段。

早在 1947 年 9 月，中共中央工作委员会在河北省平山县西柏坡村召开全国土地会议，制定并通过了《中国土地法大纲》。在这份文件的指导下，中华人民共和国成立前，华北、东北解放区的土地改革进行得如火如荼。1949 年，中华人民共和国成立后，在巩固解放区土地改革成果的基础上，中国共产党马上展开了更大规模的土地改革运动，推动了中国乡村社会的再造进程。1950 年 6 月 28 日，中央人民政府委员会举行会议，讨论并通过了《中华人民共和国土地改革法》。1950 年 7 月 15 日，中央人民政府政务院颁布了《农民协会组织通则》等条例，确保土地改革顺利进行。随后，按照"依靠贫农、雇农，团结中农，中立富农，有步骤有分别地消灭封建剥削制度"① 的总

---

① 周鸿. 中华人民共和国国史通鉴：第一卷[M]. 北京：红旗出版社，1994：18.

方针，党和国家逐步在拥有 2 亿多农民的新解放区开展了一场新的土地改革运动。

从 1949 年冬到 1953 年春，中国共产党按照解放时间的先后，由华东、中南到西北、西南（新疆、西藏少数民族地区除外）进行了土地改革。这次土地改革大致分为三个阶段：第一阶段是 1949 年冬至 1950 年春，主要是在已具备土地改革条件的华北城市郊区和河南省等部分地区开展土地改革试点工作，在南方开展清匪反霸、减租退押工作，为在全国实行土地改革做准备。第二阶段是 1950 年 6 月至 1952 年 12 月，在西南等地开展土地改革。第三阶段是 1952 年冬至 1953 年春，主要在少数民族地区开展土地改革。到 1953 年春，除一部分少数民族地区外，全国的土地改革基本完成，封建主义的基础被彻底打垮。

中华人民共和国的土地改革，使广大农村的阶级结构发生了重大变化，中农在农村人口中所占的比例由 20% 上升到 80% 左右，贫农、雇农所占的比例由 70% 下降到 10%～20%；农村的权力分配发生了重大变化，地主、宗族势力退出，农民协会成为农村权力的拥有者。

中华人民共和国的土地改革，使广大农村的经济状况发生了翻天覆地的变化，封建土地所有制被废除后，生产力得到了极大解放。1950—1955 年，中国的农业总产值年均增长 9.8%，粮食总产量年均增长 6.8%，棉花总产量年均增长 17%；粮食的亩产量亦有较大提高。以粮食为例，每公顷的产量由 1949 年的 1 035 千克提高到 1955 年的 1 425 千克，年均递增 5.5%。

中华人民共和国的土地改革改变的不仅仅是农民的经济生活，它还推动了农村的移风易俗，科学和民主的思想在农村得到了广泛传播，巫婆、神汉被取缔，早婚、溺婴等恶习被革除，农村中的"二流子"被改造，自由恋爱的风气逐渐在农村中流行，劳动光荣的新习俗逐渐形成。

中华人民共和国的土地改革，不仅实现了几千年来中国农民拥有土地的梦想，而且为推动中国向现代化工业国家迈进奠定了坚实的基础。没有广大农民对中国经济建设的伟大奉献，就没有中国的工业化。

3.2　没收四大家族资本

随着解放战争进入战略反攻阶段，解放军的作战区域进入国民党统治区，如何处置以四大家族为首的官僚资本被提上议事日程。四大家族是指以蒋介石、宋子文、孔祥熙、陈立夫为代表的庞大的家族势力，他们之间的关系十分亲密。其中，蒋介石与宋子文、孔祥熙是姻亲，陈立夫、陈果夫兄弟是蒋介石结拜兄弟的亲属。自大革命以来，他们相互援引，各取所需，形成了官商勾结、利益交织的国家垄断资本，或称为官僚资本。在四大家族当权时期，官僚资本集中了价值达 100 亿～200 亿美元的资产。

以四大家族为首的官僚资产阶级操控了国家的经济命脉，控制了全国银行总数的 70%、产业资本的 80%，控制了全部的铁路、公路和航空运输。他们把持着四大银行、经济委员会、资源委员会等国家财政金融机构，垄断了全国的石油、煤炭、钢铁等矿产资源，肆意发行纸币、债券、股票，倒卖黄金，聚敛财富，严重威胁了国家的发展与人民的生存。国民党统治区内的人民生活在水深火热之中，抗议之声此起彼伏，游行队伍络绎不绝。

1947 年 12 月底，中共中央在杨家沟召开会议，毛泽东作了题为《目前形势和我们的任务》的政治报告，鞭辟入里地分析了以四大家族为首的官僚资本的性质及危害。他说道："这个垄断资本，和国家政权结合在一起，成为国家垄断资本主义……这就是蒋介石反动政权的经济基础。这个国家垄断资本主义，不但压迫工人农民，而且压迫城市小资产阶级，损害中等资产阶级。"[①] 基于此，毛泽东斩钉截铁地指出，"没收蒋介石、宋子文、孔祥熙、陈立夫为首的垄断资本归新民主主义的国家所有……这就是新民主主义革命的三大经济纲领"[②]、"新民主主义的革命任务，除了取消帝国主义在中国的特权以外，在国内，就是要消灭地主阶级和官僚资产阶级（大资产阶级）的剥削和压迫，改变买办的封建的生产关系，解放被束缚的生产力"[③]。

毛泽东的报告迅速传播到战场前线，指导没收垄断资本工作的开展。在没收垄断资本的过程中，共产党既态度坚决，又严守纪律，大体遵循"宁缓勿急，宁慢勿乱"的原则，稳中求进，将四大家族等官僚资产阶级控制的银行、股市、矿场、企业等收归国有；对于曾为其服务的旧人员，尽量宽大处理，"一般地不能用裁撤遣散方法解决，必需给以工作和生活的出路"[④]。该政策被形象地表述为"三个人的饭五个人匀着吃，房子挤着住"，没收工作也得以顺利铺开。

没收以四大家族为首的官僚资本归国家所有，使新民主主义国家重新掌握了经济命脉，为巩固新政权提供了必要的物质保障，也为向社会主义过渡奠定了重要基础。

---

① 毛泽东. 目前形势和我们的任务[M]//毛泽东. 毛泽东选集：第四卷. 2 版. 北京：人民出版社，1991：1253 – 1254.

② 毛泽东. 目前形势和我们的任务[M]//毛泽东. 毛泽东选集：第四卷. 2 版. 北京：人民出版社，1991：1253.

③ 毛泽东. 目前形势和我们的任务[M]//毛泽东. 毛泽东选集：第四卷. 2 版. 北京：人民出版社，1991：1254.

④ 中国共产党中央委员会. 中央关于旧人员处理问题的指示[M]//中央档案馆. 中共中央文件选集：第十八册. 北京：中共中央党校出版社，1992：460.

3.3 收回东交民巷的"特权"

北京城中最长的街道是长安街，最长的胡同当属东交民巷。东交民巷位于天安门广场东侧。与车流奔驰不息、人流接踵摩肩的长安街相反，这里路静人稀，鳞次栉比的西洋风格小楼掩映在浓密的国槐树下。

1860年《北京条约》签订后，这条建于明朝的狭长巷子被划为使馆区，欧洲各国及美国、日本等与清政府签订了不平等条约的国家纷纷在这里建立使馆。按照国际法，外国公使馆的安全由驻在国派兵保护。1900年5月，各国借口保证使馆安全，强行派兵进驻东交民巷使馆区，违反了国际法中有关使馆不得驻兵的规定，建立了兵营。1901年签订的《辛丑条约》规定，东交民巷使馆区由各国派兵驻守，中国人不得住在使馆区内；还规定由北京到山海关共12处地方，由各国驻兵。这就使帝国主义各国获得了在中国驻兵的特权。使馆区成为干涉中国内政的"国中之国"。中国政局一有波动，东交民巷的使馆区就做出反应，各国纷纷增兵，对中国政府施加压力，插手中国内政。

1943年1月，为拉拢中国共同对日，英、美政府分别和中国政府签订了新约，放弃自己在中国的一切特权。接着，中国相继与比利时、荷兰、巴西、挪威、瑞典、加拿大等国签订了类似的条约和换文。为此，一切外国在华驻兵权应该被取消。然而，抗日战争结束不久内战即爆发，东交民巷的外国兵营仍旧被保留。

直到中华人民共和国成立，彻底收回东交民巷的外国兵营才有了可能。中国共产党早已宣布废除不平等条约，废除外国特权，不承认国民党统治时期的一切外交关系。1949年1月31日，北平和平解放。1949年2月3日，中国人民解放军入城仪式整整进行了8小时，显示了中国人民废除帝国主义列强在华特权的决心。1949年7月10日，北平市军事管制委员会（简称军管会）发布《外国侨民临时登记办法》，该办法于7月10日执行，要求外国侨民从7月11日开始至9月26日，无论是国民党统治时期的外交官还是普通侨民，都必须到公安局外侨管理科登记身份。1950年1月6日，北京市军管会颁发布告："废除某些外国过去利用不平等条约中所谓'驻兵权'在北京市内占据地面建筑之兵营；在此项地产上所建筑之兵营及其他军用建筑因地产权收回所发生之房产问题，我政府另定办法解决之；目前此项兵营及军用建筑因军事之需要予以征用；此项征用自布告之日起七日后实施。"①

北京市公安局和北京市军管会外事处共同组成了4个接收小组。1950年1月7日上

---

① 李正修. 收回北京外国兵营始末［M］//北京市政协文史资料委员会. 北京文史资料：第59辑. 北京：北京出版社，1999：8.

午，以女干部白平为首的小组，以北京市军管会工作人员的身份，向荷兰原驻北平领事费渊送达并宣读了命令，命他们在 7 天内将兵营腾出，北京市军管会人员于 1 月 14 日前来接收。费渊狡辩自己只是普通侨民，无权接受北京市军管会的命令。与此同时，李幻山小组也正在美国兵营履行同样的使命。美国原驻北平总领事柯乐博声称，美国兵营已改作总领馆办公楼，他要给北京市军管会写信抗议。法国原驻北平领事伯亚乐也给北京市军管会写了书面声明，如北京市军管会进行征用，法政府将提出抗议。北京市军管会把这些抗议信退了回去，并派人在 1 月 13 日到各兵营督促，称北京市军管会第二天会准时来接收。

1950 年 1 月 14 日，规定收回兵营的期限到了。费渊迫于压力，腾空了荷兰兵营的房屋。前去接收美国兵营的李幻山小组却不太顺利，柯乐博一拖再拖，最后见接收小组毫不示弱，只得开始腾清兵营物品。1 月 16 日，美国兵营全部腾空。法国兵营也在布告期限内全部腾空。这时，还剩下最后一个——英国兵营。1950 年 4 月 11 日，以外交承认中国为由企图拖延的英国被迫腾出兵营。

中华人民共和国成立前，所有试图收回成为"国中之国"的东交民巷外国兵营的努力都无功而返。中华人民共和国以决绝的姿态，摒除了百年来西方列强加在中国身上的各种桎梏，收回了帝国主义列强在东交民巷的全部兵营。中华人民共和国在世界面前表现出独立自主的国家姿态。

3.4 "一化三改"——党在过渡时期的总路线

1953 年春，在新民主主义社会乘风破浪、扬帆起航之际，毛泽东开始考虑新民主主义社会的前途问题了。以"一化三改"为标志的过渡时期总路线推动了新民主主义社会向社会主义社会的转变，对 20 世纪 50 年代的共和国，乃至整个中华人民共和国的历史都产生了深刻的影响。

1949 年，中华人民共和国成立，标志着新民主主义社会制度在全国范围内建立，近代以来中国面临的第一项历史任务，即求得民族独立和人民解放的任务基本完成，为中国的发展进步创造了最重要的政治前提。在中华人民共和国成立后的最初三年，党和政府按照《中国人民政治协商会议共同纲领》建设新民主主义社会，在着重完成民主革命遗留任务的同时，也开始实行社会主义革命的任务，国民经济得以迅速恢复和发展，社会面貌得到彻底改观。新民主主义社会理论是中国共产党理论创新的一朵奇葩，毛泽东描述道，"这个社会的前身是封建主义的社会（近百年来成为半殖民地半封建的社会），它的后身是社会主义的社会"[①]，指出了其过渡性的根本特征。

---

① 毛泽东. 五四运动[M]//毛泽东. 毛泽东选集：第二卷. 2 版. 北京：人民出版社，1991：559.

1952 年年底到 1953 年年初，随着抗美援朝可望结束，土地革命的任务在全国范围内基本完成，国民经济恢复工作提前实现了预定目标，"一五"计划即将开始，中央政府将集中力量进行经济建设，即为实现第二项历史任务而奋斗被突出地提上党和国家的议事日程。面对新的形势和新的问题，党和国家需要提出新的任务和目标。

1953 年 2 月 16 日夜，毛泽东乘专列抵达武汉，进行了一系列考察活动。在武汉考察期间，他首次鲜明地提出了新民主主义要向社会主义过渡，以及对私人工商业、手工业、农业进行社会主义改造的论断。1953 年 6 月 15 日，中共中央政治局扩大会议在北京举行，毛泽东第一次对过渡时期的总路线和总任务做了完整的表述。1953 年 6 月至 8 月，长达两个月的全国财经会议在北京举行。毛泽东在会议报告中加写了他概括的过渡时期总路线的提法。1953 年 12 月，经毛泽东修改，中共中央批转了中共中央宣传部编写的《为动员一切力量把我国建设成为一个伟大的社会主义国家而斗争——关于党在过渡时期总路线的学习和宣传提纲》，形成了过渡时期总路线的完整表述："从中华人民共和国成立，到社会主义改造基本完成，这是一个过渡时期。党在这个过渡时期的总路线和总任务，是要在一个相当长的时期内，逐步实现国家的社会主义工业化，并逐步实现国家对农业、对手工业和对资本主义工商业的社会主义改造。这条总路线是照耀我们各项工作的灯塔，各项工作离开它，就要犯右倾和'左'倾的错误。"[①] 1954 年 2 月，党的七届四中全会通过决议，正式批准了过渡时期的总路线，并于同年 9 月，将其载入了第一部《中华人民共和国宪法》。

党在过渡时期总路线的核心是，逐步实现国家的社会主义工业化，并逐步实现国家对农业、手工业和资本主义工商业的社会主义改造，简称"一化三改""一体两翼"。毛泽东曾用一只振翅欲飞的鸟做形象比喻，认为逐步实现国家的社会主义工业化（"一化"），这是"鸟"的主体；"三改"即逐步实现国家对农业、手工业和资本主义工商业的社会主义改造，这是"鸟"的两翼。社会主义工业化是要大力发展社会主义生产力，社会主义改造是要解决生产关系，即所有者的问题，以促进生产力的快速发展，实现国家的社会主义工业化。党在过渡时期的总路线具有社会主义改造与社会主义建设并举的最显著的特点，符合生产关系必须适应生产力发展的客观规律。

在过渡时期总路线的指引下，从 1953 年起，我国在有计划地执行"一五"计划和进行大规模的社会主义建设的同时，全面开展了对农业、手工业和资本主义工商业的有系统的社会主义改造。1956 年，社会主义改造基本完成。以毛泽东同志为主要

---

① 毛泽东. 革命的转变和党在过渡时期的总路线 [M] // 中共中央文献研究室. 毛泽东文集：第六卷. 北京：人民出版社，1999：316.

代表的中国共产党人根据马克思列宁主义对生产资料私有制进行社会主义改造的一般理论，结合中国的具体实际，创造性地开辟了一条适合中国特点的社会主义改造道路，并取得了伟大的历史性胜利。

3.5 新中国第一部宪法诞生记

宪法是国家的根本法，是治国安邦的总章程。中华人民共和国成立时，国内战争尚未结束，新生政权并不稳固，还不具备召开全国人民代表大会通过宪法的客观条件，由1949年9月29日中国人民政治协商会议通过的《中国人民政治协商会议共同纲领》起到了临时宪法的作用。随着国家大规模经济建设的开始，加强国家政治、法律上层建筑领域建设，更好地为建立社会主义经济基础服务，成为重大而迫切的任务，新中国需要在合适的时机，制定出一部正式的宪法。

经过一段时期的酝酿和思考，毛泽东向党内外明确指出：召开全国人民代表大会的"条件已经成熟"。他及时作出了制定宪法的决策。1953年1月1日，《人民日报》头版刊登元旦社论《迎接一九五三年的伟大任务》，向全国人民公布，"召集全国人民代表大会，通过宪法，通过国家建设计划"是当年的三项伟大任务之一。根据中共中央的提议，1953年1月成立了以毛泽东为主席的中华人民共和国宪法起草委员会和以周恩来为主席的中华人民共和国选举法起草委员会。1953年12月，过渡时期总路线工作刚一结束，毛泽东便带领宪法起草小组成员南下杭州，专心致志从事起草宪法草案工作。在去杭州的途中，毛泽东对随行人员说："治国，须有一部大法。我们这次去杭州，就是为了能集中精力做好这件立国安邦的大事。"

毛泽东等人在杭州住了两个多月的时间。期间，毛泽东多次对宪法草稿进行修改，并将自己对社会主义建设道路的长期思考，体现在宪法文本中。1954年2月24日，毛泽东致信在北京主持工作的刘少奇，提交"二读稿"。两天后，提交"三读稿"。经过数易其稿，宪法起草小组在杭州写成了一个"比较成熟"的宪法草案稿本，因稿本诞生于西子湖畔，史称"西湖稿"。

1954年3月17日，毛泽东一行回到北京，立即着手召集宪法起草委员会会议，讨论宪法草案。3月23日，毛主席主持召开宪法起草委员会第一次会议，代表中共中央提出了宪法草案初稿。会后，全国政协、各民主党派、人民团体及中央和地方领导机关、社会各方面代表8 000多人对宪法草案初稿进行广泛讨论，提出了5 900多条意见。6月14日，中央人民政府委员会第30次会议一致通过了《中华人民共和国宪法草案》和《关于公布中华人民共和国宪法草案的决议》。经过80多天的广泛讨论和反复修改，宪法草案全文刊登在1954年6月15日的《人民日报》上，提交全国人民公开讨论。

在历时近三个月的大讨论中，全国有 1.5 亿人参加了宪法草案的学习讨论，提出 118 万多条修改、补充意见。经过宪法起草委员会办公室梳理汇总后，这些意见收录在《全国人民讨论宪草意见汇编》中，共 14 辑，汇编修改意见总共有 16 193 项。经过全国性大讨论，宪法草案又作了一些重要修改。

1954 年 9 月 15 日下午 3 时，北京中南海怀仁堂，1 200 多位各地选举产生的全国人大代表，带着 6 亿中国人民的嘱托，步入会场。第一届全国人民代表大会第一次会议隆重开幕。刘少奇受中华人民共和国宪法起草委员会的委托，作了《关于中华人民共和国宪法草案的报告》。9 月 20 日，大会采用无记名投票方式，全票通过了《中华人民共和国宪法》。其因在 1954 年颁布，史称"五四宪法"。新中国第一部宪法就此正式诞生。

国无法不治，民无法不安。中国各族人民经过长期的艰难的斗争，终于有了一部代表自己利益的、体现民主原则和社会主义原则的宪法，奠定了依宪治国的基础。从 20 世纪 50 年代到 60 年代初对宪法的执行是比较好的，60 年代后期中国的政治生活则出现了严重的曲折。自 1982 年以来，根据新时期的实践经验，我国宪法经过几次修改，但仍然是建立在 1954 年宪法基础上的，是 1954 年宪法的继承和发展。

学习检测

一、判断题

1. 中华人民共和国成立后，我国就建立了社会主义制度。　　　　　　（　　　）

2. 新民主主义社会是一个过渡性的社会。　　　　　　　　　　　　（　　　）

3. 中华人民共和国成立后，土地改革成为中国共产党改变农村土地结构、稳定社会局面的重要手段。　　　　　　　　　　　　　　　　　　　　　　（　　　）

4. 毛泽东在《目前形势和我们的任务》中，鞭辟入里地分析了以四大家族为首的官僚资产阶级的性质及危害。　　　　　　　　　　　　　　　　　　（　　　）

5. 国家垄断资本主义是蒋介石反动政权的经济基础。　　　　　　　（　　　）

6. 1949 年 1 月 31 日，北平和平解放。1949 年 2 月 3 日，入城仪式过程中中国人民解放军穿过东交民巷，表明了中国共产党维护国家主权的坚定决心。　（　　　）

7. 《北京条约》中规定列强在东交民巷享有的一系列"特权"包括：东交民巷不许中国人居住，不准设立中国衙署，其行政管理权与驻兵权完全属于列强，中国政府无权过问。　　　　　　　　　　　　　　　　　　　　　　　　（　　　）

8. 1949 年，中华人民共和国成立，标志着新民主主义社会制度在全国范围内

建立，近代以来中国面临的第一项历史任务，即求得民族独立和人民解放的任务基本完成。 （ ）

9. 1954 年 2 月，党的七届四中全会通过决议，正式批准了过渡时期的总路线，并于同年 9 月，将其载入了第一部《中华人民共和国宪法》。 （ ）

10. 党在过渡时期总路线的核心是，逐步实现国家的社会主义工业化，并逐步实现国家对农业、手工业和资本主义工商业的社会主义改造。 （ ）

11. 1954 年 9 月，第一届全国人民代表大会第一次会议隆重开幕。刘少奇受中华人民共和国宪法起草委员会的委托，作了《关于中华人民共和国宪法草案的报告》。9 月 20 日，大会全票通过了《中华人民共和国宪法》。其因在 1954 年颁布，史称"五四宪法"，也是新中国第一部宪法。 （ ）

二、单项选择题

1. 1947 年 9 月，为了巩固解放区、动员农民支援解放战争，中共中央工作委员会在河北省平山县西柏坡村召开全国土地会议，制定并通过了（ ）。

　　A.《中国土地法大纲》　　　　　　B.《中华人民共和国土地改革法》

　　C.《兴国土地法》　　　　　　　　D. "三三制"原则

2. 对于土地改革，下列表述中，不正确的是（ ）。

　　A. 为推动新中国向现代化工业国家迈进奠定了坚实的基础

　　B. 为全国农业合作化的推行准备了基本条件

　　C. 推动了科学和民主的思想在农村的广泛传播

　　D. 形成了有中国特色的新农村发展模式

3. 下列选项中，不是四大家族代表的是（ ）。

　　A. 蒋介石　　　　B. 宋子文　　　　C. 孔祥熙　　　　D. 陈其美

4. 没收以四大家族为首的官僚资本归国家所有，使新民主主义国家重新掌握了经济命脉，为巩固新政权提供了必要的（ ）。

　　A. 经济基础　　　B. 基本条件　　　C. 物质保障　　　D. 发展条件

5. 东交民巷见证了整个近代中国饱受列强欺凌的血泪史，是（ ）时期，列强在中国设立的使馆区。1949 年 1 月 31 日，庆祝北平和平解放，人民解放军全副武装通过东交民巷，表明了中国共产党捍卫国家主权的决心。

　　A. 明末　　　　　B. 晚清　　　　　C. 中华民国　　　D. 清初

6. 1953 年 2 月，（ ）在武汉考察期间，首次鲜明地提出了新民主主义要向社会主义过渡，以及对私人工商业、手工业、农业进行社会主义改造的论断。

　　A. 毛泽东　　　　B. 朱德　　　　　C. 周恩来　　　　D. 邓小平

7. 我国的过渡时期是指（　　　）。

    A. 从中华人民共和国成立到社会主义改造基本完成

    B. 从抗日战争胜利到中华人民共和国成立

    C. 从 1953 年提出"一化三改"到 1956 年社会主义改造基本完成

    D. 从 1953 年提出"一化三改"到 1958 年"大跃进"运动

8. 1954 年 2 月，党的（　　　）通过决议，正式批准了过渡时期的总路线，并于同年 9 月，将其载入了第一部《中华人民共和国宪法》。

    A. 七届四中全会　　B. 七届二中全会　　C. 一大　　　　　　D. 八大

9. 党在过渡时期的总路线的主要内容被概括为"一化三改"，其中"一化"是指（　　　）。

    A. 社会主义农业化　　　　　　　　B. 信息化

    C. 社会主义工业化　　　　　　　　D. 现代化

10. 党在过渡时期的总路线的主要内容被概括为"一化三改"，其中"三改"不包括（　　　）。

    A. 对农业的改造　　　　　　　　　B. 对制造业的改造

    C. 对手工业的改造　　　　　　　　D. 对资本主义工商业的改造

11. 我国进入社会主义社会的最主要标志是（　　　）。

    A. 中华人民共和国的成立

    B. 发展国民经济第一个五年计划的制定

    C. 社会主义改造的基本完成

    D. 第一届全国人民代表大会的召开

12. 中国共产党在过渡时期总路线的主体是实现（　　　）。

    A. 对个体农业的社会主义改造

    B. 对个体手工业的社会主义改造

    C. 对资本主义工商业的社会主义改造

    D. 国家的社会主义工业化

重点·难点·热点

一、什么是新民主主义社会？为什么说它是一个过渡性社会形态

从中华人民共和国成立到社会主义改造基本完成，是我国从新民主主义到社会主义的过渡时期。在这一时期，我国社会的性质是新民主主义社会。新民主主义社会不

是一个独立的社会形态，而是由新民主主义向社会主义转变的过渡性社会形态。

之所以说新民主主义社会是一个过渡性社会形态，主要原因有以下两方面：

第一，中国革命分两步走的特殊性决定了新民主主义社会的过渡性。基于近代中国国情的特殊性，党提出中国革命必须分两步走：第一步，改变半殖民地半封建的社会形态，使中国成为一个独立的新民主主义国家；第二步，使革命向前发展，建立一个社会主义社会。新民主主义社会是中国革命两步走之间不可移易的、必要的过渡形式。

第二，新民主主义社会的主要任务具有过渡性。1949年10月至1952年年底，我国的主要任务是继续完成反帝反封建的新民主主义革命的遗留任务。1953年年初至1956年年底，随着国际、国内形势和我国政治、文化等领域的深刻变革，党和人民的主要任务就是逐步完成对农业、手工业和资本主义工商业的社会主义改造，实现中国社会从新民主主义向社会主义的转变。

二、为什么说过渡时期的总路线反映了历史的必然性

1953年6月，毛泽东在中央政治局会议上正式提出过渡时期的总路线和总任务，同年12月形成了关于总路线的完整表述："从中华人民共和国成立，到社会主义改造基本完成，这是一个过渡时期。党在这个过渡时期的总路线和总任务，是要在一个相当长的时期内，逐步实现国家的社会主义工业化，并逐步实现国家对农业、对手工业和对资本主义工商业的社会主义改造。"[①]

过渡时期的总路线包括两个方面，即工业化建设和社会主义改造。过渡时期的中心任务是实现国家工业化，发展生产力。为了实现国家工业化，就必须进行社会主义改造，变革生产关系。

过渡时期的总路线反映了历史的必然性。

1. 实现社会主义工业化是国家独立、富强的必然要求和必要条件

工业落后是旧中国国弱民穷、落后挨打的重要原因，实现工业化是近代以来中国人民的强烈愿望，也是中国走向国强民富、实现民族复兴的必由之路。中华人民共和国成立后，经过三年的努力，国民经济得到了恢复和初步发展，工农业主要产品的产量达到或超过了历史最高水平。但是，从总体上来说，我国仍是一个落后的农业国，现代工业在工农业总产值中仅占26.6%，而且工业布局极不合理，发展很不平衡，与发达国家相比差距甚大。只有加速实现工业化，才能从根本上改变我国经济落后的

---

① 毛泽东. 革命的转变和党在过渡时期的总路线 [M] //中共中央文献研究室. 毛泽东文集：第六卷. 北京：人民出版社，1999：316.

状况，才能使广大人民群众的物质文化生活水平得到不断提高。

2. 对资本主义工商业的改造是实现国家工业化、建设强大的社会主义国家，并解决无产阶级与资产阶级之间矛盾的必然要求

在新民主主义社会中，中国的资本主义经济存在两面性，即既有增加社会产品、促进商品流通等有利于国计民生的一面，又有唯利是图、投机取巧、破坏统一的国民经济和有计划的经济建设的一面。因此，中华人民共和国成立后，国家对资本主义工商业采取了利用和限制的政策。

随着国民经济的恢复和国家大规模经济建设的开展，资本主义经济不利于国计民生的一面日益突出，社会主义经济与资本主义经济之间的矛盾日趋尖锐，已经影响国家工业化的进程。因此，为了有计划地发展国家的社会主义工业化，并从根本上解决无产阶级与资产阶级之间的矛盾，必须及时地对资本主义工商业进行社会主义改造。

3. 对农业进行社会主义改造是保证工业发展、实现国家工业化的一个必要条件，也是发展农业生产、使广大农民走向共同富裕的必然要求

土地改革以后，农业生产摆脱了封建生产关系的束缚，在一个时期内有相当大的发展。但是，由于分散的个体经营，这种发展受到了很大限制。这种个体农业经营规模狭小，生产力水平很低，基本上是靠天吃饭。在这种情况下，许多农民不仅无力进行扩大再生产，就连简单再生产也难以维持，而且抵御自然灾害的能力不强。这种农业生产水平不可能为工业的发展提供必要的商品粮食、轻工业原料、工业品市场和积累工业发展的资金，它必然成为工业发展的严重制约因素。同时，这种分散的、落后的小农经济是不稳固的，不可避免地会产生贫富两极分化。在土地改革后，农村中已经出现这种趋势，这显然有悖于中国共产党要使广大农民共同富裕的根本宗旨。因此，对农业进行社会主义改造，引导农民走互助合作的道路，是土地改革完成后农村工作的中心任务。

4. 当时的国际环境促使中国必然选择社会主义道路

中华人民共和国成立后，长期受到美国等西方资本主义国家在经济、外交、军事上的严密封锁和遏制，但当时资本主义国家也很不景气，相反社会主义国家正充满发展活力，苏联社会主义的发展具有重要的借鉴作用。同时，只有社会主义国家和第二次世界大战后为独立而斗争的国家同情中国，只有苏联能够援助中国。因此，中华人民共和国在成立之初，实行了"一边倒"政策，即倒向社会主义阵营一边的外交政策。这种国际环境促使中国必然选择社会主义。此外，朝鲜战争停战也使世界的形势开始和缓，为实行过渡时期总路线提供了有利的国际环境。

总之，过渡时期的总路线反映了当时中国人民要求迅速发展国民经济、实现工业

化、摆脱贫困、实现民族复兴的强烈愿望。

三、社会主义改造的历史经验有哪些

在进行社会主义改造、向社会主义过渡的过程中，中国共产党积累了丰富的历史经验。

第一，坚持社会主义工业化建设与社会主义改造并举。毛泽东指出："我们现在不但正在进行关于社会制度方面的由私有制到公有制的革命，而且正在进行技术方面的由手工业生产到大规模现代化机器生产的革命，而这两种革命是结合在一起的。"[①]社会主义革命的目的是解放生产力。社会主义改造就是变革不适应工业化发展要求的生产关系，它是围绕社会主义工业化建设这个中心任务进行的；引导个体农民、个体手工业者走集体化的道路，改造私人资本主义工商业，目的都是适应社会主义工业化建设的要求，更好地发展生产力。因此，在社会主义改造过程中，党和政府所采取的实际步骤总是力求使之与促进工业化进程和经济发展的要求相适应，而不允许对生产力造成破坏。我国的社会主义改造全面展开是从 1953 年开始的，与此同时，我国的社会主义工业化建设也全面展开。经过全党和全国人民的努力奋斗，到 1956 年我国的社会主义改造基本完成时，"一五"计划的主要指标已提前完成；到 1957 年，各项指标均超额完成。经过"一五"期间的大规模建设，我国以重工业为重点的社会主义工业化基础已初步建立。实践证明，党坚持社会主义改造与社会主义工业化并举的方针，对于在深刻的社会变革中保持社会稳定、促进生产力发展、逐步改善人民生活、推动社会进步都具有十分重要的意义。

第二，采取积极引导、逐步过渡的方式。我国对农业、手工业和资本主义工商业的社会主义改造都采取了积极引导、逐步过渡的方式。在对农业进行社会主义改造方面，创造出互助组、初级社、高级社等过渡形式。这种从实际出发引导农民逐步走向社会主义的渐进的改造方式，可以使农民亲身体会到组织起来力量大，可以扩大生产，有利于克服困难、抵抗自然灾害，防止出现贫富两极分化，从而逐步提高农民的觉悟、逐步改变他们的生活方式，并且能够避免出现农民破坏生产资料的情况。实践证明，这种逐步过渡的方式符合农民的特点和生产力状况。在手工业社会主义改造方面的逐步过渡，不仅保护和促进了手工业生产的发展，而且为手工业逐步进行技术改造创造了条件。在资本主义工商业的社会主义改造中，创造出从初级到高级的各种国家资本主义的过渡形式，实现了对资产阶级的和平赎买，避免了在社会主义改造期间

---

① 毛泽东. 关于农业合作化问题[M]//中共中央文献研究室. 建国以来重要文献选编：第七册. 北京：中央文献出版社，2011：62.

可能发生的剧烈的社会震荡和经济衰退。中国这场巨大而深刻的社会变革不仅没有对生产力的发展造成破坏，而且促进了生产力的发展。

第三，采用和平的方法进行社会主义改造。无论是资本主义工商业，还是农民和手工业者的个体所有制，它们都具有私有制的性质，对其进行社会主义改造，属于社会主义革命性质。毛泽东说："我们进行社会主义革命所用的方法是和平的方法……在我国的条件下，用和平的方法，即用说服教育的方法，不但可以改变个体的所有制为社会主义的集体所有制，而且可以改变资本主义所有制为社会主义所有制。"① 坚持采用和平的方法，不仅保证了我国社会主义改造的顺利进行，而且维护了社会的稳定，极大地促进了社会主义事业的发展。

我国的社会主义改造取得了历史性的胜利，但也出现了一些失误和偏差。这主要是"在一九五五年夏季以后，农业合作化以及对手工业和个体商业的改造要求过急，工作过粗，改变过快，形式也过于简单划一，以致在长期间遗留了一些问题。一九五六年资本主义工商业改造基本完成以后，对于一部分原工商业者的使用和处理也不很适当"② 。之所以出现这些问题，有指导思想上急于求成、不够谨慎以及工作方法上过于简单等因素，也有受当时历史条件限制而产生的认识上的一些问题，主要如下：在社会主义经济模式的选择和理解上过于单一，追求纯粹的、单一的社会主义经济成分；在公有制实现形式的选择和理解上过于简单化，只注意到集体所有制和全民所有制两种基本形式，而对社会主义改造基本完成以后公有制经济可以和非公有制经济共同发展缺乏认识。党在实际工作过程中曾对这些问题有所觉察，对某些失误和偏差也做过纠正，但毕竟认识不深。更重要的是，当时党对我国的社会主义发展阶段问题还没有形成科学的理论，对什么是社会主义还没有完全搞清楚，致使一些遗留问题长期没有得到解决。但是，我们不能因为出现这些失误和偏差而否定社会主义改造的伟大意义。

列宁说过："判断历史的功绩，不是根据历史活动家没有提供现代所要求的东西，而是根据他们比他们的前辈提供了新的东西。"③ 在我国社会主义改造的历史上，有两个事实是世界历史上各种革命大变动中罕见的：一是在一个具有几亿人口的大国中比较顺利地实现了如此复杂、困难和深刻的社会变革，没有造成生产力的破坏，反

---

① 毛泽东. 社会主义革命的目的是解放生产力[M]//中共中央文献编辑委员会. 毛泽东著作选读：下册. 北京：人民出版社，1986：718.

② 中国共产党中央委员会. 中国共产党中央委员会关于建国以来党的若干历史问题的决议[M]//中共中央文献研究室. 三中全会以来重要文献选编：下. 北京：中央文献出版社，2011：135.

③ 列宁. 评经济浪漫主义[M]//中共中央马克思恩格斯列宁斯大林著作编译局. 列宁全集：第二卷. 北京：人民出版社，1984：154.

而促进了工农业和整个国民经济的发展；二是这样的变革没有引起巨大的社会动荡，反而极大地加强了人民的团结，并且是在人民普遍拥护的情况下完成的。这些情况说明，我国社会主义改造的基本完成的确是一个伟大的历史性胜利，是中国共产党紧紧依靠人民所做出的伟大创造。邓小平曾经指出："我们的社会主义改造是搞得成功的，很了不起。这是毛泽东同志对马克思列宁主义的一个重大贡献。"①

四、试述确立社会主义基本制度的重大意义

社会主义基本制度的确立是中国历史上最深刻、最伟大的社会变革，为当代中国的一切发展进步奠定了制度基础，也为中国特色社会主义制度的创新和发展提供了重要前提。

社会主义基本制度的确立极大地提高了工人阶级和广大劳动人民的积极性、创造性，极大地促进了我国社会生产力的发展。社会主义基本制度以其与社会化大生产的一致性和能够在经济落后的条件下尽可能地集中力量办大事的优势，为发展社会生产力开辟了广阔的道路。"1957 年工农业总产值 1 241 亿元，按可比价格计算，比 1952 年增长 67.8%。其中……工业总产值 704 亿元，增长 128.6%，所占比重由 1952 年的 43.1% 上升到 56.7%。"② 重工业生产在工业总产值中所占的比重由 1952 年的 35.5% 提高到 45%，旧中国重工业过分落后的面貌有所改变。一大批旧中国没有的基础工业部门和大中型工业企业相继建立，工业技术水平和工程设计能力有了较大提高，从而奠定了我国社会主义工业化的初步基础。这对于改变我国经济技术落后的面貌、改善人民生活具有重要意义。"1957 年全国居民平均消费水平达 108 元，比 1952 年提高 24.5%，其中城镇居民为 222 元，比 1952 年提高 31.7%，农民为 82 元，提高 16.8%。"③ 我国社会生产力的发展初步显示了社会主义的优越性。随着社会主义建设的全面展开，我国逐步建立了独立的、比较完整的工业体系和国民经济体系，积累了在中国这样一个社会生产力水平十分落后的东方大国进行社会主义建设的重要经验。我国工业化、现代化建设取得的辉煌成就离不开选择了社会主义道路这个根本的前提条件。对此，毛泽东指出，"当人民推翻了帝国主义、封建主义和官僚资本主义的统治之后，中国要向哪里去？向资本主义，

---

① 邓小平. 对起草《关于建国以来党的若干历史问题的决议》的意见[M]//邓小平. 邓小平文选：第二卷. 2 版. 北京：人民出版社，1994：302.

② 中共中央党史研究室. 中国共产党的九十年　社会主义革命和建设时期[M]. 北京：中共党史出版社，党建读物出版社，2016：480.

③ 中共中央党史研究室. 中国共产党的九十年　社会主义革命和建设时期[M]. 北京：中共党史出版社，党建读物出版社，2016：480 – 481.

还是向社会主义? ……事实已经回答了这个问题: 只有社会主义能够救中国。社会主义制度促进了我国生产力的突飞猛进的发展, 这一点, 甚至连国外的敌人也不能不承认了"①。中国共产党深刻地认识到, 要实现中华民族的伟大复兴, 必须建立符合我国实际的先进社会制度。党团结和带领人民完成社会主义革命, 确立了社会主义基本制度, 推进了社会主义建设, 完成了中华民族有史以来最为广泛而深刻的社会变革。社会主义基本制度的确立, 使广大劳动人民真正成为国家的主人。这是中国几千年来阶级关系的最根本变革, 极大地巩固与扩大了工人阶级领导的、以工农联盟为基础的人民民主专政国家政权的阶级基础和经济基础, 为当代中国的一切发展进步奠定了根本政治前提和制度基础, 实现了中华民族由近代不断衰落到根本扭转命运、持续走向繁荣富强的伟大飞跃。

中国社会主义基本制度的确立, 使约占世界人口 1/4 的东方大国进入了社会主义社会, 这是世界社会主义发展史上又一个历史性的伟大胜利。它进一步改变了世界的政治、经济格局, 增强了社会主义力量, 对维护世界和平产生了积极影响。

社会主义基本制度的确立, 是以毛泽东同志为主要代表的中国共产党人对一个脱胎于半殖民地半封建的东方大国如何进行社会主义革命问题的系统回答和正确解决, 是马克思列宁主义关于社会主义革命理论在中国的正确运用和创造性发展的结果。它不仅再次证明了马克思列宁主义的真理性, 而且以其独创性的理论原则和经验总结丰富与发展了科学社会主义理论。

拓展阅读

[1] 中央人民政府委员会. 中国人民政治协商会议共同纲领[M]//中共中央文献研究室. 建国以来重要文献选编: 第一册. 北京: 中央文献出版社, 2011: 1-11.

[2] 毛泽东. 在中国共产党第七届中央委员会第二次全体会议上的报告[M]//毛泽东. 毛泽东选集: 第四卷. 2版. 北京: 人民出版社, 1991: 1424-1439.

[3] 毛泽东. 革命的转变和党在过渡时期的总路线[M]//中共中央文献研究室. 毛泽东文集: 第六卷. 北京: 人民出版社, 1999: 315-317.

[4] 毛泽东. 关于国家资本主义经济[M]//中共中央文献研究室. 毛泽东文集: 第六卷. 北京: 人民出版社, 1999: 282.

---

① 毛泽东. 关于正确处理人民内部矛盾的问题[M]//中共中央文献编辑委员会. 毛泽东著作选读: 下册. 北京: 人民出版社, 1986: 767-768.

 **专题四** **社会主义建设道路初步探索的理论成果**

学习目标

1. 总结以毛泽东同志为核心的党的第一代中央领导集体对中国社会主义建设道路进行的初步探索及其在理论和实践上取得的一系列重要成果。

2. 举例分析这一探索为我们探索建设中国特色社会主义道路积累了哪些经验和提供了哪些条件。

专题导学

1. 背景

在"一穷二白"的东方大国建设社会主义,没有先例可循,这如同攀登一座人迹罕至的高山,需要筚路蓝缕、披荆斩棘。社会主义制度确立以后,中国共产党人对此进行了艰辛探索,成就甚为显著,经验弥足珍贵,教训十分深刻。如何回望这段充满激情的峥嵘岁月?如何认识这一时期的历史任务?如何正确把握艰辛探索的理论成果?如何认识这一时期与改革开放新时期之间的关系?这是本章要学习的重点。

2. 视频学习中重要事件坐标

- 《论十大关系》:探索中国社会主义建设道路的良好开端
- 党的八大:适合中国国情社会主义道路的探索
- 《关于正确处理人民内部矛盾的问题》的诞生
- 规模空前的中央工作会议:七千人大会
- 一个伟大时代的荣耀——"两弹一星"
- 毛泽东提出"三个世界"划分理论

- "四个现代化"是怎么提出来的
- "世界工厂"的诞生：新中国工业化的艰辛历程

3. 影响

党在社会主义建设初期探索形成了调动一切积极因素为社会主义事业服务、正确认识和处理社会主义社会矛盾、走中国工业化道路等重要思想。这些正确的理论原则和经验总结是毛泽东思想科学体系中的重要内容，是毛泽东思想在社会主义建设时期的新发展。同时，党在社会主义建设初期探索中的经验和教训，也为我们在改革开放新时期探索和开辟中国特色社会主义道路提供了重要借鉴。

4. 想一想

以毛泽东同志为核心的党的第一代中央领导集体在对中国社会主义建设道路进行的初步探索中取得了哪些重要的理论成果？这些理论成果有哪些重大意义？我们又有哪些经验和教训呢？

视频内容简介

4.1 《论十大关系》：探索中国社会主义建设道路的良好开端

1956 年，社会主义改造基本完成，社会主义基本制度确立。中国已经是一个社会主义国家，但又是一个经济和文化落后、人口众多、幅员辽阔、发展极不平衡的东方大国。怎样建设社会主义、怎样巩固和发展社会主义，是中国共产党面临的崭新课题。

中华人民共和国成立初期，我国主要借鉴的是苏联经验，但实践表明，照抄照搬苏联经验不符合中国国情。中国需要实现马克思列宁主义基本原理同中国具体实际进行"第二次结合"，探索出适合中国特点的社会主义建设道路。1956 年春，为准备召开党的八大，毛泽东、刘少奇等中央领导人进行了大规模的调查研究，陆续听取了国务院工业、农业、运输业、商业等 35 个部委的工作报告。在此基础上，《论十大关系》的基本思想逐渐形成。毛泽东先后在 1956 年 4 月 25 日中共中央政治局扩大会议和 1956 年 5 月 2 日最高国务会议上作了《论十大关系》的报告。

《论十大关系》确定了一个基本方针："一定要努力把党内党外、国内国外的一切积极的因素，直接的、间接的积极因素，全部调动起来，把我国建设成为一个强大的社会主义国家。"① 这也成为 1956 年 9 月召开的党的八大的指导思想。围绕这一基本方针，毛泽东详细地阐述了我国社会主义建设应当处理好的十个方面的关系。前五条主要讨论经济问题，着眼于调动经济领域各个方面的积极因素。其中，前三条分别讲重工业和轻工业、农业的关系，沿海工业和内地工业的关系，经济建设和国防建设的关系。这实际上是如何走出一条与苏联有所不同的中国工业化道路的问题。第四条、第五条分别讲国家、生产单位和生产者个人的关系，中央和地方的关系。这其实谈论的是经济体制改革的问题。后五条分别讲汉族和少数民族的关系、党和非党的关系、革命和反革命的关系、是非关系、中国和外国的关系。这主要谈论的是政治生活和思想文化生活领域如何调动各种积极因素的问题。

毛泽东提出的十大关系和基本方针是适合当时我国多快好省地建设社会主义总路线的基本思想。在这一基本思想的指导下，我国社会经济快速发展，用短短几十年的时间完成了西方二三百年才完成的工业化，从根本上解决了工业化中"从无到有"的问题。

《论十大关系》是以毛泽东同志为主要代表的中国共产党人开始探索中国自己的社会主义建设道路的标志。毛泽东在 1960 年 6 月的《十年总结》中说，我们在中华人民共和国成立"前八年照抄外国的经验。但从一九五六年提出十大关系起，开始找到自己的一条适合中国的路线……开始反映中国客观经济规律"②。党中央对《论十大关系》一直给予高度的评价。邓小平在《中国共产党中央委员会关于建国以来党的若干历史问题的决议》中指出，《论十大关系》"初步总结了我国社会主义建设的经验，提出了探索适合我国国情的社会主义建设道路的任务"③。

4.2　党的八大：适合中国国情社会主义道路的探索

1949 年 10 月至 1956 年，是不平凡的 7 年。在这期间，中国共产党领导全国人民打赢了抗美援朝战争，完成了土地改革和合作化运动，党领导全国各族人民有步骤地实现从新民主主义到社会主义的转变，基本上完成了生产资料私有制社会主义改造。

党的八大是中华人民共和国成立后首次召开的党的全国代表大会。1956 年 9 月

---

① 毛泽东. 论十大关系[M]//中共中央文献编辑委员会. 毛泽东著作选读：下册. 北京：人民出版社，1986：744.

② 毛泽东. 十年总结[M]//中共中央文献研究室. 建国以来重要文献选编：第十三册. 北京：中央文献出版社，1996：418.

③ 中国共产党中央委员会. 中国共产党中央委员会关于建国以来党的若干历史问题的决议[M]. 北京：人民出版社，1981：14–15.

15 日至 27 日，中国共产党第八次全国代表大会在北京举行。毛泽东主持大会并致开幕词，刘少奇作《中国共产党中央委员会向第八次全国代表大会的政治报告》，周恩来作《关于发展国民经济第二个五年计划的建议的报告》，邓小平作《关于修改党的章程的报告》，朱德、陈云、董必武等代表做了重要发言。

与七大召开时相比，党的八大开幕前后国内外形势和国内主要矛盾已发生很大的变化。正如党的八大所指出的："由于社会主义改造已经取得决定性的胜利，我国无产阶级同资产阶级之间的矛盾已经基本上解决，国内的主要矛盾，已经是人民对于建立先进的工业国的要求同落后的农业国的现实之间的矛盾，已经是人民对于经济文化迅速发展的需要同当前经济文化不能满足人民需要的状况之间的矛盾。"矛盾变化了，任务自然随之调整。党的八大强调，国家的主要任务是在新的生产关系下保护和发展生产力，全党要集中力量发展生产力。党的八大坚持了 1956 年 5 月党中央提出的既反保守又反冒进即在综合平衡中稳步前进的经济建设方针，使得经济建设的步伐又稳又快。从此，中国这艘巨轮驶入了经济建设的新航程。为了改进上层建筑，党的八大要求进一步扩大国家的民主生活，开展反对官僚主义的斗争，要求逐步地、系统地制定完备的法律，健全国家的法制。党的八大还着重提出了执政党的建设问题。这些问题至今仍是执政党面临的考验。

八届一中全会选举了新的中央领导机构，邓小平等多位年富力强的同志走上中央领导岗位，给中国共产党领导集体增添了年轻的新鲜血液。

历史将永远记住这一刻。党的八大是在中国共产党领导中国进入全面建设社会主义时期后具有里程碑意义的一次党代会，对党执政以后地位的变化以及可能遇到的问题从理论上、政治上进行了深刻的分析，其最主要的成就是制定了一条指导党如何进行社会主义建设的正确路线。党的八大的主要成就和党的八大前后探索社会主义建设中取得的重要成果，是中国特色社会主义理论体系的源头活水，为建设中国特色社会主义奠定了重要理论和实践基础。社会主义中国的历史从此掀开了新的篇章，走在了社会主义建设的康庄大道上。

4.3 《关于正确处理人民内部矛盾的问题》的诞生

1956 年被毛泽东称为"多事之秋"。是年 2 月，苏共二十大在莫斯科召开，赫鲁晓夫在会议闭幕前作秘密报告，全盘否定了斯大林。消息传出，举世震惊。毛泽东认为"一则以喜"，即"揭了盖子"，破除了对苏联的迷信；"一则以忧"，即"捅了娄子"，造成世界共产主义运动混乱。是年 6 月和 10 月，相继发生波兰事件和匈牙利事件，引发了毛泽东等人的深思。在他看来，正是对社会主义内部矛盾的处理不当才导致波匈事件的发生。

1956 年下半年，国内经济也出现了生产资料和生活资料供应紧张的情况。一些社会矛盾比较突出，有些地方甚至发生工人罢工、学生罢课事件，一些省也发生了少数农民要求退社的情况。对这类事件怎么处理，全党既没有思想准备，也没有经验。如何正确认识和处理日渐突出的人民内部矛盾，成为摆在毛泽东和中共中央面前的一个重大课题。

1956 年 10 月至 11 月，中共中央政治局连续召开十多次会议。毛泽东明确提出，要好好总结一下社会主义究竟如何搞法。在随后党的八届二中全会上，毛泽东把工人罢工、学生罢课问题的产生归结为官僚主义等，宣布准备在 1957 年开展整风运动。他强调，以后凡是人民内部的事情，党内的事情，都要用整风的方法，用批评和自我批评的方法来解决，而不是用武力来解决。

毛泽东敏锐地捕捉到时代变化的脉搏，萌发了一些解决社会矛盾的新想法。1956 年 12 月 4 日，他在给民主建国会主任委员黄炎培的复信中谈了对社会矛盾的看法，对我国社会主义改造基本完成以后的社会矛盾状况作了初步的分析，形成了若干重要的判断。

1957 年 1 月 18—27 日，中共中央在北京召开省市自治区党委书记会议。毛泽东在会上说，台风年年都有，国内国际的思想台风、政治台风也是年年都有。毛泽东在会议最后一天讲了七点：要足够地估计成绩；统筹兼顾，各得其所；国际问题；百花齐放，百家争鸣；闹事问题；法制问题；农业问题。这些都是针对会上的议论和党内外出现的一些思想情况而讲的，是对会议的一个总结。除第三点国际问题外，其余六个问题都成为后来发表的《关于正确处理人民内部矛盾的问题》的重要内容。

1957 年 2 月 27 日至 3 月 1 日，最高国务会议第 11 次扩大会议在中南海怀仁堂召开，1 800 多人出席。在 2 月 27 日下午的会议上，毛泽东以《如何处理人民内部的矛盾》为题发表讲话，从下午 3 时讲到晚上 7 时。毛泽东共谈到了 12 个问题，主要内容是：社会主义社会的基本矛盾仍然是生产力和生产关系、经济基础和上层建筑之间的矛盾，这些矛盾不是对抗性的，可以通过社会主义制度自我调整和完善，不断得到解决；把正确处理人民内部矛盾明确规定为国家政治生活的主题，解决人民内部矛盾，只能用团结—批评—团结的方法去解决。

1957 年 2 月 27 日的讲话结束后，毛泽东并没有停止对人民内部矛盾相关问题的思考，他随后南下天津、山东、江苏、上海、浙江等地视察、听取意见，补充、完善相关内容。1957 年 6 月 19 日，《人民日报》正式发表《关于正确处理人民内部矛盾的问题》。

毛泽东在深刻总结中国民主革命和国际共产主义运动包括世界社会主义事业的历

史经验的基础上，形成了《关于正确处理人民内部矛盾的问题》的光辉文献，它成为毛泽东第一部具有中国特色社会主义的"政治经济学"。毛泽东深入研究社会主义社会的矛盾问题，形成一套系统的关于社会主义社会矛盾的学说，丰富和发展了科学社会主义理论，在马克思主义发展史上具有重要地位，对党和社会主义建设事业具有长远的指导意义。

4.4 规模空前的中央工作会议：七千人大会

1962年1月11日至2月7日，一场重要的会议在北京人民大会堂举行。参加会议的有县委以上的各级党委主要负责人共7 000余人，史称"七千人大会"。这次会议，不仅以其空前的规模被载入党的史册，更以其坦率承认社会主义建设中的失误，勇于作自我批评而启示后人。

从1958年开始，中国进入了困难时期。"大跃进"、人民公社化运动和1960年的严重自然灾害，使得粮食紧张，国人普遍感到吃不饱，国民经济处于严重困难之中。1961年进行了国民经济调整，状况有所转变，但整个形势依然十分严峻。为进一步总结"大跃进"以来的经验教训，统一全党思想认识，中共中央在京召开扩大的中央工作会议。

1962年1月11—28日是大会的第一个阶段。大会直接讨论和修改刘少奇代表中共中央提出的书面报告草稿。经过与会者的反复讨论和修改，最后形成《在扩大的中央工作会议上的报告》的定稿。这是一份实事求是的报告。在列举社会主义建设成就后，报告直截了当地指出工作中发生的缺点和错误，如工农业生产的计划指标过高、基本战线过长、国民经济比例严重失调、人民公社工作中犯了"共产风"和平均主义的错误，等等，切中要害，直击问题。

1962年1月27日，刘少奇在会上发表长篇讲话，对书面报告作补充说明。他肯定"三面红旗"（总路线、"大跃进"、人民公社）的正确，但也认为，几年来不仅没有进，反而退了很多，出现了一个大的马鞍形。从全国讲，成绩和错误恐怕是七个指头和三个指头的关系。经济困难的原因，是"三分天灾、七分人祸"。谈到工作出现错误的原因，他指出既有经验不够，也是不少领导同志骄傲自满，违反实事求是和群众路线的作风，不同程度地削弱了民主集中制原则的结果。刘少奇的报告和讲话得到了与会者的热烈响应。

1962年1月29日至2月7日，大会进入了积极批评与自我批评的第二个阶段，"出出气"。1月30日，毛泽东在大会上首先作自我批评，坦言自己对经济工作懂得不多，然后讲了民主集中制问题。毛主席进行了坦诚的自我批评："凡是中央犯的错误，直接的归我负责，间接的我也有份，因为我是中央主席。""第一个负责的应当是我。"① 毛泽东的这个讲话，实际上成为七千人大会的主调。

邓小平、周恩来也作了自我批评。中共中央总书记邓小平主要讲恢复中国共产党优良传统，必须健全党的生活，包括坚持民主集中制。国务院总理周恩来分析了几年来工作的缺点错误，指出不切实际地规定跃进的进度，只照顾了主观需要和当前要求，没有顾及客观可能性和长远打算，结果是欲速则不达。中央领导人的带头，带动了会议的批评与自我批评的开展。在分组讨论中，各大组对省委、中央局、中央国家机关及其负责人几年来的工作，提出了许多批评意见。一些被批评者也坦诚接受，并作自我批评。

早春二月的七千人大会热气腾腾，取得了重要成果，对推动国民经济全面调整起到了积极作用。会议对过去工作中的缺点和错误，采取了比较实事求是的态度，与会领导带头发扬民主和自我批评精神，大大增强了全党团结奋斗、战胜困难的信心，对此后党和国家的历史进程也产生了重大而深远的影响。但会议仍然从原则上肯定了"三面红旗"，对形势的估计和困难原因的分析上还存在不同意见和分歧。这也说明，七千人大会当时还没有能从指导思想上认真清理"大跃进"和"反右倾"的错误。

4.5　一个伟大时代的荣耀——"两弹一星"

20 世纪 50 年代末至 70 年代初，在党中央的正确领导下，我国科技工作者在国力十分衰弱的情况下，依靠自己的力量，仅用十几年的时间就创造出原子弹爆炸、导弹飞行和人造卫星上天的奇迹，取得了"两弹一星"的辉煌成就，造就了一个时代的荣耀。

中华人民共和国成立之初，面对美苏争霸、美国到处挥舞"核大棒"的严峻国际局势，党中央果断决定研制"两弹一星"，重点突破国防尖端科学技术，增强中国的国防力量。中国的"两弹一星"工程在坚持"自力更生为主，争取外援为辅"方针的基础上轰轰烈烈地展开了。

中国的"两弹一星"事业历经坎坷。随着中苏关系的恶化，苏联于 1960 年单方面撕毁合同，从中国撤走专家。中国原子弹、导弹的研制工作在此情况下开始进入全面自力更生的新阶段。在党和国家的高度重视下，各地方、各部门、各部队大力协同，邓稼先等一大批科学家坚持"自力更生，过技术关，质量第一，安全第一"的

---

① 毛泽东．在扩大的中央工作会议上的讲话［M］//中共中央文献研究室．毛泽东文集：第八卷．北京：人民出版社，1999：296．

方针，攻克了一个又一个的技术难关，终于在 1964 年 10 月 16 日成功爆炸了第一枚原子弹。仅仅两年后，即 1966 年 10 月 27 日，中国首次进行了导弹核武器试验。又用了不到一年的时间，即 1967 年 6 月 17 日，中国第一颗氢弹在罗布泊试验靶场上空爆炸成功。中国核武器的发展进入了一个新阶段。

同时，中国的航天事业也在有序地发展。1958 年，中国科学家提出研制人造地球卫星的建议。1958 年 5 月 17 日，毛泽东在党的八大二次会议上提出，中国也要搞人造卫星。1960 年，中国第一枚探空试验火箭升空。1970 年 4 月 24 日，中国成功地把一颗名为"东方红一号"的人造地球卫星送上了太空。

从原子弹到氢弹，美国用了七年多，苏联用了四年，法国用了八年多，中国仅用了两年零八个月。中国以"两弹一星"为核心的国防尖端科技的辉煌成就在国际上引起了巨大的反响，这极大地提高了中国的国际地位。正如邓小平所说："如果六十年代以来中国没有原子弹、氢弹，没有发射卫星，中国就不能叫有重要影响的大国，就没有现在这样的国际地位。"[①] 同时，它所体现的"热爱祖国、无私奉献、自力更生、艰苦奋斗、大力协同、勇于登攀"的"两弹一星"精神，也极大地增强了中国人民建设社会主义的自信心和民族自豪感。

"两弹一星"的研制成功，是中国人民在攀登现代科学高峰征途中创造的人间奇迹，是中华人民共和国成立后的最初几十年科技实力发展的标志性事件。在全面建成小康社会、夺取新时代中国特色社会主义伟大胜利、实现中华民族伟大复兴的中国梦的关键时期，尤其需要我们贯彻落实"创新驱动发展战略"，增强科技创新能力，传承老一辈科学家的科学风骨，让"两弹一星"精神再一次燃起。

4.6 毛泽东提出"三个世界"划分理论

20 世纪 70 年代，一个大变局的时代来临了。毛泽东把党的"三大法宝"之一统一战线理论运用到外交领域，提出了著名的"三个世界"划分理论，对国际政治格局和中国外交产生了巨大的影响。这是毛泽东国际战略思想的重要组成部分，也是毛泽东晚年留下的宝贵精神财富。

中华人民共和国成立后，毛泽东以其雄才大略，在国际舞台上纵横捭阖，撬动了世界外交的天平，使新中国赢得了国际尊严，赢得了越来越多的朋友，彻底摆脱了旧中国那种"弱国无外交"的险恶处境。

---

① 邓小平. 中国必须在世界高科技领域占有一席之地[M]//邓小平. 邓小平文选：第三卷. 北京：人民出版社，1993：279.

70 年代，美苏争霸愈演愈烈。美国由于长期对外扩张，特别是陷入侵越战争的泥潭，实力大减，霸权地位受到挑战。苏联的勃列日涅夫野心勃勃，扩军备战，依仗其膨胀起来的军事实力对外扩张。美苏争霸出现了苏攻美守的战略态势。美国为了维护全球霸权地位，不得不调整对外政策，在亚洲实行收缩战略，谋求从印度支那脱身，以集中力量确保欧洲重点。

世界形势的这一变化，被毛泽东敏锐地捕捉到。当时，珍宝岛事件后，苏联在中苏边境屯兵百万，对中国构成了严重威胁。毛泽东开始重新审视中美关系。1970 年 8 月，毛泽东再次邀请老朋友斯诺来华做客，斯诺成为"文化大革命"后第一个进入中国的西方记者。10 月 1 日，毛泽东邀请斯诺夫妇登上天安门城楼并亲自接见。随后，毛泽东导演了"乒乓外交"，中美关系大门打开。1972 年 2 月 21 日，美国总统尼克松抵京访华。当天，毛泽东在中南海接见了尼克松一行，对峙长达四分之一世纪的两个大国，开始实现关系正常化。随着中国和美国关系的逐步改善，中国成为国际舞台上独树一帜的战略力量，一个新的世界政治地图的轮廓开始形成。

1974 年 2 月 22 日，来华访问的赞比亚总统卡翁达，应邀走进了毛泽东的书房。对这个来自第三世界的贵客，毛泽东提出了关于"三个世界"划分的理论，号召联合起来反对霸权主义："我看美国、苏联是第一世界。中间派，日本、欧洲、澳大利亚、加拿大，是第二世界。咱们是第三世界。""第三世界人口很多。""亚洲除了日本，都是第三世界。整个非洲都是第三世界，拉丁美洲也是第三世界。"[①] 1974 年 4 月，邓小平率团参加联合国大会第六届特别会议，详细阐述了毛泽东关于"三个世界"划分的战略思想和中国的外交政策，赢得了与会各国代表团，特别是广大第三世界国家代表团高度赞扬。

毛泽东的战略思想指明了美苏两个超级大国是造成世界不安和动乱的主要根源。中国作为第三世界国家的一员，坚决支持第三世界国家反对霸权主义的斗争，支持第二世界国家反对超级大国干涉和控制的斗争。中国坚决反对超级大国的扩张主义政策，对美国实行又联合又斗争的方针，侧重打击苏联霸权主义，有效地牵制了苏联的扩张主义势力。

毛泽东关于划分三个世界的战略，对维护中国国家安全和发展中国对外关系有着积极的效果，也为国际无产阶级、社会主义国家和被压迫民族团结一致，建立最广泛的统一战线，反对苏美两霸和它们的战争政策，提供了强大的思想武器。1976 年 9 月，毛泽东溘然长逝，但他的"三个世界"理论深刻影响着此后的整个世界。

---

① 毛泽东. 关于三个世界划分问题［M］//中共中央文献研究室. 毛泽东文集：第八卷. 北京：人民出版社，1999：441 - 442.

4.7 "四个现代化"是怎么提出来的

实现现代化是中华民族近代以来孜孜不倦的追求，但在帝国主义压迫下，国衰民穷、岌岌可危的旧中国，这只能是无法实现的奢望。1949年10月1日，中华人民共和国成立，标志着中国人民从此站起来了。虽然新中国连一辆汽车、一架飞机、一辆坦克、一辆拖拉机都不能造，但翻了身的中国人民拥有比任何国家都更加强烈的追求现代化的坚强意志。为了走出一条适合中国国情的现代化道路，中国共产党带领中国人民做出了艰辛的探索。

1954年9月15日，第一届全国人民代表大会第一次会议在北京隆重举行。毛泽东在致开幕词时，公布了令人振奋的宏伟蓝图：准备在几个五年计划之内，将我国"建设成为一个工业化的具有高度现代文化程度的伟大的国家"①。

9月23日，周恩来作政府工作报告。他从"摆脱落后和贫困"必须具备的条件出发，提出要"建设起强大的现代化的工业、现代化的农业、现代化的交通运输业和现代化的国防"② 的目标。这是中华人民共和国成立以来，党和国家领导人第一次提出"四个现代化"的概念，也体现了毛泽东等人对现代化建设的最初构想。此后，毛泽东、刘少奇、周恩来等中央领导人多次提出四个现代化的问题，其内涵不断地得到调整和充实。

三年之后，毛泽东进一步完善了周恩来的论述。1957年2—3月，毛泽东在《关于正确处理人民内部矛盾的问题》和《在全国宣传工作会议上的讲话》中指出，"将我国建设成为一个具有现代工业、现代农业和现代科学文化的社会主义国家"③。这个表述不再把工业能够涵盖的交通运输业单列为现代化的一项内容，而是把科学文化和工业、农业并提，现代化的内容更丰富。

1959年年末至1960年年初，毛泽东修正了自己的提法，提议重新加上国防现代化。他说："建设社会主义，原来要求是工业现代化，农业现代化，科学文化现代化，现在要加上国防现代化。"④ 这个提法，第一次完整、明晰地表达了四个现代化

---

① 毛泽东．为建设一个伟大的社会主义国家而奋斗［M］//中共中央文献研究室．建国以来重要文献选编：第五册．北京：中央文献出版社，1993：461．

② 周恩来．政府工作报告［M］//中共中央文献研究室．建国以来重要文献选编：第五册．北京：中央文献出版社，1993：584．

③ 毛泽东．关于正确处理人民内部矛盾的问题［M］//中共中央文献研究室．毛泽东文集：第七卷．北京：人民出版社，1999：207．

④ 毛泽东．读苏联《政治经济学教科书》的谈话（节选）［M］//中共中央文献研究室．毛泽东文集：第八卷．北京：人民出版社，1999：116．

的思想。

一位外国朋友曾经对周恩来说：1964 年是中国年。这不仅因为中国成功地进行了第一次核试验，还因为这一年中国的经济形势已经好转。按照中共中央的部署，再有一年过渡，将开始实行第三个五年计划。这一年，四个现代化的目标被正式提出。

1964 年 12 月至 1965 年 1 月，三届全国人大一次会议召开。1964 年 12 月 21 日，根据毛泽东的提议，周恩来在政府工作报告中正式提出"四个现代化"的战略目标。周恩来指出，我们今后发展国民经济的主要任务，"就是要在不太长的历史时期内，把我国建设成为一个具有现代农业、现代工业、现代国防和现代科学技术的社会主义强国，赶上和超过世界先进水平"①。他提出，要在 20 世纪内分两步实现四个现代化，即"第一步，建立一个独立的比较完整的工业体系和国民经济体系；第二步，全面实现农业、工业、国防和科学技术的现代化，使我国经济走在世界的前列"②。

周恩来的这个报告，为中国人民绘制出一幅未来发展的美好蓝图。他在报告中提出的实现农业、工业、国防和科学技术四个现代化的宏伟目标，在人民中留下强烈的印象，产生了深远的影响。这一宏伟目标和两步走的战略方针，原本准备从 1966 年起开始实施，但"文化大革命"打断了这个进程。

1975 年 1 月 13 日晚 8 时，第四届全国人民代表大会开幕。此时，77 岁的周恩来已经是重病缠身，面对 2 864 名代表的期待，5 000 字的政府工作报告，周恩来已经没有气力读完，只念头尾两段。

当读到我国经济发展战略目标时，周恩来站了起来，用沉稳有力的声音重申："在本世纪内，全面实现农业、工业、国防和科学技术的现代化，使我国国民经济走在世界的前列"③。时隔 10 年后再次听到四个现代化的宏伟目标，绝大多数代表噙着热泪，报以长时间雷鸣般的掌声。

1978 年 12 月 22 日，中国共产党第十一届中央委员会第三次全体会议闭幕。这一天是冬至，但对国家来说，这一天是"立春"。全会作出了把党和国家的工作重点转移到社会主义现代化建设上来的战略决策。邓小平语重心长地指出："我们党在现阶段的政治路线，概括地说，就是一心一意地搞四个现代化。"④

---

① 周恩来. 发展国民经济的主要任务［M］//周恩来. 周恩来选集：下卷. 北京：人民出版社，1984：439.

② 周恩来. 发展国民经济的主要任务［M］//周恩来. 周恩来选集：下卷. 北京：人民出版社，1984：439.

③ 周恩来. 向四个现代化的宏伟目标前进［M］//周恩来. 周恩来选集：下卷. 北京：人民出版社，1984：479.

④ 邓小平. 坚持党的路线，改进工作方法［M］//邓小平. 邓小平文选：第二卷. 2 版. 北京：人民出版社，1994：276.

这是中华人民共和国成立后我党第一次明确把"四个现代化"作为全党工作重心。在改革开放的新时期，四个现代化的伟大事业得到继承和发展，中国特色社会主义现代化建设事业，在改革开放中取得了举世瞩目的伟大成就，最终绘就了一幅中国现代化波澜壮阔的画卷。

4.8 "世界工厂"的诞生：新中国工业化的艰辛历程

有着"基建狂魔"称号的今日中国，在70年前不仅生活必需品极度短缺，重工业更是十分孱弱。然而，仅仅70年之后，我国就从一个积贫积弱的农业国家，转变成一个供应全球的制造业大国，这中间发生了哪些故事？我国的"世界工厂"地位又是如何形成的？

百废待兴，优先发展重工业

中华人民共和国成立之初，我国还是一个典型的农业国家。从人口结构来看，农村人口占全国总人口的比重是89.36%，城镇人口仅占10.64%；从产业结构来看，全国工农业生产总值约为466亿元，其中农业占比为70%，工业占比仅为30%。在这30%中，重工业占比仅为7.9%，钢铁、煤炭、化工等重工业企业凤毛麟角，产业结构十分畸形。

1949年12月，毛泽东人生中第一次出国。他到莫斯科给斯大林祝寿，带去礼品的种类非常丰富，但没有一件工业制成品。1954年，在中央人民政府第三十次会议上，毛泽东颇为无奈地说："现在我们能造什么？能造桌子椅子，能造茶碗茶壶，能种粮食，还能磨成面粉，还能造纸，但是，一辆汽车、一架飞机、一辆坦克、一辆拖拉机都不能造。"[①]

基于当时国情，我国确立了优先发展重工业的方针。这是国防安全的需要，也是对苏联经验的借鉴。

以苏联为师，初步建立重工业体系

中华人民共和国成立之后，我国采取"一边倒"的外交政策，加入了以苏联为首的社会主义阵营。在毛泽东访苏期间，双方签订了《中苏友好同盟互助条约》，苏联向中国提供了3亿美元贷款，同时援建了47个重点项目，帮助中国恢复经济。赫鲁晓夫上台后，苏联大力支持中国的"一五计划"，帮助中国建设了156个重点项目，这就是著名的"156工程"。这些项目涉及钢铁、采煤、电力、机械、汽车、制药等多个领域，为新中国重工业体系的建立奠定了重要的基础，并诞生了一大批我们

---

① 毛泽东.关于中华人民共和国宪法草案［M］//中共中央文献研究室.毛泽东文集：第六卷.北京：人民出版社，1999：329.

耳熟能详的企业，如长春第一汽车制造厂（现中国第一汽车集团有限公司）等。

"一五计划"期间，我国建成了许多重要的工业城市，其中包括大同、阜新、抚顺、辽源、本溪、通化等煤矿城市；抚顺、玉门等重要的产油城市；鞍山、包头、武汉、本溪等冶金城市。"一五计划"使我国初步建立了较为完整的重工业体系，综合国力大幅提升。

自力更生，工业布局更加完善

1956年2月，苏共二十大召开，赫鲁晓夫在会议上作了反对斯大林的秘密报告，引发了社会主义阵营的骚动和混乱，也促使各国开始反思苏联模式的弊端。4月，毛泽东在中共中央政治局扩大会议上作《论十大关系》的报告，深刻反思苏联模式，如工业比重失调、重工业过重、轻工业过轻等，并提出了正确处理十大关系的重要思想。1957年，毛泽东又发表了《关于正确处理人民内部矛盾的问题》，专门拿出了一章讲中国工业化的道路，他强调："我国的经济建设是以重工业为中心，这一点必须肯定。但是同时必须充分注意发展农业和轻工业。"[①]

但在1957年之后，因"超英赶美"口号的提出，我国盲目开展了"大跃进"运动，这导致轻重工业比重进一步失调，最终酿成了严重的后果。在"大跃进"时期，我国也取得了一些建设成果，如为国庆十周年献礼的十大工程等。

20世纪60年代，中苏关系急转直下。1960年7月，苏联单方面终止了援华合同，撤走了全部的在华专家，给中国的工业化进程带来了巨大的困难。美帝国主义也继续扩大在越南的战争，令国际局势动荡不安。在这种局势下，为了优化工业布局，保证国防安全，国家决定开展"三线建设"，将大量的工矿企业向西部内陆省份迁移。我国新建了攀枝花钢铁厂、六盘水煤矿，开发了十堰汽车制造厂，后来它被称为第二汽车制造厂，同时，还建有我国西南地区大动脉的成昆铁路，并在四川建立了西昌卫星发射中心等。这些尖端国防工业的建设有效地带动了西部地区的发展，也使我国的产业结构、产业布局更加完善。

60年代，在美国和苏联两大强权的压迫之下，中国自力更生，艰苦奋斗，依旧取得了重要的成果，其中以"两弹一星"为代表的尖端国防工业更是取得重大突破。另外，大庆油田的发现也让中国摘掉了"贫油"的帽子，涌现出以"铁人"王进喜为代表的优秀劳动模范，他们为新中国的工业化建设作出了杰出的贡献。

审时度势，轻工业发展成效显著

1969年，中苏在珍宝岛发生武装冲突，两国关系进一步恶化。这也促使毛泽东重新思考国际局势和外交战略，果断调整了此前"两个阵营"的思维模式，转而提

---

① 毛泽东. 关于正确处理人民内部矛盾的问题［M］//中共中央文献研究室. 毛泽东文集：第七卷. 北京：人民出版社，1999：241.

出了"三个世界"的理论。1972 年，美国总统尼克松访华，中美开始逐步由对抗转向合作。

由于此前执行"优先发展重工业"的方针，我国欠了不少民生账，迫切需要"补短板"。经过多轮磋商，我国决定从西方国家引进以化肥、化纤项目为主的 26 个成套项目，价值约为 43 亿美元，史称"四三方案"。这是继"156 工程"之后，中国第二次大规模的技术引进，但引进国从苏联转为美国、日本、德国、意大利等西方国家。这些项目在 1980 年前后相继建成投产，极大地缓解了中国老百姓吃饭穿衣的难题。

1978 年改革开放是我国轻工业开始"补短板"的重要时期。改革开放以来，我国积极设立经济特区，吸引外资，纺织、家电、玩具等轻工业飞速发展。与此同时，钢铁、军工等传统工业继续巩固，中国一跃成为"世界工厂"。在 2019 年联合国发布的工业品门类报告中，中国拥有报告中的 39 个大类和 525 个小类，是世界上唯一拥有完整工业体系的国家。截至 2020 年，在世界主要的 500 种工业品中，中国的钢铁、煤炭、水泥、造船、手机、冰箱、彩电、空调等 220 种产品的产量都位居世界第一，"中国制造"遍布全球。

在高端制造业方面，我国也在很多领域走在了前列。2022 年，采用中国技术和标准的中老铁路全线贯通；2023 年，首架国产大飞机 C919 顺利首航；在电动汽车领域，有比亚迪股份有限公司、宁德时代新能源科技股份有限公司等非常优秀的企业；在新能源领域，光伏、风力发电技术也都位居世界前列。

今天，我国正奋进在从"中国制造"到"中国创造"的伟大征程之中，党的二十大的胜利召开为我国走新型工业化道路指明了方向，党的二十大报告强调："推进新型工业化，加快建设制造强国、质量强国、航天强国、交通强国、网络强国、数字中国。实施产业基础再造工程和重大技术装备攻关工程，支持专精特新企业发展，推动制造业高端化、智能化、绿色化发展。"①

学习检测

一、判断题

1. 1956 年，社会主义改造基本完成，新民主主义社会制度在中国全面确立。（   ）

2. 《论十大关系》是以毛泽东同志为主要代表的中国共产党人开始探索中国自

---

① 习近平. 高举中国特色社会主义伟大旗帜　为全面建设社会主义现代化国家而团结奋斗：在中国共产党第二十次全国代表大会上的报告［M］. 北京：人民出版社，2022：30.

己的社会主义建设道路的标志。　　　　　　　　　　　　　　　　（　　）

3. 《论十大关系》确定的一个基本方针是，"一定要努力把党内党外、国内国外的一切积极的因素，直接的、间接的积极因素，全部调动起来，把我国建设成为一个强大的社会主义国家"。　　　　　　　　　　　　　　　　　　　　　（　　）

4. 毛泽东在深刻总结中国民主革命和国际共产主义运动包括世界社会主义事业的历史经验的基础上，形成了《关于正确处理人民内部矛盾的问题》的光辉文献，它成为毛泽东第一部具有中国特色社会主义的"政治经济学"，丰富和发展了科学社会主义理论，在马克思主义发展史上具有重要地位，对党和社会主义建设事业具有长远的指导意义。　　　　　　　　　　　　　　　　　　　　　　　　　（　　）

5. 1962 年 1 月 11 日至 2 月 7 日，史称"七千人大会"的扩大的中央工作会议在北京人民大会堂举行。这次会议，不仅以其空前的规模被载入党的史册，更以其坦率承认社会主义建设中的失误，勇于作自我批评而启示后人，对推动国民经济全面调整起到了积极作用。　　　　　　　　　　　　　　　　　　　　　　　　（　　）

6. 1964 年 12 月至 1965 年 1 月召开的三届全国人大一次会议上，周恩来在政府工作报告中正式提出"四个现代化"的战略目标，"就是要在不太长的历史时期内，把我国建设成为一个具有现代农业、现代工业、现代国防和现代交通运输的社会主义强国，赶上和超过世界先进水平"。　　　　　　　　　　　　　　　（　　）

7. 20 世纪 60 年代，中苏关系急转直下。美帝国主义也继续扩大在越南的战争，令国际局势动荡不安。在这种局势下，为了优化工业布局，保证国防安全，国家决定开展"三线建设"，将大量的工矿企业向西部内陆省份迁移。　　　　　（　　）

8. 20 世纪 70 年代，由于此前执行"优先发展重工业"的方针，我国欠了不少民生账，迫切需要"补短板"，决定从西方国家引进以化肥、化纤项目为主的 26 个成套项目，价值约为 43 亿美元，史称"四三方案"。这是继"156 工程"之后，中国第二次大规模从苏联进行技术引进。　　　　　　　　　　　　　　（　　）

9. 在 2019 年联合国发布的工业品门类报告中，中国拥有报告中的 39 个大类和525 个小类，是世界上拥有完整工业体系的国家之一。　　　　　　　　（　　）

10. 毛泽东关于划分三个世界的战略，对维护中国国家安全和发展中国对外关系有着积极的效果，也为国际无产阶级、社会主义国家和被压迫民族团结一致，建立最广泛的统一战线，反对苏美两霸和它们的战争政策，提供了强大的思想武器。　（　　）

11. "两弹一星"的研制成功是中国人民在攀登现代科学高峰征途中创造的人间奇迹，是中华人民共和国成立后的最初几十年科技实力发展的标志性事件。（　　）

12. 邓小平在《中国共产党中央委员会关于建国以来党的若干历史问题的决议》中提出，《论十大关系》"初步总结了我国社会主义建设的经验，提出了探索适合我

国国情的社会主义建设道路的任务"。   (   )

二、单项选择题

1. 提出中国需要实现马克思主义同中国实际的"第二次结合",建设符合中国特点的社会主义道路的国家领导人是(   )。

    A. 周恩来   B. 陈云

    C. 毛泽东   D. 邓小平

2. 下列文章中,标志着党探索中国社会主义建设道路的良好开端的是(   )。

    A. 《关于正确处理人民内部矛盾的问题》

    B. 《论十大关系》

    C. 《关于无产阶级专政的历史经验》

    D. 《为建设一个伟大的社会主义国家而奋斗》

3. 毛泽东在 1956 年提出的十大关系围绕的基本方针是(   )。

    A. 调动国内外一切积极因素,为社会主义服务

    B. 正确处理人民内部矛盾

    C. 满足人们日益增长的物质文化需要

    D. 实现社会主义现代化

4. 中华人民共和国成立初期,我国主要学习的是(   )经验,但实践表明,照抄照搬这种经验不符合中国国情。

    A. 苏联   B. 南斯拉夫   C. 东欧   D. 西欧

5. 我国第一枚原子弹爆炸的时间是(   )。

    A. 1964 年 10 月   B. 1956 年 10 月

    C. 1966 年 10 月   D. 1976 年 10 月

6. 中华人民共和国成立之初,面对美苏争霸、美国到处挥舞"核大棒"的严峻国际局势,党中央果断决定研制"两弹一星",重点突破国防尖端科学技术,增强中国的国防力量。"两弹一星"不包括(   )。

    A. 原子弹   B. 氢弹

    C. 中子弹   D. 人造地球卫星

7. 党的八大召开的时间是(   )。

    A. 1956 年 9 月   B. 1954 年 9 月

    C. 1966 年 5 月   D. 1959 年 7—8 月

8. 党的八大提出社会主义改造完成后中国社会的主要矛盾是(   )。

    A. 生产关系与生产力、上层建筑与经济基础之间的矛盾

B. 敌我矛盾与人民内部矛盾

C. 人民对于经济文化迅速发展的需要同当前经济文化不能满足人民需要的状况之间的矛盾

D. 无产阶级与资产阶级之间的矛盾

9. 1957 年 2 月，毛泽东在最高国务会议第十一次（扩大）会议上发表《关于正确处理人民内部矛盾的问题》的讲话，强调指出（　　）。

① 社会主义社会充满着矛盾

② 社会主义社会的基本矛盾仍然是生产关系和生产力、上层建筑和经济基础之间的矛盾

③ 社会主义社会的矛盾可以通过社会主义制度本身得到解决

④ 把正确处理人民内部矛盾作为我国政治生活的主题

    A. ①②　　　　　　　　　　　　B. ①②③④

    C. ①③④　　　　　　　　　　　　D. ②③

10. 1970 年 4 月 24 日，我国成功地把第一颗人造地球卫星（　　）送上了太空。

    A. "东方红一号"　　　　　　　　　B. "北斗一号"

    C. "风云一号"　　　　　　　　　　D. "实践一号"

11. 1954 年 9 月 23 日，党和国家领导人在第一届全国人民代表大会第一次会议上第一次提出"四个现代化"的概念，提出要建设起强大的"四个现代化"目标，其中包括（　　）。

① 现代化的工业

② 现代化的农业

③ 现代化的交通运输业

④ 现代化的国防

    A. ①②③④　　　B. ①③④　　　C. ①②③　　　D. ①②④

12. 1974 年 2 月 22 日，毛泽东会见赞比亚总统卡翁达，提出了关于"三个世界"划分的战略思想。根据这一划分，中国作为第三世界的一员，要加强同广大第三世界国家的团结，争取第二世界国家，联合反对超级大国的控制和压迫。下列关于这一思想的表述中，有误的是（　　）。

    A. 美国、苏联是第一世界

    B. 日本、欧洲、澳大利亚、加拿大，是第二世界

    C. 亚洲是第三世界

    D. 整个非洲都是第三世界，拉丁美洲也是第三世界

13. 1962 年 1—2 月召开的扩大的中央工作会议中，最后形成一份实事求是的报

告《在扩大的中央工作会议上的报告》。在列举社会主义建设成就后，报告直截了当地指出工作中发生的缺点和错误，切中要害，直击问题。针对缺点和错误，下列列举描述中，不准确的是（　　）。

  A. 工农业生产的计划指标过高

  B. 基本战线过长

  C. 国民经济比例稍微失调

  D. 人民公社工作中犯了"共产风"和平均主义的错误

14. 从"一五"时期开始到 1976 年的 20 多年，我国最大的建设成就是（　　）。

  A. 开展了大规模的"三线建设"

  B. 保障了人民的基本生活需要

  C. 基本建立了独立的、比较完整的工业体系和国民经济体系

  D. 文化、医疗、科技事业得到长足发展

重点·难点·热点

一、试述党的八大的主要内容和意义

1956 年 9 月 15—27 日，党的八大在北京举行，大会讨论通过了《关于政治报告的决议》《中国共产党章程》《关于发展国民经济第二个五年计划（1958 年至 1962 年）的建议》。

（一）党的八大的主要内容

（1）提出了国内主要矛盾的新结论，作出了党和国家的工作重点必须转移到社会主义建设上来的重大战略决策。社会主义制度在我国已经基本上建立起来；国内的主要矛盾已经不再是工人阶级和资产阶级的矛盾，而是人民对于经济文化迅速发展的需要同当前经济文化不能满足人民需要的状况之间的矛盾；全国人民的主要任务是集中力量发展社会生产力，实现国家工业化、逐步满足人民日益增长的物质和文化需要，要把党和国家的工作重点转到社会主义建设上来。

（2）在经济建设上，提出了既反保守又反冒进、坚持在综合平衡中稳步前进的方针。毛泽东多次阐述了统筹兼顾的方针，强调正确处理国家、集体与个人的关系，生产两大部类的关系，中央与地方的关系，积累与消费的关系，长远利益与当前利益的关系；既要顾全大局，突出重点，也要统筹兼顾，全面安排，综合平衡。

（3）在政治建设上，要扩大社会主义民主、健全社会主义法制，使党和政府的活动做到"有法可依"和"有法必依"。

（4）在执政党建设上，重申了党反对个人突出、反对对个人歌功颂德的方针。强调要提高全党的马克思列宁主义思想水平，健全党内民主集中制，坚持集体领导制度，反对个人崇拜，发展党内民主和人民民主，加强党和群众的联系。在大会发言中，陈云提出了"三个主体，三个补充"思想。

（二）党的八大的意义

党的八大是党在全国范围执政后召开的第一次全国代表大会，也是我国在由新民主主义社会过渡到社会主义社会的重大历史转折时期召开的一次具有深远历史意义的大会。它确立了我国社会主义建设的战略目标，是党领导社会主义建设所谋划的第一张蓝图。以《论十大关系》和党的八大为标志，党对中国社会主义建设道路的探索有了良好的开端。

（1）初步解决了中国共产党角色转变的问题。突出强调了此时的中国共产党已经处于执政的地位，并在分析面临的困难和考验之后，提出了一系列加强党的建设的重要方针政策。

（2）初步解决了中国共产党工作重心转变的问题。明确地提出了党和国家的工作重心从阶级斗争转到社会主义建设上来，以及提出了既反保守又反冒进、坚持在综合平衡中稳步前进的经济建设方针。

（3）初步解决了中国发展道路转变的问题。在总结了苏共二十大的历史教训之后，中国共产党走出了"以苏为师"的误区，开始从政治、经济、文化等方面提出相应的改革措施，走出了一条适合中国国情的社会主义道路。

二、试述在"一穷二白"的东方大国建设社会主义，党是怎样调动一切积极因素为社会主义事业服务的

如何在中国这样一个经济文化比较落后的东方大国建设和巩固社会主义，是党面临的一个崭新课题。我们党初步探索适合中国国情的社会主义建设道路，在理论和实践上作出许多开创性贡献，为改革开放后开辟中国特色社会主义道路提供了理论准备和宝贵经验。

中华人民共和国成立初期，我国主要借鉴的是苏联经验，这在当时是必要的，也取得了一定的成效。但是，实践表明，照抄照搬苏联经验不符合中国国情，仍需要实现马克思列宁主义基本原理同中国具体实际进行"第二次结合"，积极探索适合中国特点的社会主义建设道路。

1956年4月和5月，毛泽东先后在中共中央政治局扩大会议和最高国务会议上作了《论十大关系》的报告，初步总结了我国社会主义建设的经验，明确提出我们要以苏联为鉴，独立自主地探索适合中国情况的社会主义建设道路。《论十大关系》

确定了一个基本方针，就是"一定要努力把党内党外、国内国外的一切积极的因素，直接的、间接的积极因素，全部调动起来"①，为社会主义建设服务。为了贯彻这一基本方针，报告从十个方面论述了我国社会主义建设需要重点把握的一系列重大关系，内容涉及生产力和生产关系、经济基础和上层建筑各方面。

毛泽东认为，社会主义建设中的积极因素与消极因素是一对矛盾，这对矛盾呈现出既统一又斗争的关系。充分调动一切积极因素，尽可能地克服消极因素，并且努力化消极因素为积极因素，是社会主义事业前进的现实需要。毛泽东这里讲的积极因素与消极因素，既包括党内的因素，也包括党外的因素；既包括国内的因素，也包括国外的因素；既包括直接的因素，也包括间接的因素。我们的任务是创造条件，大力促使消极因素较多、较快地向积极因素转化，并尽力防止积极因素向消极因素逆转。

调动一切积极因素为社会主义事业服务，必须坚持中国共产党的领导。毛泽东多次强调："领导我们事业的核心力量是中国共产党。"② 中国共产党是全中国人民的领导核心。没有这样一个核心，社会主义事业就不能胜利。毛泽东还明确提出了"党领导一切"的思想，指出："工、农、商、学、兵、政、党这七个方面，党是领导一切的。党要领导工业、农业、商业、文化教育、军队和政府。"③ 毛泽东进一步提出了党的建设问题。他指出："中国的改革和建设靠我们来领导。如果我们把作风整顿好了，我们在工作中间就会更加主动，我们的本事就会更大，工作就会做得更好。"④

调动一切积极因素为社会主义事业服务，必须发展社会主义民主政治。党的八大提出，要扩大社会主义民主，开展反对官僚主义的斗争；加强对国家工作的监督，特别是加强党对国家机关的领导和监督，加强全国人民代表大会及其常务委员会对中央一级政府机关的监督和地方各级人民代表大会对地方各级政府机关的监督，加强各级政府机关由上而下的监督和由下而上的监督，加强人民群众和机关中的下级工作人员对国家机关的监督；着手制定系统的、比较完备的法律，健全社会主义法制。

总之，调动一切积极因素为社会主义事业服务，是党关于社会主义建设的一条极

---

① 毛泽东. 论十大关系[M]//中共中央文献编辑委员会. 毛泽东著作选读：下册. 北京：人民出版社，1986：744.

② 毛泽东. 为建设一个伟大的社会主义国家而奋斗[M]//中共中央文献编辑委员会. 毛泽东著作选读：下册. 北京：人民出版社，1986：715.

③ 毛泽东. 在扩大的中央工作会议上的讲话[M]//中共中央文献编辑委员会. 毛泽东著作选读：下册. 北京：人民出版社，1986：832.

④ 毛泽东. 在中国共产党全国宣传工作会议上的讲话[M]//中共中央文献研究室. 建国以来重要文献选编：第十册. 北京：中央文献出版社，2011：105.

为重要的方针，对于最大限度地团结全国各族人民、为建设社会主义现代化国家而奋斗具有长远的指导意义。

三、党对社会主义建设道路初步探索的意义、经验和教训有哪些

（一）党对社会主义建设道路初步探索的意义

党领导人民探索社会主义建设道路历经艰辛和曲折，在理论和实践上取得了一系列重要成果。这些重要成果对巩固我国的社会主义制度、开创和发展中国特色社会主义、促进世界社会主义的发展具有重要意义。

第一，巩固和发展了我国的社会主义制度。社会主义制度建立以后，如何巩固和发展这一制度是党必须认真研究和解决的一个重大课题。作为一种崭新的、更高形态的社会制度，社会主义制度的建立极大地激发了广大人民群众的建设热情和积极性。但是，我国人口多、底子薄、经济和文化比较落后，社会主义建设的任务艰巨；国际上，以美国为首的西方国家对中国采取敌视政策，并进行封锁和遏制，企图颠覆社会主义制度。面对严峻、复杂的国内外形势，党带领全国人民，坚持独立自主、自力更生，开始了大规模的社会主义建设，在经济、政治、文化等各方面都取得了重大成就。这些重大成就的取得，体现了社会主义制度的优越性，增强了广大人民群众走社会主义道路的信心，社会主义制度也在实践中得到了发展。

第二，为开创中国特色社会主义提供了宝贵经验、理论准备、物质基础。在全面建设社会主义时期，党对社会主义建设道路的探索历经艰辛，积累了丰富的经验，也留下了深刻的教训。无论是成功的经验还是失误的教训，我们都要正确地对它们进行总结，因为它们都是党的宝贵财富，为改革开放新时期中国特色社会主义的开创和发展提供了重要的思想资源。尤其是关于社会主义建设的正确的理论原则和经验总结，丰富和发展了毛泽东思想，对我国社会主义建设发挥了重要的指导作用，为开启新时期新道路奠定了重要的思想基础。在这一探索过程中，我国经济保持了较快的发展速度，经济实力显著增强；基本建立了独立的、比较完整的工业体系和国民经济体系，从根本上解决了工业化"从无到有"的问题。改革开放以后，我国赖以进行现代化建设的物质技术基础，很大一部分是在此期间建设起来的；全国经济和文化建设等方面的骨干力量和他们的工作经验，大部分也是在此期间培养和积累起来的。这一时期的建设成就为开启新时期新道路奠定了重要的物质基础。

第三，丰富了科学社会主义的理论和实践。在中国这样一个有着几亿人口、经济和文化比较落后的东方大国建设社会主义，其艰巨性、复杂性和长期性在世界社会主义发展史上都是没有先例的。中国的社会主义，既不同于马克思、恩格斯设想的在生产力高度发达基础上建立的社会主义，也不同于在资本主义有一定发展的基

础上建立的苏联的社会主义。党领导人民探索社会主义建设道路吸取了苏联模式的经验和教训，根据自己的实践取得了许多独创性的成果，深化了对社会主义的认识。探索的成就表明，社会主义建设没有一个固定的模式，各个国家应该根据自己的国情，独立自主地选择适合自己的发展道路。这不仅丰富了中国社会主义的理论与实践，而且丰富了科学社会主义的理论与实践，为其他国家的社会主义建设提供了经验和借鉴。

（二）党对社会主义建设道路初步探索的经验和教训

党对社会主义建设道路的初步探索，取得了巨大成就，积累了丰富的经验；遗憾的是，党的八大形成的正确路线未能完全坚持下去，先后出现了"大跃进"运动、人民公社化运动等错误，反右派斗争也被严重扩大化，特别是后来发生的"文化大革命"，使社会主义事业遭受了重大挫折，教训极其惨痛。

第一，必须把马克思主义同中国实际相结合，探索适合中国特点的社会主义建设道路。在社会主义改造还未结束时，毛泽东提出探索适合中国国情的社会主义建设道路。然而，我们对马克思主义关于社会主义的一些基本原理的理解不够深入，对中国的基本国情缺乏深刻认识，没有能够完全搞清楚什么是社会主义、怎样建设社会主义的问题，也没有完全摆脱苏联模式的影响，采取了一些脱离实际、超越发展阶段的政策和措施，导致我国社会主义建设道路的探索出现了曲折。实践证明，只有科学理解马克思主义基本原理，准确把握中国基本国情，运用马克思主义的立场、观点和方法，分析和解决实践中遇到的各种问题，充分认识社会主义建设的艰巨性、复杂性和长期性，才能逐步掌握社会主义建设规律，开辟适合中国特点的社会主义建设道路。

第二，必须正确认识社会主义社会的主要矛盾和根本任务，集中力量发展生产力。社会主义建设开始后，党对我国社会的主要矛盾有了较为正确的认识，据此提出，我国的根本任务是在新的生产关系下保护和发展生产力。但是，这些认识并没有很好地坚持下来。实践证明，在社会主义初级阶段，要科学把握我国社会的主要矛盾，以经济建设为中心，不断提高人民的物质文化生活水平，不断满足人们对美好生活的向往。对于社会主义社会一定范围内长期存在的阶级斗争，不能将其简单地等同于全国范围的阶级斗争，也不能搞大规模的政治运动，更不能搞阶级斗争扩大化。

第三，必须从实际出发进行社会主义建设，建设规模和速度要与国力相适应，不能急于求成。由于中国经济落后、物质基础薄弱，社会主义建设开始后，全党和全国人民都有大力发展生产、迅速改变落后面貌的强烈愿望。这极大地促进了社会主义建设，取得了显著成就；同时，也出现了急躁冒进、急于求成的倾向，其主要表现就是制定的路线、方针和政策一度偏离了我国社会主义初级阶段的实际，忽视了各项经济计划、经济政策、经济措施的科学论证和生产建设、经营管理的经济效果，从而造成了严重的损失。我们只有在不断总结经验的基础上，才能逐步掌握社会主义建设的客观规律。

第四，必须发展社会主义民主，健全社会主义法制。中国要实现社会主义现代化，就必须发展社会主义民主，健全社会主义法制。我们要大力发展人民民主，确保人民行使当家作主的权利，使公民的民主权利得到切实保障。党必须在宪法和法律范围内活动，任何一级党组织和领导人都不能有法律之上的权力，各种制度和法律都不能因领导人的改变而改变、不能因领导人的看法和注意力的改变而改变。

第五，必须坚持党的民主集中制和集体领导制度，加强执政党建设。无产阶级政党在执政以后，必须认真坚持民主集中制和集体领导制度，反对个人崇拜，不断加强党的自身建设，充分发挥党组织和广大党员的积极性、创造性，保证党的决策的科学化、民主化。我们必须大力发扬党内民主，确保党员的民主权利，避免少数人说了算、个人说了算的现象。

第六，必须坚持对外开放，借鉴和吸收人类文明成果建设社会主义，不能关起门来搞建设。中华人民共和国成立后，毛泽东曾多次指出，要在平等的基础上开展同一切国家的经济技术交流，包括同一些资本主义国家发展经济贸易关系，并提出要学习一切国家和民族的长处。但是，由于资本主义国家实行敌视、封锁和禁运政策，加上我们自己后来发生的"左"的错误，我们一度关起门来搞建设，使我国与发达资本主义国家的差距进一步拉大。历史的经验和教训告诉我们，关起门来搞建设是不行的，是发展不起来的。

社会主义建设道路初步探索的正反两方面的经验，为今天坚持和发展中国特色社会主义提供了重要借鉴。习近平强调，我们党领导人民进行社会主义建设，有改革开放前和改革开放后两个历史时期，这是两个相互联系又有重大区别的时期，但本质上都是我们党领导人民进行社会主义建设的实践探索。中国特色社会主义是在改革开放历史新时期开创的，但也是在中华人民共和国已经建立起社会主义基本制度，并进行了 20 多年建设的基础上开创的。改革开放前的社会主义实践探索为改革开放后的社会主义实践探索积累了经验、准备了条件，改革开放后的社会主义实践探索是对前一个时期探索的坚持、改革、发展。对改革开放前的社会主义实践探索，要坚持实事求是的思想路线，分清主流和支流，坚持真理，修正错误，总结经验，吸取教训，在此基础上，把党和人民事业继续推向前进。

四、试述毛泽东关于正确处理人民内部矛盾的理论

1957 年 2 月，毛泽东在最高国务会议第十一次（扩大）会议上发表《关于正确

处理人民内部矛盾的问题》，系统论述了社会主义社会矛盾的理论，提出必须区分社会主义社会两类不同性质的社会矛盾，把正确处理人民内部矛盾作为国家政治生活的主题。其基本内容有以下几个方面：

（1）毛泽东指出，在我们的面前有两类社会矛盾，即敌我矛盾和人民内部矛盾。其中，大量地、普遍地存在的是人民内部矛盾。两类矛盾的性质不同，处理的方法也不同。一般说来，敌我矛盾是对抗性的，必须用专政的、强制的方法解决；人民内部矛盾是非对抗性的，应该用民主的、说服教育的方法解决。

（2）提出了正确处理人民内部矛盾的各项具体方针。对于政治思想领域的人民内部矛盾，实行"团结—批评—团结"的方针，坚持说服教育、讨论的方法；对于物质利益、分配方面的人民内部矛盾，实行统筹兼顾、适当安排的方针，兼顾国家、集体和个人三方面的利益；对于人民群众和政府机关的矛盾，要坚持民主集中制原则，努力克服政府机关的官僚主义，也要加强对群众的思想教育；对于科学文化领域里的矛盾，实行"百花齐放、百家争鸣"的方针，通过自由讨论和科学实践、艺术实践去解决；对于共产党和民主党派的矛盾，实行在坚持社会主义道路和共产党领导的前提下"长期共存、互相监督"的方针；对于民族之间的矛盾，实行民族平等、团结互助的方针，着重反对大汉族主义，也要反对地方民族主义，等等。

（3）强调正确处理人民内部矛盾的问题是社会主义国家政治生活的主题。毛泽东指出，"我们提出划分敌我和人民内部两类矛盾的界限，提出正确处理人民内部矛盾的问题，以便团结全国各族人民进行一场新的战争——向自然界开战，发展我们的经济，发展我们的文化""巩固我们的新制度，建设我们的新国家"①。

五、"两弹一星"精神的内涵是什么？作为新时代的青年人，如何继承和弘扬这种精神

"两弹一星"最初是指原子弹、氢弹和人造卫星。"两弹"中的原子弹和氢弹后来合称核弹，另一弹指早期研发的导弹。后来，"两弹一星"指导弹、核弹和人造卫星。

1960 年 11 月 5 日，中国仿制的第一枚导弹发射成功。1964 年 10 月 16 日 15 时，中国第一颗原子弹爆炸成功，使中国成为世界上第五个有原子弹的国家。1967 年 6 月 17 日上午 8 时，中国第一颗氢弹爆炸成功。1970 年 4 月 24 日 21 时，中国第一颗人造地球卫星发射成功，使中国成为世界上第五个发射人造地球卫星的国家。中国的

---

① 毛泽东. 关于正确处理人民内部矛盾的问题［M］//中共中央文献研究室. 毛泽东文集：第七卷. 北京：人民出版社，1999：216.

"两弹一星"是 20 世纪下半叶中华民族创建的辉煌伟业。

1999 年 9 月，中共中央将"两弹一星"精神概括为"热爱祖国、无私奉献，自力更生、艰苦奋斗，大力协同、勇于登攀"。"两弹一星"精神是爱国主义、集体主义、社会主义精神和科学精神的体现，是中国人民在 20 世纪为中华民族创造的新的、宝贵的精神财富。

"两弹一星"精神是一种精神财富，更是一种信念支撑，在当下和平的时代显得弥足珍贵。新时代的青年人应该继续发扬这一伟大精神。

我们要学习"两弹一星"功勋们的爱国主义精神。他们中的许多人都在国外学有所成，拥有优越的科研和生活条件，为了投身中华人民共和国的建设事业，冲破重重障碍和阻力，毅然回到祖国。几十年中，他们为了祖国和人民的最高利益，默默无闻，艰苦奋斗，以惊人的智慧和崇高的爱国主义精神创造了人间奇迹。

我们要学习"两弹一星"功勋们艰苦奋斗、无私奉献的精神。正是有了这样的精神，他们不怕狂风飞沙，不惧严寒酷暑，没有条件自己创造条件，没有仪器自己制造仪器，缺少资料自己刻苦钻研。就这样，他们以惊人的毅力和速度从无到有、从小到大，创造出"两弹一星"的惊人成绩。

我们要学习"两弹一星"功勋们勇于探索、勇于创新的精神。在"两弹一星"的研制过程中，我们看到了高水平的技术跨越。从原子弹到氢弹，我国仅用两年零八个月的时间，比美国、苏联、法国所用的时间要短得多。

在建设新时代中国特色社会主义的伟业中，我们一定不忘初心，进一步增强使命感和责任感，传承和弘扬"两弹一星"精神，为中华民族的伟大复兴贡献自己的力量。

六、结合当前我国面临的国际局势，谈谈我国建立独立的、比较完整的工业体系和国民经济体系的重大意义

当前我国面临着美国芯片制裁、贸易关税壁垒等国际局势。我国独立的、比较完整的工业体系和国民经济体系的建立是了不起的巨大成就。其重大意义表现如下：

（1）它是中国人民在中国共产党的领导下艰苦奋斗的伟大成果，是社会主义制度优越性的生动体现，具有重要的战略意义。它为我们继续推进社会主义建设开拓了可以依靠的阵地，为实现现代化的伟大事业奠定了初步的物质基础。

（2）随着独立的、比较完整的工业体系的形成，工业在国民经济中的主导地位日益明显，发挥着越来越重要的作用。工业部门不仅为改善人民生活提供了大量的日用消费品，为国民经济其他部门和国防建设提供了大批燃料、动力、原材料和技术装备，而且为出口提供了相当数量的产品，它使中国在赢得政治上的独立之后，赢得了

经济上的独立。

（3）集中统一的经济管理体制，在当时物质缺乏、经济基础薄弱的条件下，起到了积极作用。它有利于把有限的资金、物力和技术力量集中起来，保证重点建设项目的完成，为中国以后的发展奠定了牢固的物质技术基础。

（4）独立的、比较完整的工业体系和国民经济体系的建立，从根本上解决了工业化中"从无到有"的问题，而且为中国同包括西方发达国家在内的世界其他各国在平等互利的原则下发展对外贸易和经济往来创建了前提。

（5）独立的、比较完整的工业体系和国民经济体系，为我国构建以国内大循环为主体、国内国际双循环相互促进的新发展格局提供了基础条件和重要保障。

拓展阅读

[1] 毛泽东. 论十大关系[M]//中共中央文献编辑委员会. 毛泽东著作选读：下册. 北京：人民出版社，1986：720－744.

[2] 毛泽东. 关于正确处理人民内部矛盾的问题[M]//中共中央文献研究室. 毛泽东文集：第七卷. 北京：人民出版社，1999：204－244.

[3] 毛泽东. 人的正确思想是从哪里来的？[M]//中共中央文献研究室. 毛泽东文集：第八卷. 北京：人民出版社，1999：320－322.

专题五 中国特色社会主义理论体系的形成发展

学习目标

1. 了解中国特色社会主义理论体系形成发展的时代背景。
2. 掌握中国特色社会主义理论体系形成发展的过程。

专题导学

1. 视频学习中重要事件坐标

- 中国特色社会主义理论体系的形成
- 中国特色社会主义理论体系的跨世纪发展
- 中国特色社会主义理论体系在新世纪新阶段的新发展
- 中国特色社会主义理论体系在新时代的新篇章

2. 内容导引

中国特色社会主义理论体系,是中国共产党人在对国际形势深刻变化和世界发展新趋势的深刻把握中,在对建设社会主义正反两方面经验的认真总结和对我国发展历史方位的科学判断中,在对中国特色社会主义建设实践经验的科学总结中,逐步形成和发展起来的。

开创改革开放和社会主义现代化建设新局面,必须以理论创新引领事业发展。中国共产党从新的实践和时代特征出发坚持和发展马克思主义,形成和发展了中国特色社会主义理论体系,系统回答了在中国这样一个十几亿人口的发展中大国如何加快实现现代化、巩固和发展社会主义、建设长期执政的马克思主义政党等一系列重大课题,开辟了马克思主义中国化时代化新境界。

3. 想一想

党的二十大报告指出:"中国共产党为什么能,中国特色社会主义为什么好,归根到底是马克思主义行，是中国化时代化的马克思主义行。"① 改革开放以来，我们党继续推进马克思主义中国化时代化，形成和发展了中国特色社会主义理论体系。这一理论体系展现了中国化时代化马克思主义的勃勃生机，为我们继续进行理论创新打开了广阔空间。那么，中国特色社会主义理论体系是在什么样的社会历史条件下形成的？这一理论体系又经历了怎样的发展历程？

视频内容简介

5.1 中国特色社会主义理论体系的形成

粉碎"四人帮"后，举国欢腾。纠正"文化大革命"的错误，彻底扭转十年内乱造成的严重局面，使党和国家从危难中重新奋起，是全国人民的热切期盼。同时，和平与发展成为时代主题，世界多极化和经济全球化深入发展，科技进步日新月异。国内外的新形势要求我们党尽快就关系党和国家前途命运的大政方针作出政治决断和战略抉择。

在面临"中国向何处去"的重要关头，邓小平指出："实事求是，是毛泽东思想的出发点、根本点。"② 他态度鲜明地反对"两个凡是"，支持和领导开展真理标准问题的讨论，推动进行各方面的拨乱反正。1978 年年底，党的十一届三中全会重新确立了实事求是的思想路线，确定把全党工作的着重点转移到社会主义现代化建设上来，作出实行改革开放的重大决策，实现了党的历史上具有深远意义的伟大转折。1981年 6 月，党的十一届六中全会通过了《中国共产党中央委员会关于建国以来党的若干历史问题的决议》（简称《决议》）。《决议》正确解决了既科学评价毛泽东同志的历史地位和毛泽东思想的科学体系，又根据新的实际和发展要求实行改革开放、确立中国社会主义现代化建设正确道路这两个相互联系的重大历史课题，充分体现了党中央的远见卓识和政治上的成熟。《决议》的通过，标志着党在指导思想上的拨乱反正胜利完成。

1982 年邓小平在党的十二大开幕词中明确提出，"走自己的道路，建设有中国特色的社会主义"③。"建设有中国特色的社会主义"的提出，回答了新时期走什么样的

---

① 习近平. 高举中国特色社会主义伟大旗帜　为全面建设社会主义现代化国家而团结奋斗：在中国共产党第二十次全国代表大会上的报告［M］. 北京：人民出版社，2022：16.

② 邓小平. 在全军政治工作会议上的讲话［M］//邓小平. 邓小平文选：第二卷. 2 版. 北京：人民出版社，1994：114.

③ 邓小平. 中国共产党第十二次全国代表大会开幕词［M］//邓小平. 邓小平文选：第三卷. 北京：人民出版社，1993：3.

道路这一全国人民最为关心的重大问题，这是中国共产党人对科学社会主义发展的开创性贡献。1984 年党的十二届三中全会作出了《中共中央关于经济体制改革的决定》，提出了社会主义经济是在公有制基础上的有计划的商品经济。此后，改革从农村到城市、从经济领域到其他领域，展开了波澜壮阔的历史进程。

1987 年，中国共产党召开第十三次全国代表大会。这次大会的突出贡献，是第一次比较系统地论述了我国社会主义初级阶段理论，明确概括和全面阐发了党的基本路线。这次大会从我国社会主义建设的阶段、任务、动力、条件、布局和国际环境等方面，对改革开放和现代化建设实践中形成和发展起来的一系列科学理论观点作了归纳和概括，这是我们党第一次对中国特色社会主义理论进行系统的概括，也标志着邓小平理论轮廓的形成。

20 世纪 80 年代末至 90 年代初，面对严峻的国际国内形势，有人对社会主义前途缺乏信心，也有人对改革开放产生怀疑。能否坚持党的基本路线不动摇，抓住机遇、加快发展，把改革开放和现代化建设继续推向前进，成为中国共产党人必须回答和解决的重大课题。在党和国家发展的紧要关头，1992 年年初，88 岁高龄的邓小平先后到武昌、深圳、珠海、上海等地视察。他一路走，一路看，发表了一系列重要谈话，明确了社会主义的本质，提出了"三个有利于"标准，指出了社会主义也可以搞市场经济，鼓励改革开放的胆子要大一些，等等。南方谈话是邓小平理论的集大成之作，深刻地回答了当时困扰和束缚人们思想的一系列重大的理论问题，推动改革开放和社会主义现代化建设进入新阶段，邓小平理论也逐步走向成熟。

1992 年召开的党的十四大系统总结了我国改革开放以来取得的巨大成就，并指出取得胜利的根本原因在于坚持把马克思主义基本原理同中国具体实际相结合，逐步形成和发展了建设有中国特色社会主义的理论。党的十四大报告从社会主义的发展道路、社会主义的发展阶段、社会主义的根本任务、社会主义的发展动力、社会主义建设的外部条件、社会主义建设的政治保证、社会主义建设的战略步骤、社会主义的领导力量和依靠力量以及祖国统一九个方面，概括了中国特色社会主义理论的主要内容，强调"这个理论，第一次比较系统地初步回答了中国这样的经济文化比较落后的国家如何建设社会主义、如何巩固和发展社会主义的一系列基本问题，用新的思想、观点，继承和发展了马克思主义"[1]。党的十四大报告不仅系统阐释了这一理论的历史地位和指导意义，而且明确指出"邓小平同志是我国社会主义改革开放和现代化建设的总设计师"[2]。

---

[1] 江泽民. 加快改革开放和现代化建设步伐，夺取有中国特色社会主义事业的更大胜利[M]//江泽民. 江泽民文选：第一卷. 北京：人民出版社，2006：218.

[2] 江泽民. 加快改革开放和现代化建设步伐，夺取有中国特色社会主义事业的更大胜利[M]//江泽民. 江泽民文选：第一卷. 北京：人民出版社，2006：222.

1997 年，党的十五大正式提出"邓小平理论"，郑重地把邓小平理论同马克思列宁主义、毛泽东思想一起，确立为党的指导思想并写入党章。1999 年的《中华人民共和国宪法修正案》正式将邓小平理论载入宪法。邓小平理论第一次比较系统地初步回答了在中国这样的经济文化比较落后的国家如何建设社会主义、如何巩固和发展社会主义的一系列基本问题，用新的思想观点继承和发展了马克思主义，开拓了马克思主义新境界，把对社会主义的认识提高到新的科学水平，是中国特色社会主义理论体系的开篇之作。

5.2 中国特色社会主义理论体系的跨世纪发展

20 世纪 80 年代末 90 年代初，国内发生严重政治风波，国际上东欧剧变、苏联解体，国际共产主义运动遭受重大挫折，我国社会主义事业的发展面临空前巨大的困难和压力，党和国家处在决定前途命运的重大历史关头。以江泽民同志为主要代表的中国共产党人，团结带领全党全国各族人民，坚持党的基本理论、基本路线，加深了对什么是社会主义、怎样建设社会主义和建设什么样的党、怎样建设党的认识，形成了"三个代表"重要思想。"三个代表"重要思想是一个完整的思想体系，经历了一个从酝酿、形成到逐步深化的过程。

党的十三届四中全会后，党中央采取一系列重大措施，加强和改进党的建设。1994 年党的十四届四中全会专门研究了新形势下党的建设问题，作出《中共中央关于加强党的建设几个重大问题的决定》，把党的建设提升到"新的伟大工程"的高度，明确提出了新时期党的建设总目标。党的十五大把这个总目标进一步表述为，"把党建设成为用邓小平理论武装起来、全心全意为人民服务、思想上政治上组织上完全巩固、能够经受住各种风险、始终走在时代前列、领导全国人民建设有中国特色社会主义的马克思主义政党"①。

党的十五大以后，江泽民针对新的历史条件下如何加强党的建设这一重大理论和现实问题，先后在广东和江苏、浙江、上海等地考察工作，对关系新时期党建工作全局的重大理论问题和现实问题作出了系统、科学的回答，提出了"三个代表"重要思想。

2000 年 2 月，江泽民在出席广东省高州市领导干部"三讲"教育动员大会时，就中国共产党代表中国先进生产力和先进文化问题，首次进行了阐述。同期，他在广东考察期间，比较全面地阐述了"三个代表"重要思想。他指出，"我们党所以赢得

① 江泽民. 高举邓小平理论伟大旗帜，把建设有中国特色社会主义事业全面推向二十一世纪[M]//江泽民. 江泽民文选：第二卷. 北京：人民出版社，2006：43.

人民的拥护，是因为我们党在革命、建设、改革的各个历史时期，总是代表着中国先进生产力的发展要求，代表着中国先进文化的前进方向，代表着中国最广大人民的根本利益"①。2000年5月至2001年6月，江泽民分别到多地考察并主持召开近30次党建工作座谈会，广泛听取意见。期间，在中央经济工作会议、统战工作会议和中央纪委全会上，他从不同角度对新形势下加强和改进党的领导问题进行阐述，不断丰富和完善"三个代表"重要思想。

2001年7月1日，江泽民在庆祝中国共产党成立八十周年大会上的讲话中，系统阐述了"三个代表"重要思想的科学内涵和基本内容。2002年5月，江泽民在中共中央党校省部级干部进修班毕业典礼上深刻阐述了"三个代表"重要思想的内在联系，强调贯彻"三个代表"要求，关键在坚持与时俱进，核心在保持党的先进性，本质在坚持执政为民。2002年11月，党的十六大全面阐述了"三个代表"重要思想形成的时代背景、历史地位、精神实质和指导意义，将"三个代表"重要思想同马克思列宁主义、毛泽东思想和邓小平理论一道确立为党必须长期坚持的指导思想，并写入党章，实现了我们党指导思想的又一次与时俱进，丰富和发展了中国特色社会主义理论体系。

5.3　中国特色社会主义理论体系在新世纪新阶段的新发展

2002年11月14日，党的十六大在北京人民大会堂胜利闭幕，胡锦涛同志当选为中共中央总书记。正当全国各地区、各部门围绕党的十六大提出的全面建设小康社会奋斗目标，大力推进改革开放和社会主义现代化建设各项事业的时候，我国遭遇了一场突如其来的非典型肺炎疫情。这场疫情暴露出我国在经历一个经济高速发展阶段之后，存在发展不够协调、公共卫生事业发展滞后、突发事件应急机制不健全等新矛盾新问题，这进一步引发了党中央对新形势下中国发展问题的深入思考。"实现什么样的发展、怎样发展"这一重大理论和实践问题，历史地摆在了中国共产党人面前。

2003年8月底9月初，胡锦涛在江西考察时提出"科学发展观"概念，指出要牢固树立协调发展、全面发展、可持续发展的科学发展观。2003年10月，党的十六届三中全会首次在党的正式文件中完整地提出了科学发展观，强调"坚持以人为本，树立全面、协调、可持续的发展观，促进经济社会和人的全面发展"②。在此次会议

---

① 江泽民. 在新的历史条件下更好地做到"三个代表"[M]//江泽民. 江泽民文选：第三卷. 北京：人民出版社，2006：2.

② 中共中央. 中共中央关于完善社会主义市场经济体制若干问题的决定[M]//中共中央文献研究室. 十六大以来重要文献选编：上. 北京：中央文献出版社，2011：465.

上，胡锦涛明确指出："树立和落实科学发展观，这是二十多年改革开放实践的经验总结，是战胜非典疫情给我们的重要启示，也是推进全面建设小康社会的迫切要求。"[①] 2004 年 3 月 10 日，胡锦涛在中央人口资源环境工作座谈会上对科学发展观的科学内涵、基本要求和指导意义作了全面阐述，标志着科学发展观的形成。

科学发展观在全面建设小康社会的历史进程中不断充实丰富。2004 年 5 月，胡锦涛在江苏考察工作时指出："科学发展观总结了二十多年来我国改革开放和现代化建设的成功经验，揭示了经济社会发展的客观规律，反映了我们党对发展问题的新认识。科学发展观对整个改革开放和现代化建设都具有重要指导意义。"[②] 2004 年 9 月，党的十六届四中全会通过的《中共中央关于加强党的执政能力建设的决定》，把树立和落实科学发展观作为提高党的执政能力的重要内容。2005 年 10 月，党的十六届五中全会通过的《中共中央关于制定国民经济和社会发展第十一个五年规划的建议》强调，要坚持以科学发展观统领经济社会发展全局。2006 年 3 月，第十届全国人大四次会议通过的《中华人民共和国国民经济和社会发展第十一个五年规划纲要》指出，"十一五"时期促进国民经济持续快速协调健康发展和社会全面进步，要以科学发展观统领经济社会发展全局。

2007 年，中国共产党召开第十七次全国代表大会。这次大会指出，科学发展观是立足社会主义初级阶段基本国情，总结我国发展实践，借鉴国外发展经验，适应新的发展要求提出来的。科学发展观的第一要义是发展，核心是以人为本，基本要求是全面协调可持续，根本方法是统筹兼顾。这次大会认为，科学发展观是中国特色社会主义理论体系重大创新成果，决定将其写入党章。科学发展观进一步走向成熟。科学发展观，是同马克思列宁主义、毛泽东思想、邓小平理论和"三个代表"重要思想既一脉相承又与时俱进的科学理论。科学发展观是我国经济社会发展的重要指导方针，是发展中国特色社会主义必须坚持和贯彻的重大战略思想。

为更好地解决经济长期积累的结构性矛盾和经济增长方式粗放问题，党的十七大提出加快转变经济发展方式的战略任务。把过去常讲的"转变经济增长方式"表述为"转变经济发展方式"，这一改动内涵深刻，充分体现了党对经济发展规律认识的深化。

2008 年 12 月，中央召开经济工作会议，强调科学发展观的第一要义是发展。2010 年 2 月，胡锦涛在省部级主要领导干部深入贯彻落实科学发展观加快经济发展方式转变专题研讨班上指出，加快经济发展方式转变是我国经济领域的一场深刻变

① 胡锦涛. 树立和落实科学发展观[M]//胡锦涛. 胡锦涛文选：第二卷. 北京：人民出版社，2016：104.
② 胡锦涛. 把科学发展观贯穿于发展的整个过程和各个方面[M]//胡锦涛. 胡锦涛文选：第二卷. 北京：人民出版社，2016：174.

革，关系改革开放和社会主义现代化建设全局。2010 年 10 月，党的十七届五中全会强调，在当代中国，坚持发展是硬道理的本质要求，就是坚持科学发展，更加注重以人为本，更加注重全面协调可持续发展，更加注重统筹兼顾，更加注重保障和改善民生，促进社会公平正义。

2012 年，党的十八大进一步把科学发展观确立为党必须长期坚持的指导思想。这次大会指出："科学发展观是马克思主义同当代中国实际和时代特征相结合的产物，是马克思主义关于发展的世界观和方法论的集中体现，对新形势下实现什么样的发展、怎样发展等重大问题作出了新的科学回答，把我们对中国特色社会主义规律的认识提高到新的水平，开辟了当代中国马克思主义发展新境界。科学发展观是中国特色社会主义理论体系最新成果，是中国共产党集体智慧的结晶，是指导党和国家全部工作的强大思想武器。科学发展观同马克思列宁主义、毛泽东思想、邓小平理论、'三个代表'重要思想一道，是党必须长期坚持的指导思想。"①

5.4　中国特色社会主义理论体系在新时代的新篇章

2012 年 11 月，党的十八大实现了中央领导集体的新老交替。新当选的中央委员会总书记习近平在十八届一中全会上指出，历史的接力棒传到了我们手里，我们一定不负重托，忠于党、忠于祖国、忠于人民，以自己的最大智慧、力量、心血，作出无愧于历史、无愧于时代、无愧于人民的业绩。

党的十八大以来，国内外形势发生新变化，对党治国理政考验之大，前所未有。从国际上看，世界百年未有之大变局加速演进，和平与发展仍是时代主题，但不稳定性、不确定性更加突出，世界进入新的动荡变革期，给我国发展带来许多新的风险挑战。从国内看，中国特色社会主义进入新时代，我国的经济实力、科技实力、国防实力都已进入世界前列，中华民族迎来了从站起来、富起来到强起来的伟大飞跃。今天，我们比历史上任何时期都更接近、更有信心和能力实现中华民族伟大复兴的目标。同时，我们也面临不少长期没有解决的深层次矛盾和问题以及新出现的一些矛盾和问题，党治国理政面临重大考验。

面对国内外形势新变化和实践新要求，以习近平同志为核心的党中央统筹把握中华民族伟大复兴战略全局和世界百年未有之大变局，坚持把马克思主义基本原理同中国具体实际相结合、同中华优秀传统文化相结合，坚持毛泽东思想、邓小平理论、

---

① 胡锦涛. 坚定不移沿着中国特色社会主义道路前进，为全面建成小康社会而奋斗 [M]//胡锦涛. 胡锦涛文选：第三卷. 北京：人民出版社，2016：617-618.

"三个代表"重要思想、科学发展观，深刻总结并充分运用党成立以来的历史经验，从新的实际出发，创立了习近平新时代中国特色社会主义思想。

习近平新时代中国特色社会主义思想内涵十分丰富，涵盖新时代坚持和发展中国特色社会主义的总目标、总任务、总体布局、战略布局和发展方向、发展方式、发展动力、战略步骤、外部条件、政治保证等基本问题，并根据新的实践对经济、政治、法治、科技、文化、教育、民生、民族、宗教、社会、生态文明、国家安全、国防和军队、"一国两制"和祖国统一、统一战线、外交、党的建设等各方面作出新的理论概括和战略指引。党的十九大、党的十九届六中全会提出的"十个明确""十四个坚持""十三个方面成就"概括了习近平新时代中国特色社会主义思想的主要内容。党的二十大提出的"六个必须坚持"，是习近平新时代中国特色社会主义思想的世界观、方法论和贯穿其中的立场观点方法的重要体现。"十个明确""十四个坚持""十三个方面成就""六个必须坚持"内在贯通、有机统一，共同构成了习近平新时代中国特色社会主义思想的科学体系。

习近平新时代中国特色社会主义思想科学地回答了新时代坚持和发展什么样的中国特色社会主义、怎样坚持和发展中国特色社会主义，建设什么样的社会主义现代化强国、怎样建设社会主义现代化强国，建设什么样的长期执政的马克思主义政党、怎样建设长期执政的马克思主义政党等重大时代课题。2017 年，党的十九大把习近平新时代中国特色社会主义思想确立为党必须长期坚持的指导思想并庄严地写入党章，实现了党的指导思想的与时俱进。2018 年，十三届全国人大一次会议通过的宪法修正案，郑重地把习近平新时代中国特色社会主义思想载入宪法，实现了国家指导思想的与时俱进。

习近平新时代中国特色社会主义思想是对马克思列宁主义、毛泽东思想、邓小平理论、"三个代表"重要思想、科学发展观的继承和发展，是当代中国马克思主义、21 世纪马克思主义，是中华文化和中国精神的时代精华，是党和人民实践经验和集体智慧的结晶，是中国特色社会主义理论体系的重要组成部分，是全党全国人民为实现中华民族伟大复兴而奋斗的行动指南。

学习检测

一、判断题

1. 党的十一届三中全会重新确立了实事求是的思想路线，确定把全党工作的着重点转移到社会主义现代化建设上来，作出实行改革开放的重大决策。　　（　　）

2. 党的十一届五中全会通过了《中国共产党中央委员会关于建国以来党的若干历史问题的决议》，标志着党在指导思想上的拨乱反正胜利完成。 （ ）

3. 党的十二届三中全会作出了《中共中央关于经济体制改革的决定》，提出了社会主义经济是在公有制基础上的有计划的市场经济。 （ ）

4. 邓小平理论是中国特色社会主义理论体系的开篇之作。 （ ）

5. 党的十四届四中全会专门研究了新形势下党的建设问题，作出《中共中央关于加强党的建设几个重大问题的决定》，把党的建设提升到"新的伟大工程"的高度。 （ ）

6. 2000年2月，江泽民在上海考察期间，比较全面地阐述了"三个代表"重要思想。 （ ）

7. 2003年10月，党的十六届三中全会首次在党的正式文件中完整地提出了科学发展观。 （ ）

8. 把过去常讲的"转变经济增长方式"表述为"转变经济发展方式"，这一改动只是文字表述的改变，其内涵并未发生改变。 （ ）

9. 2008年12月，中央召开经济工作会议，强调科学发展观的第一要义是以人为本。 （ ）

10. 科学发展观是马克思主义关于发展的世界观和方法论的集中体现。 （ ）

11. 习近平新时代中国特色社会主义思想是当代中国马克思主义、21世纪马克思主义。 （ ）

12. 习近平新时代中国特色社会主义思想是对马克思列宁主义、毛泽东思想、邓小平理论、"三个代表"重要思想、科学发展观的继承和发展。 （ ）

13. 党的十九大、党的十九届六中全会提出的"十个明确""十四个坚持""十三个方面成就"概括了习近平新时代中国特色社会主义思想的主要内容。 （ ）

二、单项选择题

1. 20世纪70年代，整个世界发生大变动、大调整。其中，最显著的变化就是（ ）与（ ）成为时代主题。

    A. 开放、合作　　　　　　　　B. 和平、合作

    C. 和平、发展　　　　　　　　D. 合作、发展

2. 中国共产党第（ ）次全国代表大会第一次比较系统地论述了我国社会主义初级阶段理论。

    A. 十二　　　　　B. 十三　　　　　C. 十四　　　　　D. 十五

3. 党的十五大进一步表述了新时期党的建设总目标，即"把党建设成为用（ ）

武装起来、全心全意为人民服务、思想上政治上组织上完全巩固、能够经受住各种风险、始终走在时代前列、领导全国人民建设有中国特色社会主义的马克思主义政党"。

    A. 邓小平理论　　　　　　　　　　B. "三个代表"重要思想

    C. 马克思列宁主义　　　　　　　　D. 毛泽东思想

4. 党的十四届四中全会审议通过《中共中央关于加强党的建设几个重大问题的决定》，把党的建设提升到（　　　）的高度。

    A. "新的工程"　　　　　　　　　　B. "新的伟大工程"

    C. "新的重大工程"　　　　　　　　D. "新的主要工程"

5. 科学发展观是马克思主义关于发展的世界观和方法论的集中体现。它的根本方法是（　　　）。

    A. 全面协调　　　　　　　　　　　B. 统筹兼顾

    C. 以人为本　　　　　　　　　　　D. 全面协调可持续

6. 2004 年 3 月 10 日，胡锦涛在中央人口资源环境工作座谈会上对科学发展观的科学内涵、基本要求和指导意义作了全面阐述，标志着科学发展观的（　　　）。

    A. 萌芽　　　　　B. 形成　　　　　C. 持续发展　　　　　D. 成熟

7. 习近平新时代中国特色社会主义思想是当代中国马克思主义、21 世纪马克思主义，是（　　　）和中国精神的时代精华，是党和人民实践经验和集体智慧的结晶，是中国特色社会主义理论体系的重要组成部分。

    A. 中华文化　　　　　　　　　　　B. 中国传统文化

    C. 社会主义先进文化　　　　　　　D. 中国特色社会主义文化

8. 党的十八大以来，以习近平同志为核心的党中央坚持把（　　　）同中国具体实际相结合、同中华优秀传统文化相结合，坚持毛泽东思想、邓小平理论、"三个代表"重要思想、科学发展观，深刻总结并充分运用党成立以来的历史经验，从新的实际出发，创立了习近平新时代中国特色社会主义思想。

    A. 马克思主义原理　　　　　　　　B. 马克思主义基本原理

    C. 马克思列宁主义原理　　　　　　D. 马克思列宁主义主要原理

重点·难点·热点

一、党的十一届三中全会实现伟大历史转折

1978 年 12 月 18 日，具有划时代意义的党的十一届三中全会在北京隆重召开，奏响了改革开放和社会主义现代化建设的春之序曲。

"文化大革命"结束后，本应恢复党的优良传统，从根本上消除已经由实践证明对党和人民的事业十分有害的"左"的指导思想及其一切表现。但是，两年徘徊期间没有能做到这些，党的十一届三中全会做到了。这次全会冲破长期"左"的错误的严重束缚，彻底否定"两个凡是"的错误方针，高度评价关于真理标准问题的讨论，重新确立了党的实事求是的思想路线。

这次全会停止使用"以阶级斗争为纲"的口号，及时地、果断地结束全国范围的揭批林彪、"四人帮"的群众运动，决定从 1979 年 1 月起，把全党的工作重点和全国人民的注意力转移到社会主义现代化建设上来。

这次全会提出了改革开放的任务。全会指出，实现四个现代化是一场广泛、深刻的革命。要采取一系列新的重大的经济措施，对经济管理体制和经营管理方法着手认真的改革，在自力更生的基础上积极发展同世界各国平等互利的经济合作，努力采用世界先进技术和先进设备。

这次全会强调，为了保障人民民主，必须加强社会主义法制，使民主制度化、法律化，使这种制度和法律具有稳定性、连续性和极大的权威，做到有法可依、有法必依、执法必严、违法必究，保证人民在自己的法律面前人人平等，不允许任何人有超于法律之上的特权。全会总结和吸取党的历史经验教训，决定健全党的民主集中制，健全党规党法，严肃党纪。

针对我国经济管理体制中存在的权力过于集中的问题，全会提出，应该有领导地大胆下放，让地方和工农业企业在国家统一计划的指导下有更多的经营管理自主权，以发挥中央部门、地方、企业和劳动者个人四个方面的主动性、积极性、创造性；坚决按经济规律办事，重视价值规律的作用，扩大厂矿企业和生产队的自主权；应该着手大力精简各级经济行政机构。这次全会十分重视作为国民经济基础的农业，提出了发展农业生产的一系列政策措施和经济措施。

这次全会提出，要正确对待毛泽东的历史地位和毛泽东思想的科学体系，为坚持和发展毛泽东思想指明了方向。

这次全会增选了中央领导机构成员，从组织上加强了中央领导机构，保证了党的十一届三中全会确定的路线、方针、政策的贯彻执行。

从这次全会开始，改革开放和开创中国特色社会主义的大幕拉开，邓小平理论也逐步形成和发展起来。党的十一届三中全会作为一个伟大转折点而被载入光辉史册。

二、邓小平南方谈话——重要历史关头一锤定音

20 世纪 90 年代初，我国内有隐忧、外有压力，特别是经济运行中存在的许多深层次问题尚未得到根本解决，姓"社"姓"资"问题引发激烈争论，有人对社会主

义的前途缺乏信心，这成为制约进一步深化改革、扩大开放的思想瓶颈。

在党和国家历史发展的紧要关头，1992 年 1 月 18 日至 2 月 21 日，88 岁高龄的邓小平先后到武昌、深圳、珠海、上海等地视察。他一路走，一路看，发表了一系列重要谈话。

关于如何推进改革开放，邓小平在谈话中指出："革命是解放生产力，改革也是解放生产力。"[①] "改革开放胆子要大一些，敢于试验……改革开放迈不开步子，不敢闯，说来说去就是怕资本主义的东西多了，走了资本主义道路。要害是姓'资'还是姓'社'的问题。判断的标准，应该主要看是否有利于发展社会主义社会的生产力，是否有利于增强社会主义国家的综合国力，是否有利于提高人民的生活水平。"[②]

关于计划和市场的关系，邓小平指出："计划多一点还是市场多一点，不是社会主义与资本主义的本质区别。计划经济不等于社会主义，资本主义也有计划；市场经济不等于资本主义，社会主义也有市场。计划和市场都是经济手段。社会主义的本质，是解放生产力，发展生产力，消灭剥削，消除两极分化，最终达到共同富裕。"[③]

抓住时机，加快发展是邓小平在谈话中反复强调的重大问题之一。他指出："周边一些国家和地区经济发展比我们快，如果我们不发展或发展得太慢，老百姓一比较就有问题了。"[④] "现在，我们国内条件具备，国际环境有利，再加上发挥社会主义制度能够集中力量办大事的优势，在今后的现代化建设长过程中，出现若干个发展速度比较快、效益比较好的阶段，是必要的，也是能够办到的。我们就是要有这个雄心壮志！"[⑤]

在谈话中，邓小平还阐述了其他一些具有战略指导意义的重要思想。邓小平南方谈话阐发的一系列全新的思想，犹如一股强劲的东风，驱散了人们思想上的迷雾。它从理论上深刻回答了长期困扰和束缚人们思想的许多重大问题，对中国整个社会主义现代化建设事业具有重大而深远的意义。

三、全面把握经济全球化

经济全球化是指在生产不断发展、科技加速进步、社会分工和国际分工不断深

---

① 邓小平. 在武昌、深圳、珠海、上海等地的谈话要点[M]//邓小平. 邓小平文选：第三卷. 北京：人民出版社，1993：370.

② 邓小平. 在武昌、深圳、珠海、上海等地的谈话要点[M]//邓小平. 邓小平文选：第三卷. 北京：人民出版社，1993：372.

③ 邓小平. 在武昌、深圳、珠海、上海等地的谈话要点[M]//邓小平. 邓小平文选：第三卷. 北京：人民出版社，1993：373.

④ 邓小平. 在武昌、深圳、珠海、上海等地的谈话要点[M]//邓小平. 邓小平文选：第三卷. 北京：人民出版社，1993：375.

⑤ 邓小平. 在武昌、深圳、珠海、上海等地的谈话要点[M]//邓小平. 邓小平文选：第三卷. 北京：人民出版社，1993：377.

化、生产的社会化和国际化程度不断提高的情况下，世界各国、各地区的经济活动越来越超出某一国家和地区的范围而相互联系、相互依存的过程。

1. 经济全球化的表现

一是生产全球化。生产全球化是指随着国际分工进一步深化，生产某些高新技术产品不再由某个国家单独完成，而是多个国家协作完成。生产全球化使各国成为商品生产链中的一个环节，整个地球俨然成为一个大工厂。二是贸易全球化。贸易全球化是指商品和劳务在全球范围内的自由流动。三是金融全球化。金融全球化是指世界各国、各地区在金融业务、金融政策等方面相互协调、相互渗透、相互竞争不断加强，使全球金融市场更加开放、金融体系更加融合、金融交易更加自由的过程。

2. 经济全球化的动因

从本质上讲，经济全球化是生产力发展和社会化大生产的必然要求。导致经济全球化迅猛发展的因素主要有三个：一是科学技术的进步和生产力的发展，它为经济全球化提供了坚实的物质基础和根本的推动力。二是跨国公司的发展，它为经济全球化提供了适宜的企业组织形式。三是各国经济体制的变革和国际经济组织的发展，它是经济全球化的体制与组织保障。

3. 经济全球化的影响

在经济全球化进程中，社会分工得以在更大的范围内进行，资金、技术等生产要素可以在国际社会流动和得到优化配置，由此带来巨大的分工利益，推动世界生产力的发展。经济全球化体现了社会化生产的要求，不仅发达国家从中受益，一些发展中国家在参与经济全球化进程中也得到了快速发展。经济全球化对发展中国家的积极作用主要表现在以下几个方面：一是经济全球化为发展中国家提供先进技术和管理经验。二是经济全球化为发展中国家提供更多的就业机会。三是经济全球化推动发展中国家国际贸易的发展。四是经济全球化促进发展中国家跨国公司的发展。

经济全球化是一把"双刃剑"，它在促进经济发展的同时也带来了一些负面影响。一是发达国家与发展中国家在经济全球化进程中的地位和收益不平等、不平衡。发达资本主义国家是经济全球化的主要受益者，而一些发展中国家由于发展资金匮乏、债务负担沉重、贸易条件恶化、金融风险增加以及技术水平落后等，总体上处于更为不利的地位。建立更加公正合理的国际政治经济秩序任重道远。二是经济全球化加剧了发展中国家的资源短缺和环境污染。在经济全球化进程中，发达国家由于产业链优化升级，会把高污染高能耗产业向发展中国家转移，从而加剧发展中国家在经济增长的同时出现的资源短缺和环境污染。三是经济全球化在一定程度上增加了经济风险。经济全球化加深了世界的经济联系和相互依存，在有效的全球性经济协调机制没有完全建立起来的情况下，世界上的某一国家或地区爆发的危机将会迅速传导至全球，增加全球经济发展的不稳定性和经济风险。

经济全球化确实带来了一些问题，但我们要看到困扰当今世界的很多问题并不是经济全球化造成的。经济全球化是生产力发展的必然结果，具有历史必然性。中国是经济全球化的受益者，更是贡献者。中国在谋求自身发展、受益于经济全球化的同时，也拉动了世界经济增长，为国际社会提供了公共产品，推动了全球治理的发展，为世界经济的发展作出了贡献。

四、正确认识东欧剧变、苏联解体

苏联模式在当时促进了社会主义制度的巩固和发展，推动了社会生产力的高速发展，确保了重工业，特别是国防工业的发展，为处在帝国主义包围中的苏联社会主义建设奠定了物质基础，人民的物质和文化生活水平也有了提高。这种模式在第二次世界大战中为苏联取得反法西斯战争的胜利提供了强有力的物质和人员保障。但是，随着经济社会的发展，苏联模式的弊端逐步显现，主要是集中过多、管得过死、否定市场的作用，这些弊端严重束缚企业和劳动者的积极性。东欧一些社会主义国家因为照搬苏联模式造成"水土不服"而引发国内经济社会危机。

苏联从 20 世纪 50 年代中期以后开始改革，尽管取得了一定成绩，缓和了经济社会矛盾，但是问题并未从根本上得到解决。特别是在西方国家开始新科技革命的情况下，僵化的苏联模式严重制约了经济发展。在此情况下，苏共领导人推动的所谓改革背离了正确方向，把社会主义改革变成了向资本主义的"改向"，加上西方资本主义国家施行的"和平演变"战略，最终导致了苏共垮台、苏联解体。东欧各国的改革也经历了曲折的过程，尽管各个国家的具体情况有所不同，但是它们在当时大背景下相继发生剧变，放弃了社会主义道路。

东欧剧变、苏联解体，其最根本的原因是政治方向出了问题：放弃了社会主义道路，放弃了无产阶级专政，放弃了共产党的领导地位，放弃了马克思列宁主义，把社会主义建设和党的建设中的失误归咎于领袖个人，把纠正领袖的错误发展成全盘否定党的奋斗历史，直到丑化和歪曲历史，从根本上动摇了原来的理想信念，结果使得已经相当严重的经济、政治、社会、民族矛盾进一步激化，最终酿成了制度剧变、国家解体的历史悲剧。正如邓小平所指出的："不坚持社会主义，不改革开放，不发展经济，不改善人民生活，只能是死路一条。"①

在世界社会主义出现严重挫折的严峻考验面前，中国共产党成功把中国特色社会

---

① 邓小平. 在武昌、深圳、珠海、上海等地的谈话要点［M］//邓小平. 邓小平文选：第三卷. 北京：人民出版社，1993：370.

主义推向 21 世纪，向世界展示了社会主义的优越性，中国道路对世界影响越来越大，中国特色社会主义为世界社会主义增添了光辉。

五、全面把握中国特色社会主义进入新时代

经过长期努力，中国特色社会主义进入了新时代，这是我国发展新的历史方位。中国特色社会主义进入新时代，是改革开放以来，特别是党的十八大以来我国取得的历史性成就和发生的历史性变革的必然结果，是我国社会主要矛盾转化的必然结果。

中国特色社会主义进入新时代具有丰富的内涵。新时代是中国特色社会主义新时代，而不是别的什么新时代。从历史脉络来看，新时代是承前启后、继往开来、在新的历史条件下继续夺取中国特色社会主义伟大胜利的时代；从实践主题来看，新时代是决胜全面建成小康社会、进而全面建设社会主义现代化强国的时代；从人民性来看，新时代是全国各族人民团结奋斗、不断创造美好生活、逐步实现全体人民共同富裕的时代；从民族性来看，新时代是全体中华儿女勠力同心、奋力实现中华民族伟大复兴中国梦的时代；从世界性来看，新时代是我国不断为人类作出更大贡献的时代。

中国特色社会主义进入新时代具有重大意义。从中华民族复兴的历程看，中国特色社会主义进入新时代，意味着近代以来久经磨难的中华民族迎来了从站起来、富起来到强起来的伟大飞跃，迎来了实现中华民族伟大复兴的光明前景；从科学社会主义发展进程看，中国特色社会主义进入新时代，意味着科学社会主义在 21 世纪的中国焕发出强大生机活力，在世界上高高举起了中国特色社会主义伟大旗帜；从人类文明进程看，中国特色社会主义进入新时代，意味着中国特色社会主义道路、理论、制度、文化不断发展，拓展了发展中国家走向现代化的途径，给世界上那些既希望加快发展又希望保持自身独立性的国家和民族提供了全新选择，为解决人类问题贡献了中国智慧和中国方案。

拓展阅读

［1］邓小平. "两个凡是" 不符合马克思主义［M］//邓小平. 邓小平文选：第二卷. 2 版. 北京：人民出版社，1994：38 – 39.

［2］邓小平. 解放思想，实事求是，团结一致向前看［M］//邓小平. 邓小平文选：第二卷. 2 版. 北京：人民出版社，1994：140 – 153.

［3］邓小平. 社会主义首先要发展生产力［M］//邓小平. 邓小平文选：第二卷. 2 版. 北京：人民出版社，1994：311 – 314.

[4] 邓小平. 和平和发展是当代世界的两大问题[M]//邓小平. 邓小平文选: 第三卷. 北京: 人民出版社, 1993: 104 - 106.

[5] 邓小平. 改革是中国的第二次革命[M]//邓小平. 邓小平文选: 第三卷. 北京: 人民出版社, 1993: 113 - 114.

[6] 邓小平. 在武昌、深圳、珠海、上海等地的谈话要点[M]//邓小平. 邓小平文选: 第三卷. 北京: 人民出版社, 1993: 370 - 383.

[7] 江泽民. 推进党的建设新的伟大工程[M]//江泽民. 江泽民文选: 第一卷. 北京: 人民出版社, 2006: 403 - 412.

[8] 江泽民. 正确处理社会主义现代化建设中的若干重大关系[M]//江泽民. 江泽民文选: 第一卷. 北京: 人民出版社, 2006: 460 - 475.

[9] 江泽民. 高举邓小平理论伟大旗帜, 把建设有中国特色社会主义事业全面推向二十一世纪[M]//江泽民. 江泽民文选: 第二卷. 北京: 人民出版社, 2006: 1 - 49.

[10] 江泽民. 治国必先治党, 治党务必从严[M]//江泽民. 江泽民文选: 第二卷. 北京: 人民出版社, 2006: 496 - 507.

[11] 江泽民. 在新的历史条件下更好地做到"三个代表"[M]//江泽民. 江泽民文选: 第三卷. 北京: 人民出版社, 2006: 1 - 5.

[12] 江泽民. 在庆祝中国共产党成立八十周年大会上的讲话[M]//江泽民. 江泽民文选: 第三卷. 北京: 人民出版社, 2006: 264 - 299.

[13] 胡锦涛. 准确把握科学发展观的深刻内涵和基本要求[M]//胡锦涛. 胡锦涛文选: 第二卷. 北京: 人民出版社, 2016: 166 - 169.

[14] 胡锦涛. 把科学发展观贯穿于发展的整个过程和各个方面[M]//胡锦涛. 胡锦涛文选: 第二卷. 北京: 人民出版社, 2016: 173 - 187.

[15] 胡锦涛. 高举中国特色社会主义伟大旗帜, 为夺取全面建设小康社会新胜利而奋斗[M]//胡锦涛. 胡锦涛文选: 第二卷. 北京: 人民出版社, 2016: 612 - 658.

[16] 胡锦涛. 论加快经济发展方式转变[M]//胡锦涛. 胡锦涛文选: 第三卷. 北京: 人民出版社, 2016: 329 - 358.

[17] 胡锦涛. 坚定不移沿着中国特色社会主义道路前进, 为全面建成小康社会而奋斗[M]//胡锦涛. 胡锦涛文选: 第三卷. 北京: 人民出版社, 2016: 612 - 660.

[18] 习近平. 习近平谈治国理政: 第一卷[M]. 2版. 北京: 外文出版社, 2018.

[19] 习近平. 习近平谈治国理政: 第二卷[M]. 北京: 外文出版社, 2017.

[20] 习近平. 习近平谈治国理政: 第三卷[M]. 北京: 外文出版社, 2020.

[21] 习近平. 习近平谈治国理政: 第四卷[M]. 北京: 外文出版社, 2022.

[22] 习近平. 决胜全面建成小康社会　夺取新时代中国特色社会主义伟大胜

利：在中国共产党第十九次全国代表大会上的报告[M]．北京：人民出版社，2017．

　　[23] 习近平．在庆祝中国共产党成立100周年大会上的讲话[M]．北京：人民出版社，2021．

　　[24] 习近平．高举中国特色社会主义伟大旗帜　为全面建设社会主义现代化国家而团结奋斗：在中国共产党第二十次全国代表大会上的报告[M]．北京：人民出版社，2022．

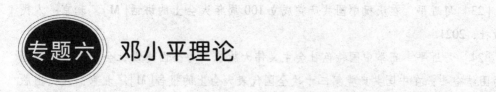

专题六　邓小平理论

学习目标

1. 理解党的思想路线的内涵。
2. 理解社会主义初级阶段的科学内涵。
3. 掌握党在社会主义初级阶段的基本路线。
4. 掌握社会主义的本质。
5. 理解"三步走"发展战略。
6. 掌握改革开放理论。
7. 掌握党在经济、政治、文化、国家统一、党的建设、外交等方面的探索。

专题导学

1. 视频学习中重要事件坐标

- 解放思想、实事求是的思想路线
- 社会主义初级阶段理论
- 社会主义本质理论和根本任务
- "三步走"发展战略
- 改革开放理论
- 社会主义市场经济理论
- 政治体制改革的理论与实践
- 社会主义精神文明建设
- "一国两制"理论
- 党的建设理论
- 独立自主和平外交理论

2. 内容导引

20 世纪 70 年代，美苏对抗的"冷战"格局出现了重大变化，两大阵营的力量更趋于平衡，在一段较长的时间内发生世界战争的可能性越来越小。尤其是 20 世纪 80 年代后，新的科技革命突飞猛进，科技竞争逐渐成为综合国力竞争的焦点。因此，和平与发展成为这个时代的主题。

以邓小平同志为主要代表的中国共产党人敏锐地观察到时代主题的变化，顺势而为，坚持解放思想、实事求是，决定把党和国家的工作重心转移到社会主义现代化建设上来，吹响了改革开放的号角，开辟了中国特色社会主义道路，创立了邓小平理论。这一理论第一次比较系统地初步回答了建设中国特色社会主义的一系列基本问题，包括社会主义初级阶段理论，党在社会主义初级阶段的基本路线，社会主义根本任务和发展战略，社会主义改革开放理论，社会主义市场经济理论，"一国两制"和实现祖国统一，党的建设理论，等等，形成了一个比较完备的科学体系，为我们坚持走自己的路，建设中国特色社会主义提供了根本遵循。

3. 想一想

为什么说邓小平理论初步回答了"什么是社会主义、怎样建设社会主义"这个首要的、基本的理论问题？解放思想、实事求是的思想路线的主要内容有哪些？如何理解社会主义的本质？党在经济、政治、文化、国家统一、党的建设、外交等方面的探索的主要成功之处有哪些？

视频内容简介

6.1　解放思想、实事求是的思想路线

6.1.1　真理标准问题大讨论

1976 年 10 月，党中央一举粉碎了"四人帮"，结束了长达 10 年之久的"文化大革命"。粉碎"四人帮"后，党面临着思想、政治、组织等各个领域全面拨乱反正的任务。但是，这一进程受到"两个凡是"，即"凡是毛主席作出的决策，我们都坚决维护，凡是毛主席的指示，我们都始终不渝地遵循"[1]错误方针的严重阻碍，党和国家的工作在前进中出现徘徊局面。检验真理的标准到底是什么？这成为党和国家必须急切思考和回答的问题。1978 年 5 月 11 日，《光明日报》第一版正下方赫然刊登了一篇名为《实践是检验真理的唯一标准》的文章。文章旗帜鲜明地指出，实践是检

---

[1]　邓小平. 注释[M]//邓小平. 邓小平文选：第二卷. 2 版. 北京：人民出版社，1994：420.

验真理的唯一标准，检验真理的标准只能是社会实践。邓小平在得知这篇文章发表后，说道："关于真理标准问题，《光明日报》登了一篇文章，一下子引起那么大的反应，说是'砍旗'，这倒进一步引起我的兴趣和注意。……不要小看实践是检验真理的唯一标准的争论。这场争议的意义太大了，它的实质就在于是不是坚持马列主义、毛泽东思想。"①

6.1.2 解放思想、实事求是的内涵及影响

《实践是检验真理的唯一标准》这篇文章很快引发了一场全国范围内的真理标准问题大讨论。邓小平肯定和支持关于真理标准的讨论。1978 年 12 月，党的十一届三中全会开幕前，党召开了一次中央工作会议。会上，邓小平作题为《解放思想，实事求是，团结一致向前看》的重要讲话，这实际上成为党的十一届三中全会的主题报告。邓小平在讲话中明确指出："一个党，一个国家，一个民族，如果一切从本本出发，思想僵化，迷信盛行，那它就不能前进，它的生机就停止了，就要亡党亡国。"② 几天后，党的十一届三中全会召开。全会高度评价了关于真理标准问题的讨论，重新确立了党的实事求是的思想路线。党的十一届三中全会后，以邓小平为主要代表的中国共产党人重新确立并丰富发展了这一思想路线，提出了一系列有利于增强党的团结和调动一切积极因素的方针政策。

解放思想、实事求是贯穿邓小平理论形成发展的全过程。邓小平深刻阐明了二者的辩证统一关系，只有解放思想才能达到实事求是，只有实事求是才是真正的解放思想。邓小平指出："我们讲解放思想，是指在马克思主义指导下打破习惯势力和主观偏见的束缚，研究新情况，解决新问题。"③ 解放思想，必须坚持以马克思主义为指导，同时必须敢于面对新情况新问题，把实践当作最高权威。解放思想通常包括两种情况：一是对原先的认识进行再认识，其中既包括对正确部分的坚持，也包括对错误部分的改正；二是在研究新情况、解决新问题、总结新经验的基础上，形成新的正确认识。邓小平指出："解放思想，就是使思想和实际相符合，使主观和客观相符合，就是实事求是。"④ 我们必须坚持解放思想和实事求是的统一，注意克服主观主义、盲目性、

---

① 邓小平. 思想路线政治路线的实现要靠组织路线来保证[M]//邓小平. 邓小平文选：第二卷. 2 版. 北京：人民出版社，1994：190－191.

② 邓小平. 解放思想，实事求是，团结一致向前看[M]//邓小平. 邓小平文选：第二卷. 2 版. 北京：人民出版社，1994：143.

③ 邓小平. 坚持党的路线，改进工作方法 [M]//邓小平. 邓小平文选：第二卷. 2 版. 北京：人民出版社，1994：279.

④ 邓小平. 贯彻调整方针，保证安定团结[M]//邓小平. 邓小平文选：第二卷. 2 版. 北京：人民出版社，1994：364.

片面性和绝对化，掌握唯物辩证法，按客观规律办事。

6.1.3 以解放思想、实事求是的思想路线指导中国改革开放新长征

在解放思想、实事求是思想路线的指导下，邓小平领导中国人民开始了改革开放和社会主义现代化建设的新长征。从农村改革开始，中国在经济、政治、文化、国家统一、党的建设、外交等诸多领域进行了一系列改革，提出和形成了社会主义初级阶段理论、社会主义本质理论、改革开放理论等诸多理论成果。习近平总书记在纪念邓小平同志诞辰 110 周年座谈会上的讲话中提到："在邓小平同志指导下，1978 年 12 月召开的党的十一届三中全会，重新确立了解放思想、实事求是的思想路线，停止使用'以阶级斗争为纲'的错误提法，确定把全党工作的着重点转移到社会主义现代化建设上来，作出实行改革开放的重大决策，实现了党的历史上具有深远意义的伟大转折。"① 解放思想、实事求是的思想路线有力地推动和保证了改革开放的进行，体现了辩证唯物主义与历史唯物主义的世界观和方法论，是邓小平理论的精髓。

6.2 社会主义初级阶段理论

深入分析与正确认识中国国情和发展阶段，既是谋划与推进党和国家各项工作、建设中国特色社会主义现代化的首要问题，也是制定与执行正确的发展战略和政策的根本依据。20 世纪 50 年代末 60 年代初，毛泽东在初步总结经验和教训后，认识到中国建设社会主义的艰巨性、复杂性和长期性。他在《读苏联〈政治经济学教科书〉的谈话》中提出一个重要观点，认为"社会主义这个阶段，又可能分为两个阶段，第一个阶段是不发达的社会主义，第二个阶段是比较发达的社会主义。后一阶段可能比前一阶段需要更长的时间"②。毛泽东的这一思想为改革开放后邓小平提出社会主义初级阶段理论提供了重要的借鉴。

1978 年，党的十一届三中全会后不久，邓小平就提出，底子薄、人口多、生产力落后，这是中国的现实国情。1981 年，党的十一届六中全会通过的《中国共产党中央委员会关于建国以来党的若干历史问题的决议》提出，我国社会主义制度还处于初级阶段。在党的十三大召开前夕，邓小平指出："我们党的十三大要阐述中国社会主义是处在一个什么阶段，就是处在初级阶段，是初级阶段的社会主义。社会主义

---

① 习近平. 在纪念邓小平同志诞辰 110 周年座谈会上的讲话 [M]. 北京：人民出版社，2014：5.
② 毛泽东. 读苏联《政治经济学教科书》的谈话（节选）[M]//中共中央文献研究室. 毛泽东文集：第八卷. 北京：人民出版社，1999：116.

本身是共产主义的初级阶段，而我们中国又处在社会主义的初级阶段，就是不发达的阶段。一切都要从这个实际出发，根据这个实际来制订规划。"① 这个论述第一次把社会主义初级阶段作为事关全局的基本国情来加以把握。

社会主义初级阶段这个论断包括两层含义：一是从社会性质来说，我国已经进入了社会主义社会。我们必须坚持而不能离开社会主义。公有制的主体地位已经确立，广大人民享有民主，马克思主义在意识形态中占据主导地位。二是从社会发展程度来说，我国的社会主义社会还处在不成熟、不完善、不发达的初级阶段。比如，农业人口所占的比重较大，地区和产业之间发展很不平衡，科技、教育还比较落后，等等。

1987 年，党的十三大正式提出并确立了党在社会主义初级阶段的基本路线：领导和团结全国各族人民，以经济建设为中心，坚持四项基本原则，坚持改革开放，自力更生，艰苦创业，为把我国建设成为富强、民主、文明的社会主义现代化国家而奋斗。改革开放以来，党的基本路线在不断充实和完善。中国特色社会主义建设的实践证明，这条基本路线是完全正确的。党的十九大提出中国特色社会主义进入新时代，但中国仍处于并将长期处于社会主义初级阶段的基本国情没有变，中国是世界上最大发展中国家的国际地位没有变。

6.3 社会主义本质理论和根本任务

1992 年，邓小平在同武昌、深圳等地的负责人讲话时，明确提出关于社会主义本质的著名论断："社会主义的本质，是解放生产力，发展生产力，消灭剥削，消除两极分化，最终达到共同富裕。"② 这一科学概括，既包括社会主义社会的生产力问题，又包括社会主义社会的生产关系问题，是一个有机的整体。

首先，社会主义本质理论突出强调"解放生产力，发展生产力"。邓小平继承了马克思主义关于生产力的观点，认为生产力是社会发展最根本的决定性因素，社会主义的根本任务是发展生产力。1980 年 4 月 12 日，在会见赞比亚总统卡翁达时，邓小平谈道："马克思主义历来认为，社会主义要优于资本主义，它的生产发展速度应该高于资本主义。……经济长期处于停滞状态总不能叫社会主义。人民生活长期停止在很低的水平总不能叫社会主义。"③ 邓小平还将解放生产力和发展生产力在社会主义

① 邓小平. 一切从社会主义初级阶段的实际出发[M]//邓小平. 邓小平文选：第三卷. 北京：人民出版社，1993：252.
② 邓小平. 在武昌、深圳、珠海、上海等地的谈话要点[M]//邓小平. 邓小平文选：第三卷. 北京：人民出版社，1993：373.
③ 邓小平. 社会主义首先要发展生产力[M]//邓小平. 邓小平文选：第二卷. 2 版. 北京：人民出版社，1994：312.

制度下进行统一，摈弃了以往仅仅将革命看作解放生产力的观念。他提出，"应该把解放生产力和发展生产力两个讲全了""改革也是解放生产力"①。这是对马克思主义的重大发展。

其次，社会主义本质理论突出强调"消灭剥削，消除两极分化，最终达到共同富裕"。这指明我国发展生产力的目的与剥削阶级统治的社会发展生产力的目的根本不同。人类进入阶级社会以来，无论奴隶社会、封建社会，还是资本主义社会，它们都是私有制社会。少数人占有生产资料，成为统治阶级，剥削、压迫被统治阶级。马克思、恩格斯认为，私有制是造成资本主义种种罪恶和不平等现象的总根源。邓小平坚持了马克思主义的基本观点，指出："一个公有制占主体，一个共同富裕，这是我们所必须坚持的社会主义的根本原则。"②邓小平将公有制和共同富裕作为社会主义的两个根本原则，因为没有公有制，就不可能实行按劳分配，就不可能消灭剥削、消除两极分化，也就不可能最终达到共同富裕。共同富裕最能体现社会主义的本质属性，是社会主义与其他一切社会形态的本质区别。实现共同富裕是人类历史上一切被压迫劳动人民的共同追求。从陈胜、吴广的"苟富贵，无相忘"（《史记·陈涉世家》）到洪秀全领导的太平天国运动，他们都提倡"均贫富"，但都不可能解决"共同富裕"问题。共同富裕不是"同步富裕"，而是一条先富带动后富最终走向共同富裕的道路。

邓小平对社会主义本质的概括反映了人民的利益和时代的要求，廓清了不合乎时代进步和社会发展规律的模糊观念，摆脱了长期以来拘泥于具体模式而忽略社会主义本质的错误倾向，深化了对科学社会主义的认识，对于建设中国特色社会主义，具有重大的政治意义、理论意义和实践意义。

6.4　"三步走"发展战略

在我国落后的生产力基础上实现社会主义现代化是一项艰巨的事业，必须分步骤、分阶段地实现。党的十一届三中全会后，邓小平逐步形成了分三步走基本实现现代化的发展战略。1987年，党的十三大把邓小平提出的"三步走"发展战略构想确定下来。第一步，到1990年，实现国民生产总值比1980年翻一番，解决人民的温饱问题。第二步，到20世纪末，使国民生产总值再增长一倍，人民生活达到小康水平。

---

① 邓小平. 在武昌、深圳、珠海、上海等地的谈话要点[M]//邓小平. 邓小平文选：第三卷. 北京：人民出版社，1993：370.

② 邓小平. 一靠理想二靠纪律才能团结起来[M]//邓小平. 邓小平文选：第三卷. 北京：人民出版社，1993：111.

第三步，到 21 世纪中叶，人均国民生产总值达到中等发达国家水平，人民生活比较富裕，基本实现现代化。然后，在这个基础上继续前进。

6.4.1 解决温饱问题

解决温饱问题：这是中国国民经济发展战略目标的第一步。"不管天下发生什么事，只要人民吃饱肚子，一切就好办了。"① 旧中国，在帝国主义、封建主义、官僚资本主义"三座大山"的剥削和压迫下，中国人民过着饥寒交迫的生活，特别是遇到荒时暴月，他们更是难以生存。中华人民共和国成立以后，党和国家把解决全国人民的温饱问题作为头等大事来抓，运用社会主义的基本政治制度和经济制度的力量，依靠全国人民发扬自力更生、艰苦奋斗的精神，使我国由一个一穷二白的半殖民地半封建国家变成一个初步繁荣昌盛的社会主义国家。党的十一届三中全会后，我国各族人民在党的领导下，通过改革开放和艰苦奋斗，原定 1990 年要达到国民生产总值比1980 年翻一番的目标，已于 1987 年提前完成。

6.4.2 人民生活达到小康水平

小康水平："温饱有余，富裕不足。"邓小平说，"达到小康水平，就是不穷不富，日子比较好过的水平"②。1979 年 12 月 6 日，邓小平在会见日本首相大平正芳时，使用"小康"一词来描述"中国式的现代化"。当时，大平正芳问及中国四个现代化的目标究竟是什么，邓小平说："我们的四个现代化的概念，不是像你们那样的现代化的概念，而是'小康之家'。"③ 小康水平意味着全国人民在吃、穿、住、用、行和文化生活等方面的水平都有较大的提高，即基本生活资料得到满足，食物结构和营养质量得到改善，衣着的数量显著增加、质量显著提高，耐用消费品数量显著增加；城乡人民的居住条件有明显改善；城镇和绝大部分农村普及初中教育，大城市基本普及高中和相当于高中的职业技术教育；人民文化生活更加丰富多彩；医疗卫生条件和生活环境质量有较大改善，居民的健康水平和平均寿命进一步提高；体育事业有较大发展。

6.4.3 基本实现现代化

邓小平同志于 20 世纪 80 年代初在提出用 20 年时间实现国民生产总值翻两番的

---

① 邓小平. 我国经济建设的历史经验[M]//邓小平. 邓小平文选：第二卷. 2 版. 北京：人民出版社，1994：406.

② 邓小平. 改革科技体制是为了解放生产力[M]//邓小平. 邓小平文选：第三卷. 北京：人民出版社，1993：109.

③ 邓小平. 中国本世纪的目标是实现小康[M]//邓小平. 邓小平文选：第二卷. 2 版. 北京：人民出版社，1994：237.

目标时说过，"这是雄心壮志"①。到那个时候，中国的综合国力就会再上一个大的台阶，人民生活将显著提高。邓小平指出："在这个基础上，再发展三十年到五十年，力争接近世界发达国家的水平。"②

"三步走"发展战略把我国社会主义现代化建设的目标具体化为切实可行的步骤，成为全国人民为共同理想而努力奋斗的行动纲领。

6.5 改革开放理论

6.5.1 封闭则衰，开放则兴

改革不能闭门造车。中国人永远都不应该忘记百年前因为闭关锁国而自认为是天朝上邦的愚昧与落后，更不应该忘记因为闭关锁国而落后于世界发展洪流所受的屈辱。中国人最能体会封闭就会愚昧、封闭就会落后挨打的惨痛教训，因此也深知"封闭则衰，开放则兴"的道理。我们要改革，就必须开放，开放了就要跟进改革。今天，我们追溯中国逐渐融入世界以及带来这一切的改革开放的第一声春雷——发端于安徽省凤阳县小岗村的"包产到户"：村民立下生死契，按下 18 个红手印，释放出中国改革开放的初始动力。

6.5.2 改革开放的历程

1978 年，党的十一届三中全会后，中国开始实施"对内改革，对外开放"的政策，我们称为改革开放政策。中国的对内改革先从农村开始，1978 年 11 月，安徽省凤阳县小岗村开始实施"分田包产到户，自负盈亏"的家庭联产承包责任制。此后，在对内改革方面，从农村问题扩展到党和国家领导制度的改革、经济体制改革。到 20 世纪 80 年代中期，中国的科技、教育、文化等各个领域的改革都开始启动，逐渐形成了全方位的对内改革局面。在对外开放方面，1979 年，中国打开了对外开放的第一扇"窗"——建立出口特区，为改革开放杀出了一条"血路"。1980 年，党中央、国务院先后批准在深圳、珠海、厦门、汕头设置经济特区，1984 年进一步开放大连、秦皇岛、天津、烟台、青岛、连云港、南通、上海、宁波、温州、福州、广州、湛江、北海 14 个沿海港口城市，从 1985 年起，又将长江三角洲、珠江三角洲、闽南厦漳泉三角地区划为沿海经济开放区。1988 年 4 月，第七届全国人民代表大会

---

① 邓小平. 维护世界和平，搞好国内建设[M]//邓小平. 邓小平文选：第三卷. 北京：人民出版社，1993：57.

② 邓小平. 我们的宏伟目标和根本政策[M]//邓小平. 邓小平文选：第三卷. 北京：人民出版社，1993：77.

第一次会议通过了在海南省建立经济特区的决议。1990 年，党中央、国务院作出了开发与开放上海浦东新区的决定。改革开放事业向纵深方向发展。

6.5.3 改革开放 40 多年的实践检验

改革开放是一项崭新的事业，是一个大试验，而检验改革开放成果的标准是实践。回首过往，40 多年改革开放的历程正是不断解放和发展生产力的历程，我国主要农产品产量跃居世界前列，建立了全世界最完整的现代工业体系，科技创新和重大工程捷报频传。习近平总书记曾讲道："改革开放是当代中国最鲜明的特色，是我们党在新的历史时期最鲜明的旗帜。改革开放是决定当代中国命运的关键抉择，是党和人民事业大踏步赶上时代的重要法宝。"[①] 今天，中华民族伟大复兴也必将在改革开放的进程中实现。

6.6 社会主义市场经济理论

在改革开放开始后的很长一段时间内，我国经济体制改革的核心问题是如何正确认识和处理计划与市场的关系。

6.6.1 计划经济和市场经济不是划分社会制度的标志

长期以来，人们习惯将计划经济与社会主义、市场经济与资本主义挂钩，简单地排斥市场经济。但是，现实中采用单一的计划经济逐渐显现出问题——"大锅饭""铁饭碗"的存在越来越难以调动群众的积极性、主动性和创造性。党在改革开放的实践中对计划与市场关系的认识不断深化，1981 年党的十一届六中全会提出"计划经济为主，市场调节为辅"；1984 年党的十二届三中全会提出"在公有制基础上的有计划的商品经济"[②]；1987 年党的十三大提出，社会主义有计划商品经济的体制应该是计划与市场内在统一的体制。1992 年，在南方谈话中，邓小平指出："计划多一点还是市场多一点，不是社会主义与资本主义的本质区别。计划经济不等于社会主义，资本主义也有计划；市场经济不等于资本主义，社会主义也有市场。计划和市场都是经济手段。"[③] 这对社会主义可否搞市场经济这个长期争论不休的问题做了十分清楚、

---

① 习近平. 在庆祝中国共产党成立九十五周年大会上的讲话[M]//中共中央党史和文献研究院. 十八大以来重要文献选编：下. 北京：中央文献出版社，2018：351.

② 中国共产党第十二届中央委员会第三次全体会议. 中共中央关于经济体制改革的决定[M]//中共中央文献研究室. 十二大以来重要文献选编：中. 北京：中央文献出版社，2011：56.

③ 邓小平. 在武昌、深圳、珠海、上海等地的谈话要点[M]//邓小平. 邓小平文选：第三卷. 北京：人民出版社，1993：373.

透彻、精辟的总回答。邓小平的这一论述，从理论上突破了计划经济和市场经济是制度属性的观念，从根本上解除了把计划经济和市场经济看作属于社会基本制度范畴的思想束缚，标志着邓小平的社会主义市场经济理论的形成，为全面的经济体制改革奠定了坚实的理论基础。

6.6.2　计划和市场都是经济手段

计划和市场在对经济活动的调节上各有优势，社会主义实行市场经济，要把两者优势结合起来。我们以往所坚持的计划经济曾经发挥了重要的作用，在国家经济实力有限的条件下，最大限度地调动了人力、物力，集中力量在关键领域搞发展，在社会主义建设各方面取得了卓越成就。市场经济借助于价格规律、竞争规律等，能够更加灵活、准确、迅速地反映供求关系的变化，有助于对资源作出合理的配置，实现效率的最大化。理论和实践都证明，社会主义市场经济要把计划和市场两种经济手段充分结合起来。

6.6.3　市场经济不具有制度属性

作为资源配置的一种方式，市场经济不具有制度属性，它可以与不同的社会制度相结合，从而表现出不同的性质。坚持社会主义制度与市场经济相结合是社会主义市场经济的鲜明特色、优势所在。在所有制结构上，我国坚持公有制为主体、多种所有制经济共同发展的基本经济制度。在分配制度上，我国坚持按劳分配为主体、多种分配方式并存的分配制度。在宏观调控上，我国把人民的当前利益和长远利益、局部利益和整体利益结合起来，更好地发挥计划和市场两种经济手段的长处。

6.7　政治体制改革的理论与实践

与经济体制改革相伴，中国的政治体制改革也拉开了序幕。1986 年 11 月，邓小平在和日本首相中曾根康弘谈话时提出，近期的政治体制改革要向着三个目标进行：第一个目标是始终保持党和国家的活力，这主要是指干部队伍的"四化"（革命化、年轻化、知识化、专业化）；第二个目标是克服官僚主义，提高工作效率；第三个目标是调动基层和工人、农民、知识分子的积极性，这主要涉及权力下放问题。

6.7.1　干部制度改革

改革开放之初，党和国家的领导制度中存在的主要弊端是官僚主义、特权现象、干部终身制现象等问题。在分析这些问题产生的原因时，邓小平指出："我们过去发生的各种错误，固然与某些领导人的思想、作风有关，但是组织制度、工作制度方面的问题更重要。"① 因此，要从制度上根治这些问题。为此，要修改宪法。1982 年中华人民共和国第四部宪法在第五届全国人民代表大会第五次会议上正式通过并颁布，1988 年第七届全国人民代表大会第一次会议对第四部宪法进行了修订。宪法体现了国家一切权力属于人民的根本原则。邓小平提出，要建立人才选拔制度，按照革命化、年轻化、知识化和专业化的标准选人、用人。1982 年，中共中央作出《关于建立老干部退休制度的决定》，这标志着废除实际存在的领导干部职务终身制。

6.7.2 精简机构

改革开放前，国务院的工作部门多达上百个，部门之间职能划分不清，工作相互推诿。1980 年 8 月，邓小平在中共中央政治局扩大会议上指出，"机构臃肿，人浮于事，办事拖拉，不讲效率，不负责任，不守信用，公文旅行，互相推诿，以至官气十足"②。随后，在邓小平的着力倡导下，自 1982 年开始，党和国家领导机构先后在 1982 年、1988 年、1993 年集中进行了 3 次机构改革。精简机构就是要从转变职能入手，按照经济体制改革和政企分开的要求，从机构配置的科学性和整体性出发，贯彻精简、统一、效能的原则，开展政府机构改革工作。

6.7.3 权力下放

改革开放后，我国经济迅速发展，需要进一步释放市场活力，给予企事业单位更多的自主选择权，所以，需要进一步推进权力下放工作。在遵循凡是适宜于下面办的事情，都应由下面决定和执行的原则下，我们要着重解决好中央同地方的关系、政府同企事业单位的关系、党和政府同群众组织的关系。具体来说，首先，在中央同地方的关系上，要逐步划清中央同地方的职责，做到地方的事情地方管，中央的责任是提出大政方针和进行监督；其次，在政府同企事业单位的关系上，要将经营管理权下放到企事业单位；最后，在党和政府同群众组织的关系上，要充分发挥群众团体和基层群众性自治组织的作用，逐步做到群众的事情由群众自己依法去办。

根据邓小平的相关论述，政治体制改革必须采取正确的原则和方针。我们应坚持四项基本原则，坚持社会主义方向；要根据自己的特点、自己国家的情况，走自己的

---

① 邓小平. 党和国家领导制度的改革[M]//邓小平. 邓小平文选：第二卷. 2 版. 北京：人民出版社，1994：333.

② 邓小平. 党和国家领导制度的改革[M]//邓小平. 邓小平文选：第二卷. 2 版. 北京：人民出版社，1994：327.

路，不能照抄照搬西方资本主义的做法；要分步骤、有领导、有秩序地进行。正是在正确方针的指引下，我国的社会主义政治体制改革才轰轰烈烈、如火如荼地开展起来。

6.8 社会主义精神文明建设

6.8.1 社会主义精神文明的战略地位

社会主义精神文明是社会主义社会的重要特征。与资本主义社会强调的私有制神圣不可侵犯和个人主义价值观不同，社会主义精神文明以马克思主义为指导，坚持为人民服务、为社会主义服务，以实现共产主义为最高理想。建设好社会主义精神文明，可以激发人们的生产热情、提高整个民族的科学文化素质，从而为社会主义现代化建设提供强大的精神动力和充足的智力支持。邓小平指出："不加强精神文明的建设，物质文明的建设也要受破坏，走弯路。"①

为了加强精神文明建设，1986年9月，党的十二届六中全会作出了《中共中央关于社会主义精神文明建设指导方针的决议》（以下简称《决议》）。《决议》指出，全党同志必须从社会主义现代化建设总体布局的高度，正确认识社会主义精神文明建设的战略地位。《决议》指出，精神文明建设，包括思想道德建设和教育科学文化建设两个方面，渗透在整个物质文明建设之中，体现在经济、政治、文化、社会生活的各个方面。《决议》还指出，社会主义精神文明建设的根本任务，是适应社会主义现代化建设的需要，培育有理想、有道德、有文化、有纪律的社会主义公民，提高整个中华民族的思想道德素质和科学文化素质。

6.8.2 社会主义思想道德建设

用共同理想动员和团结全国各族人民。理想是人们对未来的向往和追求，树立共产主义理想是最高理想，我们要引导人们树立崇高的理想和弘扬为理想而奋斗的精神。邓小平指出，不论革命还是建设事业，"最重要的是人的团结，要团结就要有共同的理想和坚定的信念。……没有这样的信念，就没有凝聚力。没有这样的信念，就没有一切"②。针对共同理想，《决议》指出，建设有中国特色的社会主义，把我国建设成为高

---

① 邓小平. 在中国共产党全国代表会议上的讲话[M]//邓小平. 邓小平文选：第三卷. 北京：人民出版社，1993：144.

② 邓小平. 用坚定的信念把人民团结起来[M]//邓小平. 邓小平文选：第三卷. 北京：人民出版社，1993：190.

度文明、高度民主的社会主义现代化国家，这就是现阶段我国各族人民的共同理想。

爱国主义教育是提高全民族整体素质和加强社会主义精神文明建设的基础性工程，是引导人们树立正确的理想、信念、人生观、价值观的共同基础。在不同时期，爱国主义有不同的内涵。李大钊、刘胡兰、王进喜、孔繁森都生动地诠释了什么是爱国主义。

社会主义道德主要包括社会公德、职业道德和家庭美德等教育。自党中央"五讲四美三热爱"活动开展以来，媒体相继报道了模范共产党员蒋筑英和罗健夫、"活雷锋"朱伯儒、身残志坚的张海迪等的光荣事迹，他们身上凝聚着中华民族的传统美德、社会主义的时代精神，他们是实践社会主义精神文明的楷模，对促进党风和社会风气好转起到了积极作用。

集体主义是社会主义道德原则。集体主义要求个人利益服从集体利益、国家利益，把集体利益、国家利益放在首位。

6.8.3 教育科学文化建设

教育科学文化既是物质文明建设的重要条件，也是提高人民群众思想道德觉悟水平的重要条件。当今世界，科学越来越成为推动历史进步的革命力量，成为代表一个民族文明水平的重要标志。邓小平指出："我们要实现现代化，关键是科学技术要能上去……靠空讲不能实现现代化，必须有知识，有人才。"[①] 不抓教育、科学，四个现代化就没有希望，就成为一句空话。

1977年，邓小平明确表示，要恢复中断10年的高考制度。1977年冬，570万名考生走进了曾被关闭10年之久的考场。1978年3月18日，邓小平在全国科学大会开幕式上指出："四个现代化，关键是科学技术的现代化。"[②] 同时，他认为，知识分子"已经是工人阶级自己的一部分"，以及"科学技术是生产力"[③]。1983年10月，邓小平提出"教育要面向现代化，面向世界，面向未来"[④]，为教育改革指明了方向。总之，正如邓小平所说："我们国家要赶上世界先进水平，从何着手呢？我想，要从科学和教育着手。"[⑤]

[①] 邓小平. 尊重知识，尊重人才[M]//邓小平. 邓小平文选：第二卷. 2版. 北京：人民出版社，1994：40.
[②] 邓小平. 在全国科学大会开幕式上的讲话[M]//邓小平. 邓小平文选：第二卷. 2版. 北京：人民出版社，1994：86.
[③] 邓小平. 在全国科学大会开幕式上的讲话[M]//邓小平. 邓小平文选：第二卷. 2版. 北京：人民出版社，1994：89.
[④] 邓小平. 为景山学校题词[M]//邓小平. 邓小平文选：第三卷. 北京：人民出版社，1993：35.
[⑤] 邓小平. 关于科学和教育工作的几点意见[M]//邓小平. 邓小平文选：第二卷. 2版. 北京：人民出版社，1994：48.

6.9 "一国两制"理论

完成祖国统一大业是中华民族的根本利益所在。面对港澳台地区尚未统一的问题，邓小平提出"一个国家，两种制度"的构想。"一国两制"构想最开始是针对台湾问题提出的，在实践中首先运用于解决香港和澳门问题。

"一国两制"是"一个国家，两种制度"的简称，其基本内容有：坚持一个中国，这是"和平统一、一国两制"的核心，是发展两岸关系和实现和平统一的基础；两制并存，在祖国统一的前提下，国家的主体部分实行社会主义制度，同时在香港、澳门、台湾保持原有的社会制度和生活方式长期不变；高度自治，祖国完全统一后，香港、澳门、台湾作为中央政府全面管辖下的特别行政区，享有不同于中国其他省、市、自治区的高度自治权，台湾、香港、澳门同胞各种合法权益将得到切实尊重和维护；尽最大努力争取和平统一，但不承诺放弃使用武力；解决台湾问题、实现祖国的完全统一，寄希望于台湾人民。

坚持一个中国的原则，体现了国家的统一、主权和领土的完整。国家主权是第一位的，是必须坚持的原则性问题。在国际上代表中国的只能是中华人民共和国，台湾、香港和澳门是中国不可分割的组成部分。一个中国的原则是"和平统一、一国两制"构想的核心，是发展两岸关系和实现和平统一的政治前提与根本保证。

在祖国统一的前提下，国家的主体部分实行社会主义制度；同时，台湾、香港、澳门保持原有的社会制度和生活方式长期不变。1984 年 7 月 31 日，邓小平在会见杰弗里·豪时指出，"我们在香港问题上，首先提出要保证其现行的资本主义制度和生活方式，在一九九七年后五十年不变"①。1984 年 10 月 3 日，邓小平在会见港澳同胞国庆观礼团时强调："我们在协议中说五十年不变，就是五十年不变。我们这一代不会变，下一代也不会变。"②

在祖国完全统一后，台湾、香港、澳门作为特别行政区，除在外交、国防、宣战、媾和方面服从中央政府外，享有高度自治权，包括行政管理权、立法权、独立的司法权和终审权，台湾、香港、澳门同胞的各种合法权益将得到切实的尊重和维护。

我们坚持"一国两制"，尽最大努力争取和平统一，但并不承诺放弃使用武力。

---

① 邓小平. 我们非常关注香港的过渡时期[M]//邓小平. 邓小平文选：第三卷. 北京：人民出版社，1993：67.

② 邓小平. 保持香港的繁荣和稳定[M]//邓小平. 邓小平文选：第三卷. 北京：人民出版社，1993：73.

邓小平指出，"不能排除使用武力，我们要记住这一点，我们的下一代要记住这一点。这是一种战略考虑"①。解决台湾问题、实现祖国的完全统一，寄希望于台湾人民。

"一国两制"构想是邓小平运用辩证唯物主义和历史唯物主义，坚持实事求是，把和平共处原则用于解决一个国家的统一问题，既体现了坚持祖国统一、维护国家主权的原则性，又体现了照顾历史实际和现实可能的灵活性，是对马克思主义国家学说的创造性发展。

6.10 党的建设理论

进入改革开放的新时期，为适应新的形势和任务，我们亟须加强和改善党的领导。20 世纪 80 年代初期以后，邓小平指出："为了坚持党的领导，必须努力改善党的领导。"②

6.10.1 加强党的思想建设

从思想上建党是马克思主义建党学说的重要原则。毛泽东曾强调，我们不仅组织上要入党，而且思想上要入党。加强党的思想建设，必须加强学习马克思主义基本理论。邓小平强调，要重点学习马克思主义哲学，从而加强工作中的原则性、系统性、预见性和创造性，努力提高党的执政能力和领导水平。他还强调，学习马克思主义要精，要学以致用，在管用上狠下功夫。

6.10.2 加强党的组织建设

针对党内思想僵化的状况，邓小平强调，要加强党的民主集中制。首先，他指出："民主集中制没有真正实行，离开民主讲集中，民主太少。……这种状况不改变，怎么能叫大家解放思想，开动脑筋?"③ 其次，要在民主的基础上强调集中，实现全党意志、智慧的凝聚和行动的一致。邓小平提出，必须自觉地坚持"个人服从组织，少数服从多数，下级服从上级，全党服从中央"④ 的原则。民主与集中相辅相

---

① 邓小平. 在中央顾问委员会第三次全体会议上的讲话[M]//邓小平. 邓小平文选：第三卷. 北京：人民出版社，1993：87.
② 邓小平. 目前的形势和任务[M]//邓小平. 邓小平文选：第二卷. 2 版. 北京：人民出版社，1994：268.
③ 邓小平. 解放思想，实事求是，团结一致向前看[M]//邓小平. 邓小平文选：第二卷. 2 版. 北京：人民出版社，1994：144.
④ 中国共产党第十一届中央委员会第五次全体会议. 关于党内政治生活的若干准则[M]//中共中央文献研究室. 三中全会以来重要文献选编：上. 北京：中央文献出版社，2011：363.

成，内在统一。

中国的事情能不能办好，从一定意义上说，关键在人。邓小平认为："我们一定要认识到，认真选好接班人，这是一个战略问题，是关系到我们党和国家长远利益的大问题。"① 我们要坚持德才兼备的原则，按照"革命化、年轻化、知识化、专业化"② 的方针，培养和选拔领导干部。

6.10.3 加强党的作风建设

执政党的党风问题关系到党的生死存亡。在转变作风上，邓小平响亮地提出了"高级干部要带头发扬党的优良传统"③ 的要求。他特别指出："为了整顿党风，搞好民风，先要从我们高级干部整起。"④

要充分认识反腐败斗争的紧迫性、长期性和艰巨性，把反腐败斗争摆在党风建设的突出位置。邓小平在改革开放之初，就多次提醒全党，要反对干部队伍中的不正之风和特殊化，警惕各种腐朽思想的侵袭。在南方谈话中，邓小平又特别指出："在整个改革开放过程中都要反对腐败。对干部和共产党员来说，廉政建设要作为大事来抓。"⑤唯有如此，我们才能做到让群众满意，增强党的凝聚力，更好地实现战略目标。

6.10.4 加强制度建设

加强党的建设一定要重视制度建设。邓小平指出："我们这么大一个国家，怎样才能团结起来、组织起来呢？一靠理想，二靠纪律。组织起来就有力量。"⑥ 通过总结历史经验教训，尤其是"文化大革命"的教训，邓小平指出，领导制度、组织制度问题更带有根本性、全局性、稳定性和长期性。党的十一届三中全会后，党在加强制度建设方面做了一系列努力，其中包括修订党章和健全党的各级代表大会制度、党内选举制度、党的监督制度，以及干部选举、任免、职务任期、离休和退休等一系列

① 邓小平. 高级干部要带头发扬党的优良传统[M]//邓小平. 邓小平文选：第二卷. 2 版. 北京：人民出版社，1994：222.

② 中共中央，国务院. 中共中央、国务院关于国营工业企业进行全面整顿的决定[M]//中共中央文献研究室. 三中全会以来重要文献选编：下. 北京：中央文献出版社，2011：385.

③ 邓小平. 高级干部要带头发扬党的优良传统[M]//中共中央文献研究室. 三中全会以来重要文献选编：上. 北京：中央文献出版社，2011：236.

④ 邓小平. 高级干部要带头发扬党的优良传统[M]//邓小平. 邓小平文选：第二卷. 2 版. 北京：人民出版社，1994：219.

⑤ 邓小平. 在武昌、深圳、珠海、上海等地的谈话要点[M]//邓小平. 邓小平文选：第三卷. 北京：人民出版社，1993：379.

⑥ 邓小平. 一靠理想二靠纪律才能团结起来[M]//邓小平. 邓小平文选：第三卷. 北京：人民出版社，1993：111.

制度，给党的建设注入了新的生机和活力。

6.11 独立自主和平外交理论

6.11.1 时代背景："和平与发展"

20世纪上半叶，时代主题可以概括为"战争与革命"。在此期间，爆发了两次世界大战，许多国家的民族解放运动和社会主义革命也是风起云涌。第二次世界大战后，美国、苏联两个超级大国进行核军备竞赛，大肆鼓吹核威胁。基于此种形势，在20世纪60—70年代，我们认为世界大战不可避免，应立足于早打、大打，以至于打核战争。进入20世纪80年代后，邓小平反复说明，虽然战争的危险还存在，但制约战争的力量有了可喜的发展，世界和平力量的增长超过战争力量的增长，在较长时间内不发生大规模的世界战争是可能的，维护世界和平是有希望的。另一方面，新科技革命推动下的经济社会快速发展使各国人民更加珍惜发展的机遇，求发展的愿望更加强烈。以改革求和平、谋发展、促合作，逐渐成为世界各国人民的普遍愿望。正是在这样的时代背景下，邓小平敏锐地把握了国际形势的重大变化，对时代主题的转换作出了科学判断。1985年，邓小平指出："现在世界上真正大的问题，带全球性的战略问题，一个是和平问题，一个是经济问题或者说发展问题。和平问题是东西问题，发展问题是南北问题。"[①] 1987年，党的十三大确认了和平与发展是当今世界的两大主题这一深刻论断。

6.11.2 实行独立自主的和平外交政策

中国的对外政策是一贯的，有三句话：第一句话是反对霸权主义；第二句话是维护世界和平；第三句话是加强同第三世界的团结与合作。事实上，这是在邓小平外交思想的基础上总结和提炼出来的，符合当代世界发展大潮流，也是对我国发展具体国情的正确判断。在此基础上，邓小平倡导和平外交政策，反对霸权主义。他强调，"反对霸权主义、维护世界和平是我们真实的政策，是我们对外政策的纲领"[②]。20世纪80年代末90年代初，在世界社会主义阵营遭遇巨大挫折时，邓小平纵观全局，高瞻远瞩，对错综复杂的国际形势作出了精辟的判断，对我国对外关系提出了重要的指导方针。他指出，"对于国际局势，概括起来就是三句话：第一句话，冷静观察；

---

① 邓小平.和平和发展是当代世界的两大问题 [M]//邓小平.邓小平文选：第三卷.北京：人民出版社，1993：105.

② 邓小平.中国的对外政策[M]//邓小平.邓小平文选：第二卷.2版.北京：人民出版社，1994：417.

第二句话，稳住阵脚；第三句话，沉着应付。不要急，也急不得。要冷静、冷静、再冷静，埋头实干，做好一件事，我们自己的事"①。这一方针为我国赢得了宝贵的发展机会。

6.11.3 邓小平外交思想的深远影响

在邓小平外交思想的指导下，1978 年改革开放以来，中国的外交事业不仅在理论上取得了丰硕成果，进一步完善了独立自主的和平外交政策，而且在实践中取得了巨大成就。第一，坚决捍卫了国家的根本利益。1982 年，邓小平提出按"一国两制"原则收回香港主权。经过艰苦谈判，中国政府于 1984 年 12 月和 1987 年 4 月，分别与英国和葡萄牙政府就对香港、澳门恢复行使主权签署联合声明。1997 年，香港正式回归祖国；1999 年，澳门正式回归祖国。第二，积极发展中国同发达国家之间的关系。1979 年 1 月，中美正式建交，两国各领域的交流与合作稳步发展。中国同苏联之间的关系逐步缓和，于 1989 年 5 月实现了中苏关系正常化。中国同日本、西欧及东欧国家的务实合作有了长足发展。第三，实施积极的多边外交方针。积极开展以联合国为舞台的多边外交活动，在邓小平外交思想的指引下，中国外交在保持对外大政方针的连续性和稳定性的基础上，不断开拓外交理论和实践创新的新境界。

学习检测

一、判断题

1. 1987 年，在党的十一届三中全会开幕前的一次中央工作会议上，邓小平作题为《解放思想，实事求是，团结一致向前看》的重要讲话，这实际上成为党的十一届三中全会的主题报告。　　　　　　　　　　　　　　　　　　　　（　　）

2. 1978 年 5 月 11 日，《人民日报》第一版正下方赫然刊登了一篇名为《实践是检验真理的唯一标准》的文章。　　　　　　　　　　　　　　　　　（　　）

3. 解放思想、实事求是，是邓小平理论的精髓。　　　　　　　　　　（　　）

4. 20 世纪 50 年代末 60 年代初，毛泽东在初步总结经验和教训后，认识到中国建设社会主义的艰巨性、复杂性和长期性。　　　　　　　　　　　　　（　　）

---

① 邓小平. 改革开放政策稳定，中国大有希望[M]//邓小平. 邓小平文选：第三卷. 北京：人民出版社，1993：321.

5. 1992 年，党的十四大正式提出并确立了党在社会主义初级阶段的基本路线。

（　　）

6. 目前，我国处在社会主义初级阶段，这就意味着我国社会的发展程度比较成熟、完善和发达。（　　）

7. 生产力是社会发展最根本的决定性因素，社会主义的根本任务就是发展生产力。（　　）

8. 社会主义的本质，是解放生产力，发展生产力，消灭剥削，消除两极分化，最终达到共同富裕。（　　）

9. 在我国落后的生产力基础上实现现代化是一项艰巨的事业，必须分步骤、分阶段实现。（　　）

10. 在"三步走"发展战略中，第三步是到 20 世纪末，使国民生产总值再增长一倍，人民生活达到小康水平。（　　）

11. 1978 年 12 月 18 日至 22 日，党的十一届三中全会后，中国开始实施"对内改革，对外开放"的政策。中国的对内改革先从城市开始。（　　）

12. 1988 年 4 月，第七届全国人民代表大会通过了在海南省建立经济特区的决议。（　　）

13. 1980 年，党中央、国务院先后批准在深圳、珠海、厦门、汕头设置经济特区。（　　）

14. 改革开放是决定当代中国命运的关键抉择，是党和人民事业大踏步赶上时代的重要法宝。（　　）

15. 在改革开放开始后的很长一段时间内，我国经济体制改革的核心问题是如何正确认识和处理计划与市场的关系。（　　）

16. 计划经济不等于社会主义，资本主义也有计划；市场经济不等于资本主义，社会主义也有市场。计划和市场都是经济手段。（　　）

17. 党在改革开放的实践中对计划和市场关系的认识不断深化，1981 年党的十二届六中全会提出"在公有制基础上的有计划的商品经济"。（　　）

18. 1982 年，中共中央作出《关于建立老干部退休制度的决定》，这标志着废除实际存在的领导干部职务终身制。（　　）

19. 改革开放后，我国经济迅速发展，需要进一步推进权力下放工作，释放市场活力，给予企事业单位更多的自主选择权。（　　）

20. 我们需要从社会主义现代化建设总体布局的高度，正确认识社会主义精神文明建设的战略地位。（　　）

21. 1986 年 9 月，党的十二届六中全会作出的《中共中央关于社会主义精神文明建设指导方针的决议》指出，建设有中国特色的社会主义，把我国建设成为高度文明、高度民主的社会主义现代化国家，这就是现阶段我国各族人民的共同理想。

（　　）

22. 集体主义要求个人利益服从集体利益、国家利益，把集体利益、国家利益放在首位。 （　　）

23. 虽然社会在不断地进步与发展，但爱国主义的内涵是相同的，不会随着时代的改变而改变。 （　　）

24. "一国两制"构想最开始是针对香港和澳门问题提出来的。 （　　）

25. 实行两种制度是"和平统一、一国两制"构想的核心。 （　　）

26. 从思想上建党是马克思主义建党学说的重要原则。毛泽东曾强调，我们不仅组织上要入党，而且思想上要入党。 （　　）

27. 1979 年 1 月，中美正式建交，两国各领域的交流与合作稳步发展。 （　　）

28. 20 世纪上半叶，时代主题可以概括为"和平与发展"。 （　　）

二、单项选择题

1. 在 1978 年 12 月召开的（　　　）上，党重新确立了解放思想、实事求是的思想路线。

    A. 党的十一届三中全会　　　　　　B. 党的十一届四中全会

    C. 党的十二届三中全会　　　　　　D. 党的十二届四中全会

2. 解放思想、实事求是，是邓小平理论的（　　　）。

    A. 要义　　　　　B. 精髓　　　　　C. 主题　　　　　D. 核心

3. 毛泽东在《读苏联〈政治经济学教科书〉的谈话》中提出，社会主义可能分为两个阶段，包括（　　　）。

    A. 过渡阶段和发达阶段

    B. 发展过程阶段和高度发达阶段

    C. 不发达的社会主义阶段和高度发达的社会主义阶段

    D. 不发达的社会主义阶段和比较发达的社会主义阶段

4. 1987 年，党的十三大正式提出并确立了党在社会主义初级阶段的基本路线，即领导和团结全国各族人民，以（　　　）为中心，坚持四项基本原则，坚持改革开放，自力更生，艰苦创业，为把我国建设成为富强、民主、文明的社会主义现代化国家而奋斗。

    A. 经济建设　　　　　　　　　　　B. 政治建设

C. 文化建设   D. 社会建设

5. 社会主义的本质是解放生产力，发展生产力，消灭剥削，（　　　），最终达到共同富裕。

A. 消除城乡差别   B. 消除两极分化

C. 消除脑力劳动和体力劳动的差别   D. 消除阶级差别

6. 邓小平继承了马克思主义关于生产力的观点，认为（　　　）是社会发展最根本的决定性因素。

A. 政治制度   B. 意识形态

C. 生产力   D. 生产关系

7. 党的十三大把邓小平提出的"三步走"发展战略构想确定下来。其中，第一步是指，到1990年，实现国民生产总值比1980年翻一番，解决人民的（　　　）问题。

A. 小康   B. 温饱

C. 幸福   D. 富裕

8. 根据1987年所提出的"三步走"发展战略，到（　　　），基本实现现代化。

A. 20世纪末   B. 21世纪20年代

C. 21世纪中叶   D. 21世纪末

9. 1980年，党中央、国务院先后批准设立了经济特区，包括深圳、珠海、厦门和（　　　）。

A. 海口   B. 汕头

C. 上海   D. 广州

10. 1990年，党中央、国务院作出了开发与开放（　　　）新区的决定。

A. 雄安   B. 天津滨海

C. 上海浦东   D. 厦门

11. 在改革开放开始后的很长一段时间内，我国经济体制改革的核心问题是如何正确认识和处理（　　　）的关系。

A. 计划与市场   B. 投资与消费

C. 物质文明与精神文明   D. 经济发展与环境保护

12. 1992年，在南方谈话中，邓小平指出："计划多一点还是市场多一点，不是社会主义与资本主义的本质区别。计划经济不等于社会主义，资本主义也有计划；市场经济不等于资本主义，社会主义也有市场。计划和市场都是（　　　）。"

A. 政治手段   B. 文化手段

C. 经济手段   D. 社会手段

13. 1986年11月，邓小平在和日本首相中曾根康弘谈话时提出，近期的政治体制改革要向着三个目标进行，包括始终保持党和国家的活力；（　　）；调动基层和工人、农民、知识分子的积极性。

A. 克服官僚主义，提高工作效率　　　B. 发展社会主义社会的生产力

C. 建立社会主义法治国家　　　D. 巩固和扩大党的统一战线

14. 1986 年 9 月，党的十二届六中全会作出《中共中央关于社会主义精神文明建设指导方针的决议》，强调要培育有理想、有道德、（　　）、有纪律的社会主义公民。

A. 有文化　　　B. 有技术

C. 有作为　　　D. 有目标

15. 1983 年 10 月，邓小平提出"教育要面向（　　），面向世界，面向未来"的战略指导方针。

A. 民族　　　B. 国家

C. 现代化　　　D. 人民

16. （　　）的原则是"和平统一、一国两制"构想的核心，是发展两岸关系和实现和平统一的政治前提与根本保证。

A. 一种制度　　　B. 一种文化

C. 一个世界　　　D. 一个中国

17. 邓小平认为："我们一定要认识到，认真选好接班人，这是一个战略问题，是关系到我们党和国家长远利益的大问题。"我们要坚持德才兼备的原则，按照"革命化、年轻化、知识化、（　　）"的方针，培养和选拔领导干部。

A. 学术化　　　B. 专业化

C. 体系化　　　D. 规模化

18. 邓小平指出："我们这么大一个国家，怎样才能团结起来、组织起来呢？一靠理想，二靠（　　）。组织起来就有力量。"

A. 法律　　　B. 知识

C. 信仰　　　D. 纪律

19. 20 世纪 70 年代后期以来，以电子计算机、空间技术、生物工程的发明和应用为标志的现代科技革命大潮席卷全球，"冷战"格局开始瓦解并结束。在这种背景下，邓小平敏锐地察觉到，时代主题已经开始转变为（　　）。

A. "战争与和平"　　　B. "合作与共存"

C. "安全与环保"　　　D. "和平与发展"

20. 党的（　　）确认了和平与发展是当今世界的两大主题这一深刻论断。

A. 十二大　　　B. 十三大　　　C. 十四大　　　D. 十五大

重点·难点·热点

一、如何认识邓小平理论形成的社会历史条件

邓小平理论的形成有其深刻的时代背景、历史根据和现实依据。

（一）"和平与发展"成为时代主题是邓小平理论形成的时代背景

20世纪70年代，国际局势发生重大变化，"和平与发展"逐渐代替"战争与革命"成为时代主题。邓小平敏锐地指出，虽然战争的因素还存在，虽然世界还不太平，但是和平力量的增长速度更快，和平的力量有可能战胜战争的力量。首先，高新技术在军事上的广泛应用改变了现代战争的规模和强度，而这反过来又遏制了世界战争的爆发。邓小平在分析和平问题时说："现在有核武器，一旦发生战争，核武器就会给人类带来巨大的损失。"[1] 由于世界上有影响力的几个大国都拥有了具有毁灭性的核武器，因而谁也不敢轻易挑起大规模的战争，从而使和平成为可能。其次，世界和平力量的增长速度超过了战争力量的增长速度。经历了两次世界大战的洗礼，世界人民对和平的渴望无比强烈。要和平不要战争成为世界各国人民的心声。最后，世界新科技革命蓬勃发展，各国发展迫切需要一个和平的国际环境。世界各国要想加快本国的经济发展速度、提升本国在世界竞争中的地位，必须共同维持和平的世界环境。发展是发达国家和发展中国家共同的心声。发达国家为了保持自己在世界上的领先地位，必须加快本国的发展脚步；否则，其强国的地位就会受到挑战，面临被世界淘汰的危险。发展中国家也只有通过发展，才能迅速改变贫穷落后的面貌，真正保持民族独立、维护主权完整、实现社会稳定。据此，邓小平对时代主题的转换作出了科学判断。他指出："现在世界上真正大的问题，带全球性的战略问题，一个是和平问题，一个是经济问题或者说发展问题。"[2] 他还指出，"应当把发展问题提到全人类的高度来认识，要从这个高度去观察问题和解决问题"[3]。这就为党搞社会主义现代化建设奠定了基础，也为党在复杂、变幻的国际局势中保持冷静沉着、抓住机遇、发展自己提供了明确的指针。

---

① 邓小平.维护世界和平，搞好国内建设[M]//邓小平.邓小平文选：第三卷.北京：人民出版社，1993：56.

② 邓小平.和平和发展是当代世界的两大问题[M]//邓小平.邓小平文选：第三卷.北京：人民出版社，1993：105.

③ 邓小平.以和平共处五项原则为准则建立国际新秩序[M]//邓小平.邓小平文选：第三卷.北京：人民出版社，1993：282.

（二）社会主义建设的经验和教训是邓小平理论形成的历史根据

1956 年，毛泽东提出，要以苏联的经验为鉴戒，总结中国自己的经验，探索适合中国国情的社会主义道路。在探索过程中，中国共产党形成了一些正确的和比较正确的理论观点、方针政策、实践经验，但也犯了不少错误、走了不少弯路。例如，在经济上，急于求成；在政治上，坚持以阶级斗争为纲。究其原因，主要是中国共产党人没有完全搞清楚什么是社会主义、如何建设社会主义。党的十一届三中全会以后，以邓小平同志为主要代表的中国共产党人领导全党和全国人民，果断地纠正了这些错误，深刻地分析了它们出现的原因，又坚决地维护和继承了过去在理论与实践上所取得的一切积极成果。

（三）改革开放和社会主义现代化建设的实践是邓小平理论形成的现实依据

我国改革开放和社会主义现代化建设的崭新实践，是人民群众生机勃勃的伟大创造，是理论发展的源泉。以邓小平同志为主要代表的中国共产党人，始终站在时代潮流的前面，热情地支持、鼓励、保护、引导人民群众的这种创造，把丰富的实践经验上升为理论，深化了对我国社会主义现代化建设规律的认识。

二、如何认识邓小平理论的历史地位

（一）邓小平理论是对马克思列宁主义、毛泽东思想的继承和发展

邓小平理论是对马克思列宁主义、毛泽东思想的继承和发展，是全党和全国人民集体智慧的结晶。邓小平是我国改革开放和社会主义现代化建设的总设计师，对邓小平理论的创立作出了历史性的重大贡献。

邓小平理论围绕什么是社会主义、怎样建设社会主义的问题，系统回答了在中国这样经济文化比较落后的东方大国建设、巩固和发展社会主义的一系列基本问题，用一系列独创性的思想、观点，继承、丰富和发展了马克思列宁主义、毛泽东思想。

（二）邓小平理论是中国特色社会主义理论体系的开篇之作

邓小平作为中国特色社会主义理论的创立者，紧紧抓住"什么是社会主义、怎样建设社会主义"这个基本问题，响亮地提出了"走自己的道路，建设有中国特色的社会主义"[①]的伟大号召。从此，中国特色社会主义成为党全部理论和实践一以贯之的主题。

邓小平科学地回答了建设中国特色社会主义的一系列基本问题，成功地开创了中国特色社会主义。邓小平开创性地提出了社会主义的本质、社会主义初级阶段、"一

---

① 邓小平. 中国共产党第十二次全国代表大会开幕词[M]//邓小平. 邓小平文选：第三卷. 北京：人民出版社，1993：3.

国两制"等具有浓厚的中国特色的新概念、新范畴，建构了中国特色社会主义理论的基本框架。

邓小平理论第一次比较系统地初步回答了建设中国特色社会主义的一系列基本问题，形成了一个比较完备的科学体系，为我们坚持走自己的路，建设中国特色社会主义提供了根本遵循。

（三）邓小平理论是改革开放和社会主义现代化建设的科学指南

在邓小平理论指导下，改革开放后的中国发生了天翻地覆的变化。我国的社会生产力、综合国力和人民生活水平都迈上了一个大台阶，社会主义中国巍然屹立在世界东方。邓小平理论经过改革开放和社会主义现代化建设实践的检验，已经被证明是指导中国人民建设中国特色社会主义、保证中国在改革开放中实现国家繁荣富强和人民共同富裕的系统的科学理论。邓小平理论是改革开放和社会主义现代化建设的科学指南，是党和国家必须长期坚持的指导思想。

三、正确认识社会主义初级阶段的内涵

我国处在社会主义初级阶段是邓小平和我们党对当代中国基本国情的科学判断。我们讲解放思想、实事求是，从实际出发建设社会主义，最大的"实际"就是中国的基本国情。

在党的十三大召开前夕，邓小平强调指出："我们党的十三大要阐述中国社会主义是处在一个什么阶段，就是处在初级阶段，是初级阶段的社会主义。社会主义本身是共产主义的初级阶段，而我们中国又处在社会主义的初级阶段，就是不发达的阶段。一切都要从这个实际出发，根据这个实际来制订规划。"[①]

社会主义初级阶段由"社会主义"和"初级阶段"组成，前者是对我国现在社会制度性质的判断，后者是对我国社会主义社会发展程度、发展水平的认识。社会主义是共产主义的初级阶段，而中国又处在社会主义的初级阶段，就是不发达的阶段。因此，社会主义初级阶段是中国特色社会主义的社会性质与社会发展程度的统一。

社会主义初级阶段，一方面，说明我国已经建立了社会主义的基本制度，已经是一个社会主义性质的国家；另一方面，说明它不是已经得到充分发展的社会主义制度，而只是社会主义制度不发达、不成熟的初级阶段。我国社会主义的初级阶段，不是泛指任何国家进入社会主义都会经历的起始阶段，而是指我国在生产力落后、商品经济不发达条件下建设社会主义必然要经历的特定阶段。

---

① 邓小平. 一切从社会主义初级阶段的实际出发[M]//邓小平. 邓小平文选：第三卷. 北京：人民出版社，1993：252.

邓小平关于社会主义初级阶段的论断，使我们对社会主义建设的长期性、复杂性、艰巨性有了更加清醒的认识。邓小平在南方谈话中深刻地指出："我们搞社会主义才几十年，还处在初级阶段。巩固和发展社会主义制度，还需要一个很长的历史阶段，需要我们几代人、十几代人，甚至几十代人坚持不懈地努力奋斗，决不能掉以轻心。"① 社会主义初级阶段理论基于对中国国情的准确把握，揭示了当代中国的历史方位，是对马克思主义关于社会主义发展阶段理论的重大发展和重大突破，为建设中国特色社会主义提供了总依据。

四、如何认识社会主义初级阶段理论的重大意义

第一，只有把社会主义社会的性质同发展程度统一起来，才能深刻地理解和把握我国的基本国情。

第二，只有把社会主义社会的性质同发展程度统一起来，才能与那些囿于传统观念、超越阶段、追求不切实际的纯而又纯的社会主义，以及对改革开放过程中出现的新现象、新事物百般挑剔、横加指责的"左"的错误观点划清界限。

第三，只有把社会主义社会的性质同发展程度统一起来，才能正确批判那种在西方经济政治理论的支配下，怀疑和否定我国现代化的社会主义方向和道路、主张走资本主义道路的右的错误主张。

五、如何全面把握党的基本路线

第一，建设"富强、民主、文明的社会主义现代化国家"。这是党的基本路线规定的党在社会主义初级阶段的奋斗目标，体现了社会主义社会全面发展的要求。"富强"主要是经济领域的目标和要求，"民主"主要是政治领域的目标和要求，"文明"主要是思想文化领域的目标和要求。这三个目标在现实中表现为经济建设、政治建设、文化建设的统一。

第二，"一个中心、两个基本点"。这是实现社会主义现代化奋斗目标的基本途径。"一个中心"即"以经济建设为中心"，它回答了社会主义的根本任务问题，体现了发展生产力的本质要求。邓小平指出："离开了经济建设这个中心，就有丧失物质基础的危险。其他一切任务都要服从这个中心，围绕这个中心，决不能干扰它，冲击它。"② "两个基本点"是指"坚持四项基本原则""坚持改革开放"。"坚持四项基

---

① 邓小平. 在武昌、深圳、珠海、上海等地的谈话要点[M]//邓小平. 邓小平文选：第三卷. 北京：人民出版社，1993：379－380.

② 邓小平. 目前的形势和任务[M]//邓小平. 邓小平文选：第二卷. 2版. 北京：人民出版社，1994：250.

本原则",回答了解放和发展生产力的政治保证问题,体现了社会主义基本制度的要求;"坚持改革开放",回答了社会主义的发展动力和外部条件问题,体现了解放生产力的本质要求。邓小平强调:"这两个基本点是相互依存的。"①

第三,"领导和团结全国各族人民"。这是实现社会主义现代化奋斗目标的领导力量和依靠力量。中国共产党是中国特色社会主义事业的领导核心,中国特色社会主义事业要紧紧依靠全国各族人民。有了两者的结合,社会主义现代化事业就必定能够胜利。

第四,"自力更生,艰苦创业"。这既是党的优良传统,也是实现社会主义初级阶段奋斗目标的根本立足点。邓小平指出:"中国搞四个现代化,要老老实实地艰苦创业。我们穷,底子薄,教育、科学、文化都落后,这就决定了我们还要有一个艰苦奋斗的过程。"②

坚持党的基本路线是我们推进中国特色社会主义事业、完成中国特色社会主义现代化建设任务的最可靠保障。邓小平多次强调,要坚持党的基本路线不动摇:"要坚持党的十一届三中全会以来的路线、方针、政策,关键是坚持'一个中心、两个基本点'。不坚持社会主义,不改革开放,不发展经济,不改善人民生活,只能是死路一条。基本路线要管一百年,动摇不得。"③

党的基本路线在改革开放实践中不断充实和完善。党的十七大把"和谐"与"富强、民主、文明"一起写入了基本路线。党的十九大提出"为把我国建设成为富强民主文明和谐美丽的社会主义现代化强国而奋斗",进一步拓展了党的基本路线。

六、为什么说社会主义的根本任务是发展生产力

社会主义的根本任务是发展生产力,党和国家的工作重点是经济建设,这是党对我国社会主义建设经验教训和社会主要矛盾进行科学分析得出的最重要的结论。

第一,1981年6月,《中国共产党中央委员会关于建国以来党的若干历史问题的决议》进一步明确,在社会主义改造基本完成以后,我国所要解决的主要矛盾是人民日益增长的物质文化需要同落后的社会生产之间的矛盾。为此,必须大力发展生产

---

① 邓小平. 我国方针政策的两个基本点[M]//邓小平. 邓小平文选:第三卷. 北京:人民出版社,1993:248.

② 邓小平. 目前的形势和任务[M]//邓小平. 邓小平文选:第二卷. 2版. 北京:人民出版社,1994:257.

③ 邓小平. 在武昌、深圳、珠海、上海等地的谈话要点[M]//邓小平. 邓小平文选:第三卷. 北京:人民出版社,1993:370-371.

力，不断满足人民日益增长的物质文化需要。

第二，邓小平指出，"社会主义的优越性归根到底要体现在它的生产力比资本主义发展得更快一些、更高一些，并且在发展生产力的基础上不断改善人民的物质文化生活"①。

第三，在处于社会主义初级阶段的当代中国，发展生产力的任务尤为突出、尤为重要。邓小平强调，"贫穷不是社会主义，社会主义要消灭贫穷"②、"我们搞的是有中国特色的社会主义，是不断发展社会生产力的社会主义"③。

第四，我们搞革命，目的就是解放生产力，发展生产力。在建立社会主义制度后，为了巩固和发展社会主义，必须进一步解放生产力和发展生产力。

七、为什么说"发展才是硬道理"

邓小平强调："发展才是硬道理。"④ 中国解决所有问题的关键是要靠自己的发展。

第一，维护世界和平，反对霸权主义，离不开发展。

第二，振兴中华民族，使中国岿然屹立于世界民族之林，离不开发展。

第三，坚持和完善社会主义制度，说服那些不相信社会主义优越性的人们，离不开发展。

第四，解决国内各种问题，保持稳定局面，做到长治久安，离不开发展。

第五，发展社会主义民主，健全社会主义法制，离不开发展。

第六，加强精神文明建设，提高全社会的文明程度，离不开发展。

第七，坚持"一国两制"方针，和平统一祖国，离不开发展。

八、如何实现"三步走"发展战略目标

"三步走"发展战略把我国社会主义现代化建设的目标具体化为切实可行的步骤，为基本实现现代化明确了发展方向、展现了美好的前景，成为全国人民为共同理想而努力奋斗的行动纲领。如何实现这一目标呢？

第一，为了顺利地实现现代化发展战略，邓小平提出了"台阶式"发展的思想，

---

① 邓小平. 建设有中国特色的社会主义[M]//邓小平. 邓小平文选：第三卷. 北京：人民出版社，1993：63.

② 邓小平. 政治上发展民主，经济上实行改革[M]//邓小平. 邓小平文选：第三卷. 北京：人民出版社，1993：116.

③ 邓小平. 社会主义的中国谁也动摇不了[M]//邓小平. 邓小平文选：第三卷. 北京：人民出版社，1993：328.

④ 邓小平. 在武昌、深圳、珠海、上海等地的谈话要点[M]//邓小平. 邓小平文选：第三卷. 北京：人民出版社，1993：377.

要求抓住机遇，加快发展，争取隔几年使国民经济上一个新台阶。他明确指出，"在今后的现代化建设长过程中，出现若干个发展速度比较快、效益比较好的阶段，是必要的，也是能够办到的"①。

第二，为了顺利地实现现代化发展战略，邓小平提出了允许和鼓励一部分地区、一部分人先富起来，逐步达到共同富裕的思想。邓小平提出，沿海一些地区要走在全国其他地区的前面，率先实现现代化，以更好地带动全国的现代化。内地要根据自己的条件加快建设步伐，国家要尽力支持内地的发展，沿海地区要注意带动和帮助内地的发展。

第三，为了顺利地实现现代化发展战略，邓小平提出了以重点带动全局的思想。1982年9月，他提出了三个战略重点：一是农业；二是能源和交通；三是教育和科学。农业是我国国民经济发展的基础，没有农业现代化，就没有中国的现代化。能源和交通，是我国国民经济发展的突出薄弱环节，必须集中必要的力量，保证能源和交通通讯优先发展。教育和科学，是我国经济发展的关键。实现经济现代化，最后还是要靠科技和教育。发展科学技术，不抓教育不行。教育是一个民族最根本的事业，要面向现代化，面向世界，面向未来。

九、如何理解改革是中国的第二次革命

"坚持改革开放是决定中国命运的一招。"② 改革开放是建设中国特色社会主义、实现中华民族伟大复兴的动力。历史证明，只有社会主义才能救中国，只有改革开放才能发展中国。改革开放是我国的强国之路，我们必须毫不动摇地坚持。

邓小平指出："革命是解放生产力，改革也是解放生产力。推翻帝国主义、封建主义、官僚资本主义的反动统治，使中国人民的生产力获得解放，这是革命，所以革命是解放生产力。社会主义基本制度确立以后，还要从根本上改变束缚生产力发展的经济体制，建立起充满生机和活力的社会主义经济体制，促进生产力的发展，这是改革，所以改革也是解放生产力。"③ 从这个意义上来说，正如邓小平所说："改革是中国的第二次革命。"④ 中国共产党领导的第一次革命，把一个半殖民地半封建的旧中国变成了一个社会主义新中国；中国共产党领导的第二次革命，将把一个经济文化比较落后的社会主义中国变成一个现代化的社会主义国家。

---

① 邓小平. 在武昌、深圳、珠海、上海等地的谈话要点[M]//邓小平. 邓小平文选：第三卷. 北京：人民出版社，1993：377.

② 邓小平. 总结经验，使用人才[M]//邓小平. 邓小平文选：第三卷. 北京：人民出版社，1993：368.

③ 邓小平. 在武昌、深圳、珠海、上海等地的谈话要点[M]//邓小平. 邓小平文选：第三卷. 北京：人民出版社，1993：370.

④ 邓小平. 改革是中国的第二次革命[M]//邓小平. 邓小平文选：第三卷. 北京：人民出版社，1993：113.

改革作为一次新的革命，不是也不允许否定和抛弃我们建立起来的社会主义基本制度，它是社会主义制度的自我完善和发展。改革既不是一个阶级推翻另一个阶级那种原来意义上的革命，也不是对原有经济体制细枝末节的修补，而是对体制的根本性变革。它的实质和目标是要从根本上改变束缚我国生产力发展的经济体制，建立充满生机和活力的社会主义新经济体制；同时，相应地改革政治体制和其他方面的体制，以实现中国的社会主义现代化。总之，"改革促进了生产力的发展，引起了经济生活、社会生活、工作方式和精神状态的一系列深刻变化"[①]。

十、如何全面把握"开放"

"现在的世界是开放的世界"[②]，我们必须坚持走对外开放的道路。

第一，对外开放是建设中国特色社会主义的一项基本国策。历史经验一再告诉我们，关起门来搞建设是不行的，把自己孤立于世界之外是不利的。邓小平在回顾我国历史时曾指出："因为现在任何国家要发达起来，闭关自守都不可能。我们吃过这个苦头，我们的老祖宗吃过这个苦头。恐怕明朝明成祖时候，郑和下西洋还算是开放的。明成祖死后，明朝逐渐衰落。以后清朝康乾时代，不能说是开放。……长期闭关自守，把中国搞得贫穷落后，愚昧无知。……历史经验教训说明，不开放不行。"[③]我们只有坚持实行对外开放，积极参与国际经济竞争和合作，发挥自己的比较优势，使国内经济与国际经济实现必要的互接互补，加上自己的艰苦奋斗、自力更生、不断创新，才能赶上时代、赶上当代世界的科技和经济发展。

第二，对外开放既包括对发达国家的开放，也包括对发展中国家的开放，是对世界所有国家的开放。它不仅包括经济领域的开放，而且包括科技、教育、文化等领域的开放。

第三，实行对外开放，要正确对待资本主义社会创造的现代文明成果。邓小平指出："我们过去有一段时间，向先进国家学习先进的科学技术被叫作'崇洋媚外'。现在大家明白了，这是一种蠢话。我们派了不少人出去看看，使更多的人知道世界是什么面貌。关起门来，固步自封，夜郎自大，是发达不起来的。"[④]资本主义社会经过几百年的发展，取得了许多文明成果。社会主义必须大胆借鉴、吸收资本主义社会

---

① 邓小平. 在中国共产党全国代表会议上的讲话[M]//邓小平. 邓小平文选：第三卷. 北京：人民出版社，1993：142.

② 邓小平. 建设有中国特色的社会主义[M]//邓小平. 邓小平文选：第三卷. 北京：人民出版社，1993：64.

③ 邓小平. 在中央顾问委员会第三次全体会议上的讲话[M]//邓小平. 邓小平文选：第三卷. 北京：人民出版社，1993：90.

④ 邓小平. 实行开放政策，学习世界先进科学技术[M]//邓小平. 邓小平文选：第二卷. 2版. 北京：人民出版社，1994：132.

发展的经验，并且结合新的实践进行创造，使其为我所用，这样才能加快发展，赢得与资本主义相比较的优势。

第四，实行对外开放，要高度珍惜并坚决维护中国人民经过长期奋斗得来的独立自主权利。邓小平指出："中国的事情要按照中国的情况来办，要依靠中国人自己的力量来办。独立自主，自力更生，无论过去、现在和将来，都是我们的立足点。……任何外国不要指望中国做他们的附庸，不要指望中国会吞下损害我国利益的苦果。"①

十一、如何全面理解社会主义市场经济理论

建立社会主义市场经济体制是党的一个伟大创举，是我国经济体制改革在实践和理论上的重大突破。早在 1979 年，邓小平就曾指出："说市场经济只存在于资本主义社会，只有资本主义的市场经济，这肯定是不正确的。社会主义为什么不可以搞市场经济，这个不能说是资本主义。我们是计划经济为主，也结合市场经济，但这是社会主义的市场经济。"② 社会主义市场经济理论的要点有以下几个方面：

第一，计划经济和市场经济不是划分社会制度的标志，计划经济不等于社会主义，市场经济也不等于资本主义。

第二，计划和市场都是经济手段，对经济活动的调节各有优势和长处。社会主义实行市场经济，要把两者结合起来。

第三，市场经济作为资源配置的一种方式，其本身不具有制度属性，可以与不同的社会制度相结合，从而表现出不同的性质。坚持社会主义制度与市场经济相结合是社会主义市场经济的特色所在、优势所在。

十二、为什么要进行政治体制改革

政治体制改革就是在坚持社会主义根本政治制度的前提下，对党和国家的领导制度、管理体制、工作方式等方面存在的弊端进行改革。

第一，政治体制改革是发展社会主义民主和健全社会主义法制的需要。政治体制改革就是要改革具体的领导制度、管理体制、工作方式，实现社会主义制度的自我完善和发展。

第二，政治体制改革是经济体制改革逐步深入发展的要求。建立和发展社会主义

---

① 邓小平. 中国共产党第十二次全国代表大会开幕词[M]//邓小平. 邓小平文选：第三卷. 北京：人民出版社，1993：3.

② 邓小平. 社会主义也可以搞市场经济[M]//邓小平. 邓小平文选：第二卷. 2 版. 北京：人民出版社，1994：236.

市场经济体制，必将引起社会经济关系和社会经济结构更为深刻的变化，要求上层建筑也相应地进行变革。"不改革政治体制，就不能保障经济体制改革的成果，不能使经济体制改革继续前进，就会阻碍生产力的发展，阻碍四个现代化的实现。"①

第三，政治体制改革是保证国家长治久安和稳定发展的需要。通过政治体制改革，实现社会主义民主制度化、法律化，这样才能保证国家的长治久安和稳定发展。邓小平指出："我们过去发生的各种错误，固然与某些领导人的思想、作风有关，但是组织制度、工作制度方面的问题更重要。这些方面的制度好可以使坏人无法任意横行，制度不好可以使好人无法充分做好事，甚至会走向反面。"② 因此，"领导制度、组织制度问题更带有根本性、全局性、稳定性和长期性。这种制度问题，关系到党和国家是否改变颜色，必须引起全党的高度重视"③。

十三、为什么说社会主义精神文明建设是社会主义现代化建设的重要保证

第一，社会主义精神文明作为正确的思想价值导向，从思想上保证我国社会主义现代化建设的正确方向。

第二，社会主义精神文明建设为社会主义现代化建设提供强大的精神动力。加强社会主义精神文明建设，能够提高劳动者的道德素质、激发劳动者的生产热情，从而形成推动现代化建设的强大精神力量。

第三，社会主义精神文明建设为社会主义现代化建设提供智力支持。社会主义精神文明建设能够提高劳动者的科学文化素质、开发人的智力。

第四，社会主义精神文明建设为社会主义现代化建设创造安定团结的社会环境。加强社会主义精神文明建设、创造更多健康的精神产品，就能够满足人民群众的文化生活需要，这有利于维护和发展安定团结的政治局面与良好的社会环境。

十四、如何理解"一手抓物质文明，一手抓精神文明"的思想

邓小平从不同角度、不同层面，在不同场合，针对不同问题，反复阐述这一思想的重要性，把它提高到战略地位。

第一，我们要建设的社会主义国家，不但要有高度的物质文明，而且要有高度的精神文明。不改革开放、不搞现代化建设会葬送社会主义，不建设精神文明同样会葬

① 邓小平. 关于政治体制改革问题[M]//邓小平. 邓小平文选：第三卷. 北京：人民出版社，1993：176.
② 邓小平. 党和国家领导制度的改革[M]//邓小平. 邓小平文选：第二卷. 2版. 北京：人民出版社，1994：333.
③ 邓小平. 党和国家领导制度的改革[M]//邓小平. 邓小平文选：第二卷. 2版. 北京：人民出版社，1994：333.

送社会主义。

第二，物质文明建设和精神文明建设相辅相成、相互促进。越是集中精力发展经济，越是加快改革开放的步伐，就越需要社会主义精神文明提供强大的精神动力和智力支持，以保证物质文明建设的顺利进行。

第三，精神文明重在建设。精神文明建设具有自身内在的发展规律，有着历史的继承性，它与物质文明有着不平衡性、不同步性的关系，精神文明重在建设，所以要"抓"精神文明建设，不但要"抓"，并且要"硬"。

十五、全面认识"和平统一、一国两制"构想的基本内容

"完成祖国统一大业，是中华民族的根本利益所在，是全中国人民包括台湾同胞、港澳同胞和海外侨胞的共同愿望。"① 反对分裂、坚持统一是中华民族自古以来的传统。中国共产党人始终把国家统一作为自己奋斗的一个重要目标。面对港澳台地区尚未统一的问题，邓小平指出："怎么解决这个问题，我看只有实行'一个国家，两种制度'。"② "和平统一、一国两制"构想主要包括以下四个方面：

第一，坚持一个中国。这是"和平统一、一国两制"构想的核心，是发展两岸关系和实现和平统一的基础。

第二，两制并存。在祖国统一的前提下，国家的主体部分实行社会主义制度；同时，香港、澳门、台湾保持原有的社会制度和生活方式长期不变。

第三，高度自治。祖国完全统一后，香港、澳门、台湾作为中央政府全面管辖下的特别行政区，享有不同于中国其他省、市、自治区的高度自治权，台湾、香港、澳门同胞的各种合法权益将得到切实的尊重和维护。

第四，尽最大努力争取和平统一，但不承诺放弃使用武力。

第五，解决台湾问题、实现祖国的完全统一，寄希望于台湾人民。

十六、党的十一届三中全会后，邓小平为加强党的制度建设提出了哪些方针和原则

加强党的建设一定要重视制度建设。通过总结历史经验教训，邓小平指出，领导制度、组织制度问题更带有根本性、全局性、稳定性和长期性。党的十一届三中全会以后，邓小平和党中央提出了关于加强党的制度建设的一系列方针和原则，主要包括

---

① 江泽民. 加快改革开放和现代化建设步伐，夺取有中国特色社会主义事业的更大胜利[M]//江泽民. 江泽民文选：第一卷. 北京：人民出版社，2006：251-252.

② 邓小平. 一个国家，两种制度[M]//邓小平. 邓小平文选：第三卷. 北京：人民出版社，1993：59.

以下几个方面：

第一，党领导人民制定了宪法和法律，党必须在宪法和法律规定的范围内活动。

第二，党章是最根本的党规、党法，各级党组织和每个党员都要按党章办事。

第三，健全党的各级代表大会制度、党内选举制度、党的组织生活制度、集体领导和个人分工负责相结合的制度，保证党内生活的民主化。

第四，健全干部选举、招考、任免、考核、弹劾、轮换、职务任期以及离休、退休等一整套制度，废除实际存在的干部领导职务终身制，逐步形成优秀人才能够脱颖而出、富有生机和活力的用人机制。

第五，完善党内监督制度，把党内监督同群众监督、舆论监督、民主党派和无党派人士的监督结合起来，把自上而下和自下而上的监督结合起来，逐步形成强有力的监督体系等。

拓展阅读

［1］邓小平. 解放思想，实事求是，团结一致向前看［M］//邓小平. 邓小平文选：第二卷. 2 版. 北京：人民出版社，1994：140 – 153.

［2］邓小平. 在武昌、深圳、珠海、上海等地的谈话要点［M］//邓小平. 邓小平文选：第三卷. 北京：人民出版社，1993：370 – 383.

［3］列宁. 国家与革命［M］//中共中央马克思恩格斯列宁斯大林著作编译局. 列宁专题文集：论社会主义. 北京：人民出版社，2009：23 – 42.

［4］毛泽东. 读苏联《政治经济学教科书》的谈话（节选）［M］//中共中央文献研究室. 毛泽东文集：第八卷. 北京：人民出版社，1999：103 – 148.

［5］习近平. 在纪念邓小平同志诞辰 110 周年座谈会上的讲话［M］. 北京：人民出版社，2014.

［6］邓小平. 一切从社会主义初级阶段的实际出发［M］//邓小平. 邓小平文选：第三卷. 北京：人民出版社，1993：251 – 252.

［7］邓小平. 善于利用时机解决发展问题［M］//邓小平. 邓小平文选：第三卷. 北京：人民出版社，1993：363 – 365.

［8］邓小平. 科学技术是第一生产力［M］//邓小平. 邓小平文选：第三卷. 北京：人民出版社，1993：274 – 276.

［9］邓小平. 社会主义首先要发展生产力［M］//邓小平. 邓小平文选：第二卷. 2 版. 北京：人民出版社，1994：311 – 314.

［10］邓小平. 改革是中国的第二次革命［M］//邓小平. 邓小平文选：第三卷.

北京：人民出版社，1993：113 - 114.

[11] 邓小平. 改革是中国发展生产力的必由之路[M]//邓小平. 邓小平文选：第三卷. 北京：人民出版社，1993：136 - 140.

[12] 邓小平. 加强四项基本原则教育，坚持改革开放政策[M]//邓小平. 邓小平文选：第三卷. 北京：人民出版社，1993：201 - 202.

[13] 邓小平. 社会主义和市场经济不存在根本矛盾[M]//邓小平. 邓小平文选：第三卷. 北京：人民出版社，1993：148 - 151.

[14] 邓小平. 计划和市场都是发展生产力的方法[M]//邓小平. 邓小平文选：第三卷. 北京：人民出版社，1993：203.

[15] 邓小平. 建设社会主义的物质文明和精神文明[M]//邓小平. 邓小平文选：第三卷. 北京：人民出版社，1993：27 - 28.

[16] 邓小平. 旗帜鲜明地反对资产阶级自由化[M]//邓小平. 邓小平文选：第三卷. 北京：人民出版社，1993：194 - 197.

[17] 邓小平. 中国必须在世界高科技领域占有一席之地[M]//邓小平. 邓小平文选：第三卷. 北京：人民出版社，1993：279 - 280.

[18] 邓小平. 尊重知识，尊重人才[M]//邓小平. 邓小平文选：第二卷. 2版. 北京：人民出版社，1994：40 - 41.

[19] 邓小平. 在全国教育工作会议上的讲话[M]//邓小平. 邓小平文选：第二卷. 2版. 北京：人民出版社，1994：103 - 110.

[20] 邓小平. 我们对香港问题的基本立场[M]//邓小平. 邓小平文选：第三卷. 北京：人民出版社，1993：12 - 15.

[21] 邓小平. 中国大陆和台湾和平统一的设想[M]//邓小平. 邓小平文选：第三卷. 北京：人民出版社，1993：30 - 31.

[22] 邓小平. 一个国家，两种制度[M]//邓小平. 邓小平文选：第三卷. 北京：人民出版社，1993：58 - 61.

[23] 邓小平. 和平和发展是当代世界的两大问题[M]//邓小平. 邓小平文选：第三卷. 北京：人民出版社，1993：104 - 106.

[24] 邓小平. 以和平共处五项原则为准则建立国际新秩序[M]//邓小平. 邓小平文选：第三卷. 北京：人民出版社，1993：281 - 283.

[25] 邓小平. 中国永远不允许别国干涉内政[M]//邓小平. 邓小平文选：第三卷. 北京：人民出版社，1993：359 - 361.

 **专题七 "三个代表"重要思想**

学习目标

1. 掌握"三个代表"重要思想的科学内涵。
2. 掌握社会主义市场经济。
3. 理解新"三步走"发展战略思想。
4. 掌握物质文明、政治文明和精神文明协调发展的思想。
5. 理解经济全球化背景下对外开放的新局面。
6. 掌握党的建设新的伟大工程。

专题导学

1. 视频学习中重要事件坐标

- "三个代表"重要思想的核心观点
- 社会主义市场经济体制的建立和完善
- 新"三步走"发展战略思想
- "三大文明"协调发展的思想
- 经济全球化背景下的对外开放新局面
- 推进党的建设新的伟大工程

2. 内容导引

20世纪80年代末90年代初，东欧剧变、苏联解体，国际共产主义运动遭受重大挫折。中国面临的国际形势错综复杂，承受的压力巨大。但"和平与发展"仍是时代主题，以信息技术为核心的高新技术日新月异。中国共产党作为长期执政党，其所处的地位、肩负的任务、自身的状况都发生了重大变化，这就需要进一步提高党的领导水平和执政水平，提高拒腐防变和抵御风险的能力。党的十三届四中全会以后，中国特色社会主义建设取得了巨大成绩，但存在的问题也不容忽视。

面对新的世情、国情、党情，以江泽民同志为主要代表的中国共产党人高举中国特色社会主义伟大旗帜，坚持改革开放，把发展作为党执政兴国的第一要务，坚持"三大文明"协调发展，推进党的建设新的伟大工程，进一步回答了"什么是社会主义、怎样建设社会主义"的问题，创造性地回答了"建设什么样的党、怎样建设党"的问题，形成了"三个代表"重要思想，深化了对中国特色社会主义的认识。

3. 想一想

"三个代表"重要思想是一个完整科学的理论体系，是中国特色社会主义理论体系的重要组成部分，是我们党必须长期坚持的指导思想。那么，"三个代表"重要思想的核心观点是什么？为什么说"三个代表"重要思想进一步回答了"什么是社会主义、怎样建设社会主义"的问题，创造性地回答了"建设什么样的党、怎样建设党"的问题？让我们在本专题领会"三个代表"重要思想的真谛。

视频内容简介

7.1 "三个代表"重要思想的核心观点

20世纪80年代末90年代初，国际共产主义运动遭受重大挫折，以美国为首的西方集团显示了强硬的态势，但"和平与发展"仍是时代主题，世界多极化、经济全球化愈加明显，以信息技术为核心的高新技术日新月异。在这样的背景下，如何实现更好的发展是党必须回答的问题。

我们党已经成为领导人民掌握全国政权并长期执政的党，党所处的地位、肩负的任务、自身的状况都发生了重大变化。党的队伍总体上是好的，但也存在不同程度的思想僵化、信念动摇、道德滑坡、组织涣散和腐败等不良现象。进一步提高党的领导水平和执政水平，提高拒腐防变和抵御风险的能力，是我们党必须解决好的两大历史性课题。

党的十三届四中全会以后，我们党从容应对关系到我国主权和安全的国际突发事件，战胜了在政治、经济领域和自然界出现的困难和风险。成绩是巨大的，问题是多方面、深层次的。如何完善社会主义市场经济体制、推进政治体制改革，如何解决经济发展与资源、环境之间的矛盾等，都是摆在中国共产党面前必须研究解决的紧迫而重大的问题。

面对新的世情、国情、党情，党的第三代中央领导集体坚持与时俱进，形成了"三个代表"重要思想。2000年2月25日，江泽民在广东省考察工作时，首次对"三个代表"重要思想进行了比较全面的阐述。2001年7月1日，江泽民在庆祝中国共产党成立八十周年大会上的讲话中全面阐述了"三个代表"重要思想的科学内涵和基本内容。

7.1.1 始终代表中国先进生产力的发展要求

始终代表中国先进生产力的发展要求，就是党的理论、路线、纲领、方针、政策和各项工作，必须努力符合生产力发展的规律，体现不断推动社会生产力的解放和发展的要求，尤其要体现推动先进生产力发展的要求，通过发展生产力不断提高人民群众的生活水平。

社会主义的根本任务是发展社会生产力。生产力是人类社会发展和进步的最终决定力量。科学技术是第一生产力，是先进生产力的集中体现和主要标志。科技进步和创新是发展生产力的决定因素。江泽民高度重视科学技术在推动社会生产力发展中的重要作用。他指出："振兴经济首先要振兴科技。"①

始终代表中国先进生产力的发展要求、大力促进先进生产力的发展，这是我们党保持先进性的根本体现和根本要求。"包括知识分子在内的工人阶级，广大农民，始终是推动我国先进生产力发展和社会全面进步的根本力量。"② 党要不断提高全体人民的思想道德素质和科学文化素质；实施人才战略，加强人才队伍建设。

7.1.2 始终代表中国先进文化的前进方向

始终代表中国先进文化的前进方向，就是党的理论、路线、纲领、方针、政策和各项工作，必须努力体现发展面向现代化、面向世界、面向未来的，民族的科学的大众的社会主义文化的要求，促进全民族思想道德素质和科学文化素质的不断提高，为我国经济发展和社会进步提供精神动力和智力支持。

发展先进文化，是实现社会主义现代化的战略任务。发展先进文化，就是发展中国特色社会主义的文化，就是建设社会主义精神文明。社会主义精神文明，既是我们进行改革开放和现代化建设的重要目标，也是搞好改革开放和现代化建设的重要保证。"在

---

① 江泽民. 加快改革开放和现代化建设步伐，夺取有中国特色社会主义事业的更大胜利[M]//江泽民. 江泽民文选：第一卷. 北京：人民出版社，2006：232.

② 江泽民. 全面建设小康社会，开创中国特色社会主义事业新局面[M]//江泽民. 江泽民文选：第三卷. 北京：人民出版社，2006：539.

当代中国，发展先进文化，就是发展面向现代化、面向世界、面向未来的，民族的科学的大众的社会主义文化，以不断丰富人们的精神世界，增强人们的精神力量。"①

发展社会主义先进文化，必须弘扬民族精神。江泽民指出："在五千多年的发展中，中华民族形成了以爱国主义为核心的团结统一、爱好和平、勤劳勇敢、自强不息的伟大民族精神。"② 井冈山精神、长征精神、大庆精神、抗洪精神等都是民族精神在不同历史时期的体现，是中华民族发展壮大的强大精神动力。

发展社会主义先进文化，必须加强社会主义思想道德建设，这是发展社会主义先进文化的重要内容和中心环节。"认真贯彻公民道德建设实施纲要，弘扬爱国主义精神，以为人民服务为核心、以集体主义为原则、以诚实守信为重点，加强社会公德、职业道德和家庭美德教育……广泛开展群众性精神文明创建活动。"③

发展社会主义先进文化，必须做好思想政治工作。思想政治工作是经济工作和其他一切工作的生命线，是我们党和社会主义国家的重要政治优势。

7.1.3　始终代表中国最广大人民的根本利益

始终代表中国最广大人民的根本利益，就是党的理论、路线、纲领、方针、政策和各项工作，必须坚持把人民的根本利益作为出发点和归宿，充分发挥人民群众的积极性主动性创造性，在社会不断发展进步的基础上，使人民群众不断获得切实的经济、政治、文化利益。

人民是我们国家的主人，是决定我国前途和命运的根本力量，是历史的真正创造者。我们党来自人民，植根于人民，服务于人民。江泽民指出："人心向背，是决定一个政党、一个政权兴亡的根本性因素。"④ 我们党作为执政党，必须高度关注人心向背问题。坚持"一切为了群众，一切相信群众，一切依靠群众，我们党就能获得取之不尽的力量源泉"⑤。我们党要始终坚持人民的利益高于一切，努力使全体人民共享经济社会发展的成果。

---

① 江泽民. 全面建设小康社会，开创中国特色社会主义事业新局面[M]//江泽民. 江泽民文选：第三卷. 北京：人民出版社，2006：559.
② 江泽民. 全面建设小康社会，开创中国特色社会主义事业新局面[M]//江泽民. 江泽民文选：第三卷. 北京：人民出版社，2006：559.
③ 江泽民. 全面建设小康社会，开创中国特色社会主义事业新局面[M]//江泽民. 江泽民文选：第三卷. 北京：人民出版社，2006：560.
④ 江泽民. 推动党风廉政建设和反腐败斗争深入开展[M]//江泽民. 江泽民文选：第三卷. 北京：人民出版社，2006：185.
⑤ 江泽民. 高举邓小平理论伟大旗帜，把建设有中国特色社会主义事业全面推向二十一世纪[M]//江泽民. 江泽民文选：第二卷. 北京：人民出版社，2006：45.

"我们党必须始终代表中国先进生产力的发展要求，代表中国先进文化的前进方向，代表中国最广大人民的根本利益。"① 这是对"三个代表"重要思想的集中概括。代表中国先进生产力的发展要求，代表中国先进文化的前进方向，代表中国最广大人民的根本利益，是统一的整体，相互联系、相互促进。其中，发展先进生产力，是发展先进文化、实现最广大人民根本利益的基础条件。人民群众是先进生产力和先进文化的创造主体，也是实现自身利益的根本力量。不断发展先进生产力和先进文化，归根到底都是为了满足人民群众日益增长的物质文化生活需要，不断实现最广大人民的根本利益。

7.2 社会主义市场经济体制的建立和完善

经济体制问题是改革开放面临的重要问题。党的十四大明确提出，"我国经济体制改革的目标是建立社会主义市场经济体制"②。1993 年 11 月，党的十四届三中全会通过的《中共中央关于建立社会主义市场经济体制若干问题的决定》，勾画了建立社会主义市场经济体制的基本框架和蓝图。到 20 世纪末，我国初步建立了社会主义市场经济体制。社会主义市场经济体制是同社会主义基本制度结合在一起的。江泽民指出，"我们搞的是社会主义市场经济，'社会主义'这几个字是不能没有的，这并非多余"③。

建立和完善社会主义市场经济体制，必须坚持和完善公有制为主体、多种所有制经济共同发展的社会主义基本经济制度。一方面，必须毫不动摇地巩固和发展公有制经济。坚持公有制为主体，其地位主要体现在：公有资产在社会总资产中占优势；国有经济控制国民经济命脉，对经济发展起主导作用。这是就全国而言的，有的地方、有的产业可以有所差别。公有资产占优势，不仅要有量的优势，更要注重质的提高。国有经济对于发挥社会主义制度的优越性，增强我国的经济实力、国防实力和民族凝聚力，具有关键性作用。另一方面，必须毫不动摇地鼓励、支持和引导非公有制经济发展。个体、私营等各种形式的非公有制经济是社会主义市场经济的重要组成部分。"放宽国内民间资本的市场准入领域，在投融资、税收、土地使用和对外贸易等方面采取措施，实现公平竞争"④，"打破行业垄断和地区封锁，促进商品和生产要素在全

---

① 江泽民. 全面建设小康社会，开创中国特色社会主义事业新局面 [M] //江泽民. 江泽民文选：第三卷. 北京：人民出版社，2006：536.

② 江泽民. 加快改革开放和现代化建设步伐，夺取有中国特色社会主义事业的更大胜利[M] //江泽民. 江泽民文选：第一卷. 北京：人民出版社，2006：226.

③ 江泽民. 社会主义市场经济体制是同社会主义基本制度结合在一起的[M] //江泽民. 论社会主义市场经济. 北京：中央文献出版社，2006：203.

④ 江泽民. 经济建设和经济体制改革[M] //江泽民. 论社会主义市场经济. 北京：中央文献出版社，2006：610.

国市场自由流动"①。

　　建立和完善社会主义市场经济体制，必须完善按劳分配为主体、多种分配方式并存的分配制度。在分配原则上，党的十四届三中全会通过的《中共中央关于建立社会主义市场经济体制若干问题的决定》提出，"允许属于个人的资本等生产要素参与收益分配"②。党的十五大报告指出，要"把按劳分配和按生产要素分配结合起来……允许和鼓励资本、技术等生产要素参与收益分配"③。党的十六大报告进一步提出，"确立劳动、资本、技术和管理等生产要素按贡献参与分配的原则"④。《中共中央关于建立社会主义市场经济体制若干问题的决定》提出了效率优先、兼顾公平的分配原则。"初次分配注重效率，发挥市场的作用，鼓励一部分人通过诚实劳动、合法经营先富起来。再分配注重公平，加强政府对收入分配的调节职能，调节差距过大的收入。规范分配秩序，合理调节少数垄断性行业的过高收入，取缔非法收入。以共同富裕为目标，扩大中等收入者比重，提高低收入者收入水平。"⑤

　　公有制的实现形式可以而且应该多样化，我们可以而且应该大胆利用一切反映社会化生产规律的经营方式和组织形式。股份制是现代企业的一种资本组织形式，有利于所有权和经营权的分离，有利于提高企业和资本的运作效率，资本主义和社会主义都可以用。大力推进企业的体制、技术和管理创新，建立中国特色现代企业制度。按照"产权清晰、权责明确、政企分开、管理科学"⑥的要求，对国有大中型企业实行规范的公司制改革。从1994年开始，国务院在100家国有大中型企业中进行建立现代企业制度的试点，在18个城市进行优化资本结构和资产重组的配套改革试点。对试点企业进行公司制、股份制改造，使企业成为自主经营、自负盈亏、自我发展、自我约束的市场主体。从1995年开始，党中央不断强调要从战略上调整国有经济布局，实施国有经济战略性改组，发挥国有经济主导作用。1999年，党的十五届四中全会通过的《中共中央关于国有企业改革和发展若干重大问题的决定》，确定了国有企业

　　① 江泽民. 经济建设和经济体制改革[M]//江泽民. 论社会主义市场经济. 北京：中央文献出版社，2006：611.
　　② 中国共产党第十四届中央委员会第三次全体会议. 中共中央关于建立社会主义市场经济体制若干问题的决定[M]//中共中央文献研究室. 十四大以来重要文献选编：上. 北京：中央文献出版社，2011：465.
　　③ 江泽民. 高举邓小平理论伟大旗帜，把建设有中国特色社会主义事业全面推向二十一世纪[M]//江泽民. 江泽民文选：第二卷. 北京：人民出版社，2006：22.
　　④ 江泽民. 全面建设小康社会，开创中国特色社会主义事业新局面[M]//江泽民. 江泽民文选：第三卷. 北京：人民出版社，2006：550.
　　⑤ 江泽民. 全面建设小康社会，开创中国特色社会主义事业新局面[M]//江泽民. 江泽民文选：第三卷. 北京：人民出版社，2006：550.
　　⑥ 中国共产党第十四届中央委员会第三次全体会议. 中共中央关于建立社会主义市场经济体制若干问题的决定[M]//中共中央文献研究室. 十四大以来重要文献选编：上. 北京：中央文献出版社，2011：453.

改革和发展的指导方针和主要目标,指出要提高国有经济的控制力,使国有经济在关系国民经济命脉的重要行业和关键领域占支配地位。到 2000 年年底,国有企业改革与脱困目标基本实现。

建立和完善社会保障体系是建立社会主义市场经济体制的重要内容。1996 年以来,国务院制定并颁布了《国务院关于建立统一的企业职工基本养老保险制度的决定》《失业保险条例》《社会保险费征缴暂行条例》和《国务院关于建立城镇职工基本医疗保险制度的决定》等一系列法规条令,初步形成了与社会主义市场经济体制相适应的、有中国特色的社会保障体系基本框架。

7.3 新"三步走"发展战略思想

为更好地实现党的十三大提出的第三步战略目标,以江泽民同志为主要代表的中国共产党人,经过党的十四大、党的十五大,逐渐把邓小平的"三步走"发展战略具体化,形成了新"三步走"发展战略。

1997 年,党的十五大报告指出:"展望下世纪,我们的目标是,第一个十年实现国民生产总值比二○○○年翻一番,使人民的小康生活更加宽裕,形成比较完善的社会主义市场经济体制;再经过十年的努力,到建党一百年时,使国民经济更加发展,各项制度更加完善;到世纪中叶建国一百年时,基本实现现代化,建成富强民主文明的社会主义国家。"① 这个新"三步走"发展战略是对邓小平"三步走"发展战略中第三步目标的进一步具体化,是邓小平"三步走"发展战略的发展。

2002 年,党的十六大报告提出了全面建设小康社会的奋斗目标,又对新"三步走"发展战略中的前两步做了更为详尽的阐述。报告指出,"我们要在本世纪头二十年,集中力量,全面建设惠及十几亿人口的更高水平的小康社会,使经济更加发展、民主更加健全、科教更加进步、文化更加繁荣、社会更加和谐、人民生活更加殷实。这是实现现代化建设第三步战略目标必经的承上启下的发展阶段,也是完善社会主义市场经济体制和扩大对外开放的关键阶段。经过这个阶段的建设,再继续奋斗几十年,到本世纪中叶基本实现现代化,把我国建成富强民主文明的社会主义国家"②。

---

① 江泽民. 高举邓小平理论伟大旗帜,把建设有中国特色社会主义事业全面推向二十一世纪[M]//江泽民. 江泽民文选:第二卷. 北京:人民出版社,2006:4.

② 江泽民. 全面建设小康社会,开创中国特色社会主义事业新局面[M]//江泽民. 江泽民文选:第三卷. 北京:人民出版社,2006:543.

20 世纪 80 年代以来，我国国民经济始终保持较高的增长速度。1995 年，我国国民生产总值达 5.77 万亿元，提前 5 年实现原定 2000 年国民生产总值比 1980 年翻两番的目标，随后又于 1997 年实现了人均国民生产总值比 1980 年翻两番的任务。人民生活总体上达到了小康水平。这是一个历史性的飞跃。但我们也要看到，这时的小康还是低水平的、不全面的、不平衡的，我们还需要经过长期的艰苦奋斗。

首先，我们达到的小康水平只是刚刚迈入小康社会的门槛，虽然经济总量达到一定水平，但是人均水平还很低。2000 年，我国的国内生产总值人均达到 800 多美元，与 1978 年相比，是一个了不起的进步，但与人均 4 000 美元的富裕阶段的国内生产总值相比，还有很大的差距。

其次，城市与乡村之间、不同地区之间、不同社会阶层之间在收入和生活水平上还存在很大差距。从地区看，东部地区达到小康水平的人口比重大，中西部地区则相对较小。据国家统计局分析，从我国人口看，到 2000 年全国基本达到小康水平的占 74.84%。

因此，随着我国进入全面建设小康社会、加快推进社会主义现代化的新的发展阶段，党中央立足我国的基本国情，提出了一系列重大的战略决策和重大部署，如走新型工业化道路、加快城镇化进程，以及实施可持续发展战略、西部大开发战略、人才强国战略、科教兴国战略等。这对于开创中国特色社会主义事业新局面、实现现代化建设第三步战略目标具有重大意义。

新"三步走"发展战略思想是针对未来我国社会如何实现快速、健康发展而提出的，它不仅为我国进入 21 世纪后如何实现快速、健康发展勾画了一幅比较清晰的蓝图，而且为后来"全面建成小康社会"的构想提供了依据。

7.4 "三大文明"协调发展的思想

7.4.1 物质文明、政治文明和精神文明的关系

在社会主义条件下，物质文明、政治文明、精神文明彼此紧密联系，又有各自的发展规律，互为条件、互为目的、相辅相成。物质文明的发展处于基础地位。物质文明不断发展，政治文明和精神文明的发展才有必要的物质条件。政治文明为物质文明的发展提供政治保证和法律保障，精神文明为物质文明的发展提供思想保证、精神动力和智力支持，它们对物质文明的发展能够产生巨大的促进作用。

2002 年 7 月 16 日，江泽民强调："建设有中国特色社会主义，应该是我国经济、政治、文化全面发展的进程，是我国社会主义物质文明、政治文明、精神文明全面建

设的进程。"① 要完成全面建设小康社会的目标，就要做到三个文明一起抓、使其协调发展。

7.4.2 推进"三大文明"协调发展

加强社会主义物质文明建设，必须始终紧紧抓住"发展"这个执政兴国的第一要务。江泽民反复强调："发展是硬道理，这是我们必须始终坚持的一个战略思想。"② 我们不仅要保持必要的发展速度，更要注重增长的质量，努力实现速度和结构、质量、效益相统一；要坚持走新型工业化道路，大力实施科教兴国战略、可持续发展战略和西部大开发战略。

建设社会主义政治文明，最根本的就是要坚持党的领导、人民当家作主和依法治国的有机统一。建设社会主义民主政治，必须坚持人民代表大会制度、中国共产党领导的多党合作和政治协商制度、民族区域自治制度，进一步扩大基层民主。

建设社会主义政治文明，必须坚持依法治国。在党的十五大上，江泽民明确提出了依法治国的概念及其内涵，它是党领导人民治理国家的基本方略。实行依法治国，必须"坚持有法可依、有法必依、执法必严、违法必究"③。人民法院建立了审判长、独任审判员选任制度，完善了人民陪审员制度，实行了立审分立、审执分立和审监分立制度，保证了司法的公正和效率。人民检察院全面建立了主诉检察官办案责任制、主办检察官办案责任制，推行了检务公开和检察长接待日，拓宽了为人民服务、接受人民监督的渠道。

建设社会主义政治文明，必须进行政治体制改革。推进政治体制改革，有利于增强党和国家的活力。比如，1998年政府实行机构改革，在转变职能方面迈出了更大的步伐，大幅度裁并国务院组成部门、精简人员编制。改革后除国务院办公厅外，国务院组成部门由原有的40个减少到29个。

建设社会主义精神文明，必须坚持马克思主义在意识形态领域的指导地位，发展面向现代化、面向世界、面向未来的，民族的科学的大众的社会主义文化。大力弘扬和培育民族精神，加强思想道德建设，"建立与社会主义市场经济相适应、与社会主

---

① 江泽民. 必须高度重视哲学社会科学的发展[M]//江泽民. 江泽民文选：第三卷. 北京：人民出版社，2006：490－491.

② 江泽民. 在新世纪把建设有中国特色社会主义事业继续推向前进[M]//江泽民. 江泽民文选：第三卷. 北京：人民出版社，2006：118.

③ 江泽民. 高举邓小平理论伟大旗帜，把建设有中国特色社会主义事业全面推向二十一世纪[M]//江泽民. 江泽民文选：第二卷. 北京：人民出版社，2006：30.

义法律规范相协调、与中华民族传统美德相承接的社会主义思想道德体系"①，引导人们树立正确的世界观、人生观和价值观。

社会主义物质文明、政治文明和精神文明是三位一体的，它们互为条件、互为目的、互相促进。正确把握三者之间的关系，对于不断促进物质文明、政治文明和精神文明的协调发展具有重要的意义。

7.5　经济全球化背景下的对外开放新局面

2001 年 12 月，中国正式加入世界贸易组织，成为其第 143 个成员。这表明中国的对外开放进入了一个新的阶段。

面对经济全球化趋势，中国以更加积极的姿态走向世界，完善全方位、多层次、宽领域的对外开放格局；同时，坚持"引进来"和"走出去"相结合。

全方位就是面向世界全面开放。无论对资本主义国家还是对社会主义国家，无论对发达国家还是对发展中国家，我国都要积极与之开展各方面的交流与合作。《政府工作报告——2003 年 3 月 5 日在第十届全国人民代表大会第一次会议上》指出，2002 年，我国外贸进出口总额达到 6 208 亿美元，世界贸易排名上升到第5 位。

多层次是指对外开放的格局是分步骤、有层次、逐步推进的，也就是根据我国各地区的具体实际和特点，通过经济特区、沿海开放城市、经济技术开发区、沿海经济开放区，以及内地、沿江、沿边、沿线等各种开放形式，形成由点到线、由线到片、由片到面全国范围内的多层次对外开放格局。1992 年 6 月，党中央、国务院决定开放长江沿岸的芜湖、九江、岳阳、武汉和重庆 5 个城市。不久，党中央、国务院进一步开放合肥、南昌、长沙、成都、郑州等 11 个内陆地区省会（首府）城市。同时，我国还逐步开放内陆边境的沿边城市。

宽领域就是立足我国国情，对国际商品市场、资本市场、技术市场、国际劳务市场进行开放，把对外开放拓宽到能源、交通等基础产业，以及金融、保险、房地产、科技教育、服务业等领域。也就是说，从其内容来讲，开放不仅仅局限于经济领域，而是经济、政治、军事、文化多方面的开放。

我国实施对外开放的基本国策，首先以"引进来"为主，通过积极引进大量国内急需的资金、设备、技术和短缺原材料，以及国外的管理经验来发展和壮大自己。

---

① 江泽民. 全面建设小康社会，开创中国特色社会主义事业新局面［M］//江泽民. 江泽民文选：第三卷. 北京：人民出版社，2006：560.

20 世纪 90 年代后期，我国在"引进来"的基础上又开始实施"走出去"的新战略。我国鼓励各种所有制企业"走出去"，开拓国际市场，到境外投资办企业，带动设备、零部件出口和劳务输出，开展带资承包、投资经营，提供无息、低息贷款。因此，江泽民强调指出："在新的条件下扩大对外开放，必须更好地实施'引进来'和'走出去'同时并举、相互促进的开放战略，努力在'走出去'方面取得明显进展。"①

7.6 推进党的建设新的伟大工程

鉴于对苏联、东欧国家共产党和其他国家执政党兴衰成败的思考，以及世情、国情、党情的新变化，以江泽民同志为主要代表的中国共产党人紧紧围绕"建设一个什么样的党、怎样建设党"这个基本问题，深刻总结了无产阶级政党建设的历史经验，对新的历史条件下党的建设问题进行了探索。

中国共产党的领导地位是在长期的革命斗争中形成的，是历史的选择、人民的选择。自鸦片战争以来，各种救亡图存运动和救国方案均以失败告终。中国共产党的成立使中国革命的面貌焕然一新，中国共产党带领中国人民最终取得了新民主主义革命的胜利，成立了中华人民共和国。改革开放以来，中国的面貌发生了根本性的变化。历史证明，没有中国共产党就没有新中国，只有社会主义才能救中国，只有中国特色社会主义才能发展中国。因此，我们进行现代化建设，必须坚持中国共产党的领导。坚持中国共产党的领导，"就是要坚持党在建设有中国特色社会主义事业中的领导核心地位，发挥党总揽全局、协调各方的作用"②。为此，江泽民强调，必须推进党的建设新的伟大工程，重点加强党的执政能力建设。

1995 年 11 月 8 日，江泽民在北京市考察工作时指出："根据当前干部队伍的状况和存在的问题，在对干部进行教育当中，要强调讲学习，讲政治，讲正气。全国都应这样做，北京市更要起带头作用。"③ 讲学习是前提。我们要坚持学习、学习、再学习，实践、实践、再实践。我们必须学习马克思主义经典著作，学习先进的科学文化知识。讲政治是核心。我们要坚持坚定正确的政治方向、政治立场和政治观点，严守政治纪律，提高政治敏锐性和政治鉴别力。我们要坚持四项基本原则，警惕敌对势力的西化，反对分裂主义，抵制封建主义、资本主义腐朽思想的侵蚀。"讲正气，就

① 江泽民. 在激烈的国际竞争中掌握主动[M]//江泽民. 江泽民文选：第三卷. 北京：人民出版社，2006：456.

② 江泽民. 关于坚持四项基本原则[M]//江泽民. 江泽民文选：第三卷. 北京：人民出版社，2006：223.

③ 江泽民. 讲学习，讲政治，讲正气[M]//江泽民. 江泽民文选：第一卷. 北京：人民出版社，2006：483.

是要坚持和发扬共产党人的政治本色和革命气节。"① 讲正气既是中华民族的优良传统，也是党的优良传统。党的各级干部要自觉地树立正气，坚决同歪风邪气做斗争。

我们要坚持党要管党、从严治党的方针。中国共产党既是中国工人阶级的先锋队，也是中国人民和中华民族的先锋队。坚持党的领导，其核心就是坚持党的先进性。坚持党的先进性，必须从严治党。江泽民指出，"治国必先治党，治党务必从严"②。从严治党的一个重要方面就是要加强党的作风建设。"党的作风，关系党的形象，关系人心向背，关系党的生命。"③ "加强和改进党的作风建设，核心问题是保持党同人民群众的血肉联系"④。中国共产党一定要做到全心全意为人民服务，立党为公、执政为民，做到权为民所用、情为民所系、利为民所谋。

"坚决反对和防止腐败，是全党一项重大的政治任务"⑤，它关系到党和国家的生死存亡。不坚决惩治腐败，党的执政地位就有丧失的危险。我们要坚持标本兼治、综合治理的方针，逐步加大治本的力度。严厉查处腐败干部，彰显了党反腐败的决心，增强了人民群众的信心，纯洁了党的队伍。

学习检测

一、判断题

1. 在新的历史条件下，进一步提高党的领导水平和领导能力、提高拒腐防变和化解风险的能力，是我们党必须解决好的两大历史性课题。　　　　　　（　　）

2. 始终代表中国先进生产力的发展要求、大力促进先进生产力的发展，这是我们党保持先进性的根本体现和根本要求。　　　　　　　　　　　　　（　　）

3. 思想政治工作是经济工作和其他一切工作的生命线，是党和社会主义国家的重要政治优势。　　　　　　　　　　　　　　　　　　　　　　　（　　）

4. "三个代表"重要思想创造性地回答了"建设什么样的党、怎样建设党"的问题。　　　　　　　　　　　　　　　　　　　　　　　　　　　　　（　　）

---

① 江泽民. "三讲"教育是加强党的建设的新探索[M]//江泽民. 江泽民文选：第二卷. 北京：人民出版社，2006：367.

② 江泽民. 治国必先治党，治党务必从严[M]//江泽民. 江泽民文选：第二卷. 北京：人民出版社，2006：496.

③ 江泽民. 在庆祝中国共产党成立八十周年大会上的讲话[M]//江泽民. 江泽民文选：第三卷. 北京：人民出版社，2006：291.

④ 江泽民. 党的作风是党的形象[M]//江泽民. 江泽民文选：第三卷. 北京：人民出版社，2006：327.

⑤ 江泽民. 全面建设小康社会，开创中国特色社会主义事业新局面[M]//江泽民. 江泽民文选：第三卷. 北京：人民出版社，2006：573.

5. 党的十四届三中全会通过的《中共中央关于建立社会主义市场经济体制若干问题的决定》，勾画了建立社会主义市场经济体制的基本框架和蓝图。 （ ）

6. 坚持公有制为主体，在社会总资产中，要保持国家所有和集体所有的资产占优势，仅仅是指要有量的优势。 （ ）

7. 建立社会主义市场经济体制，必须坚持和完善公有制为主体、多种所有制经济共同发展的社会主义基本经济制度。 （ ）

8. 在新"三步走"发展战略中，第三步是要到 21 世纪中叶建国一百年时，完全实现现代化，建成富强民主文明的社会主义国家。 （ ）

9. 经过改革开放和社会主义现代化建设，到 2010 年，人民生活总体上达到了小康水平，这是一个历史性的飞跃。 （ ）

10. 新"三步走"发展战略思想，不仅为我国进入 21 世纪后如何实现快速、健康发展勾画了一幅比较清晰的蓝图，而且为后来"全面建成小康社会"的构想提供了依据。 （ ）

11. 人类为了衣食住行，必须从事物质资料的生产。为此，人类创造了各种生产工具，如石器工具、青铜工具、铁制工具、智能化工具。这属于人类创造的政治文明。 （ ）

12. 物质文明是政治文明和精神文明发展的物质基础。 （ ）

13. 政治文明为物质文明提供政治保证和精神动力。 （ ）

14. 实行依法治国，必须坚持有法可依、有法必依、执法必严、违法必究。（ ）

15. 多层次是指对外开放的格局是分步骤、有层次、逐步推进的。 （ ）

16. 全方位就是面向世界全面开放，强调的是无论对资本主义国家还是对社会主义国家，无论对发达国家还是对发展中国家，我国都要积极与之开展各方面的交流与合作。 （ ）

17. 宽领域，也就是说，开放不仅仅局限于经济领域，而是经济、政治、军事、文化等多方面的开放。 （ ）

18. 20 世纪 90 年代后期，我国在"引进来"的基础上又开始实施"走出去"的新战略，我国鼓励各种所有制企业"走出去"。 （ ）

19. 坚持中国共产党的领导，就是要坚持党在建设有中国特色社会主义事业中的领导核心地位，发挥党总揽全局、协调各方的作用。 （ ）

20. 讲政治是前提。我们要坚持坚定正确的政治方向、政治立场和政治观点，严守政治纪律，提高政治敏锐性和政治鉴别力。 （ ）

21. 坚决反对和防止腐败，是全党一项重大的政治任务，它关系到党和国家的生死存亡。不坚决惩治腐败，党的执政地位就有丧失的危险。 （ ）

二、单项选择题

1. 在当代中国，发展先进文化，就是发展面向现代化、（　　）、面向未来的，民族的科学的大众的社会主义文化。

    A. 面向世界　　　　　　　　　　B. 面向智能化

    C. 面向信息化　　　　　　　　　　D. 面向人民

2. 在五千多年的发展中，中华民族形成了以（　　）为核心的团结统一、爱好和平、勤劳勇敢、自强不息的伟大民族精神。

    A. 尊老爱幼　　　　　　　　　　B. 勤俭节约

    C. 爱国主义　　　　　　　　　　D. 诚实守信

3. 党的十四届三中全会通过的《中共中央关于建立社会主义市场经济体制若干问题的决定》提出了（　　）的分配原则。

    A. 效率与公平并重　　　　　　　　B. 效率优先、兼顾公平

    C. 公平优先、兼顾效率　　　　　　D. 注重效率

4. 大力推进企业的体制、技术和管理创新，积极推行股份制，按照"产权清晰、（　　）、政企分开、管理科学"的要求，实行规范的公司制度。

    A. 责任到位　　　　　　　　　　B. 权责固定

    C. 义务明确　　　　　　　　　　D. 权责明确

5. 江泽民指出，"我们要在本世纪头二十年，集中力量，全面建设惠及十几亿人口的更高水平的小康社会，使经济更加发展、民主更加健全、科教更加进步、文化更加繁荣、（　　）、人民生活更加殷实"。

    A. 生态更加美丽　　　　　　　　B. 教育更加发达

    C. 社会更加和谐　　　　　　　　D. 人民更加幸福

6. 到 20 世纪末，我们已经胜利实现了现代化建设"三步走"战略的第一步、第二步目标，人民生活总体上达到了小康水平。但我们也要看到，这时的小康还是（　　）。

    A. 高水平的、全面的

    B. 发展比较平衡的

    C. 低水平的、发展比较平衡的

    D. 低水平的、不全面的、不平衡的

7. 依法治国，是党领导人民治理国家的（　　），是发展社会主义市场经济的客观需要，是社会文明进步的重要标志，是国家长治久安的重要保障。

    A. 基本政策　　　　　　　　　　B. 基本方针

  C. 基本方略   D. 基本路线

8. 建设社会主义政治文明，最根本的就是要坚持党的领导、（   ）和依法治国的有机统一。

  A. 发展最广大的统一战线   B. 坚持党的群众路线

  C. 人民当家作主   D. 坚持民主集中制

9. 2001年12月，中国正式加入世界贸易组织，成为其第（   ）个成员。

  A. 141   B. 142   C. 143   D. 144

10. 面对经济全球化趋势，中国以更加积极的姿态走向世界，完善全方位、多层次、（   ）的对外开放格局。

  A. 多领域   B. 宽领域   C. 多形式   D. 宽范围

11. 1995年11月8日，江泽民在北京市考察工作时指出："根据当前干部队伍的状况和存在的问题，在对干部进行教育当中，要强调（   ），讲政治，讲正气。"

  A. 讲创新   B. 讲文化   C. 讲品德   D. 讲学习

12. 中国共产党既是中国工人阶级的先锋队，也是中国人民和中华民族的先锋队。坚持党的领导，其核心就是坚持党的（   ）。

  A. 先进性   B. 纯洁性   C. 群众性   D. 纪律性

重点·难点·热点 ★

一、如何全面认识党始终代表中国先进生产力的发展要求

第一，社会主义的根本任务是发展社会生产力，马克思主义执政党必须高度重视解放和发展生产力。

第二，广大工人、农民和知识分子始终是推动我国先进生产力发展和社会全面进步的根本力量。

第三，人是生产力中最活跃的因素。开发人力资源、加强人力资源能力建设是关系到我国发展的重大问题。

第四，科学技术是第一生产力，是先进生产力的集中体现和主要标志。科技进步和创新是发展生产力的决定因素。

第五，只有大力推进知识创新、科技创新，才能实现技术的跨越式发展。没有自主创新，就没有我们在世界科技领域中的位置。

第六，促进先进生产力的发展，就要使生产关系和上层建筑的各个方面不断体现

先进生产力的发展要求。

二、如何全面认识党始终代表中国先进文化的前进方向

第一，发展先进文化，是实现社会主义现代化的战略任务。大力发展社会主义先进文化，必须牢牢把握先进文化的前进方向，不断满足人民群众日益增长的精神文化需求，不断丰富人民的精神世界、增强人民的精神力量。

第二，发展先进文化，就是发展中国特色社会主义的文化，就是建设社会主义精神文明。人类社会发展的历史证明，一个民族，只有物质和精神都富有，才能自尊、自信、自强地屹立于世界民族之林。

第三，发展先进文化，就是发展面向现代化、面向世界、面向未来的，民族的科学的大众的社会主义文化。

第四，发展先进文化，必须弘扬民族精神。在五千多年的发展中，中华民族形成了以爱国主义为核心的团结统一、爱好和平、勤劳勇敢、自强不息的伟大民族精神。这种民族精神博大精深、源远流长，是中华民族生命机体中不可分割的重要成分。

第五，发展先进文化，必须加强社会主义思想道德建设，这是发展社会主义先进文化的重要内容和中心环节。

第六，发展先进文化，必须做好思想政治工作。思想政治工作是经济工作和其他一切工作的生命线，是党和社会主义国家的重要政治优势。

第七，发展先进文化，要把弘扬主旋律和提倡多样化统一起来，支持健康有益文化，改造落后文化，抵制腐朽文化。

第八，教育是发展先进文化、建设物质文明和精神文明建设的基础工程，必须把教育摆在优先发展的战略地位。

第九，发展先进文化，需要充分发挥新闻媒体的作用，需要繁荣发展哲学社会科学和社会主义文艺事业。

三、如何全面认识党始终代表中国最广大人民的根本利益

人民是我们国家的主人，是决定我国前途和命运的根本力量，是历史的真正创造者。建设中国特色社会主义，是我国各族人民实现自己利益、创造美好生活的共同事业，是亿万人民群众广泛参与的创造性事业。我们全部工作的出发点和落脚点就是不断实现好、维护好、发展好最广大人民的根本利益。

第一，党来自人民，植根于人民，服务于人民。一切为了群众，一切相信群众，一切依靠群众，我们党就能够获得取之不尽的力量源泉。

第二，党始终坚持人民的利益高于一切。党除了最广大人民的利益，没有自己特

殊的利益。党进行的一切奋斗,归根到底,都是为了最广大人民的根本利益。党的一切工作都必须以最广大人民的根本利益为最高标准。

第三,要努力使工人、农民、知识分子和其他群众共同享受到经济社会发展的成果。

第四,在我国社会深刻变革、党和国家事业快速发展的进程中,妥善处理各方面的利益关系,把一切积极因素充分调动和凝聚起来,至关紧要。

第五,人民,也只有人民,才是我们工作价值的最高裁决者。江泽民强调:"我们想事情,做工作,想得对不对,做得好不好,要有一个根本的衡量尺度,这就是人民拥护不拥护,人民赞成不赞成,人民高兴不高兴,人民答应不答应。"[①]

四、公有制占主体地位的具体表现有哪些

第一,公有资产在社会总资产中占优势;国有经济控制国民经济命脉,对经济发展起主导作用。这是就全国而言的,有的地方、有的产业可以有所差别。

第二,公有资产占优势,要有量的优势,更要注重质的提高。

第三,国有经济对于发挥社会主义制度的优越性,增强我国的经济实力、国防实力和民族凝聚力,具有关键性作用。

五、为什么要提出全面建设小康社会的奋斗目标

全面建设小康社会的奋斗目标,是立足我国的基本国情提出的。到20世纪末,我们已经胜利实现了现代化建设"三步走"战略的第一步、第二步目标,人民生活总体上达到了小康水平。但是,这时的小康还是低水平的、不全面的、不平衡的。

第一,我国人均生产的物质产品和社会财富较少,劳动生产率较低,人均占有及能够用于扩大再生产和消费的物质产品较少,偏重满足物质消费、生存性消费,而精神消费或文化消费,特别是发展性消费还得不到有效满足。

第二,城乡二元经济结构还没有改变,地区差距扩大的趋势尚未扭转,发展不平衡问题依然十分严峻,贫困人口还为数不少。

第三,人口总量继续增加,老龄人口比重上升,就业和社会保障压力增大。

第四,生态环境、自然资源和经济社会发展之间的矛盾日益突出。

第五,我们仍然面临着发达国家在经济、科技等方面占优势的压力。

第六,经济体制和其他方面的管理体制还不完善。

---

① 江泽民. 深入进行群众观点和群众路线的教育[M]//江泽民. 论党的建设. 北京:中央文献出版社,2001:193-194.

第七，在民主法制建设和思想道德建设等方面还存在一些不容忽视的问题。

要巩固和提高达到的小康水平，我们还需要进行长期的艰苦奋斗。因此，我们有必要提出全面建设小康社会的奋斗目标。

六、如何全面把握建设社会主义政治文明

发展社会主义民主政治，建设社会主义政治文明是社会主义现代化建设的重要目标。

第一，建设社会主义政治文明是我国改革开放和社会主义现代化建设发展的必然要求，是党领导人民坚持和发展人民民主长期实践的必然结论，进一步深化了党对中国特色社会主义事业的规律性认识。

第二，建设社会主义政治文明涉及政治思想、政治制度、行政管理、法制建设等方面，是一项系统工程。建设社会主义政治文明，最根本的就是要坚持党的领导、人民当家作主和依法治国的有机统一。党的领导是人民当家作主和依法治国的根本保证，人民当家作主是社会主义民主政治的本质要求，依法治国是党领导人民治理国家的基本方略。

第三，建设社会主义政治文明，必须发展社会主义民主。没有民主就没有社会主义，就没有社会主义的现代化。发展社会主义民主政治，就是要健全民主制度，丰富民主形式，扩大公民有序的政治参与，保证人民依法实行民主选举、民主决策、民主管理和民主监督，享有广泛的权利和自由，把广大人民群众的积极性和主动性充分调动起来。

第四，建设社会主义政治文明，必须坚持和完善中国特色社会主义政治制度。必须坚持人民代表大会制度，必须坚持中国共产党领导的多党合作和政治协商制度，必须坚持民族区域自治制度，必须坚持进一步扩大基层民主。

第五，建设社会主义政治文明，必须坚持依法治国、建设社会主义法治国家。"依法治国，是党领导人民治理国家的基本方略，是发展社会主义市场经济的客观需要，是社会文明进步的重要标志，是国家长治久安的重要保障。"①

第六，建设社会主义政治文明，必须进行政治体制改革。政治体制改革是社会主义政治制度的自我完善和发展。"推进政治体制改革，必须有利于增强党和国家的活力，保持和发挥社会主义制度的特点和优势，维护国家统一、民族团结和社会稳定，充分发挥人民群众的积极性，促进生产力发展和社会进步。"②

---

① 江泽民. 高举邓小平理论伟大旗帜，把建设有中国特色社会主义事业全面推向二十一世纪[M]//江泽民. 江泽民文选：第二卷. 北京：人民出版社，2006：29.
② 江泽民. 高举邓小平理论伟大旗帜，把建设有中国特色社会主义事业全面推向二十一世纪[M]//江泽民. 江泽民文选：第二卷. 北京：人民出版社，2006：29.

第七，建设社会主义政治文明，必须推进决策的科学化民主化。要改革和完善决策机制，健全深入了解民情、充分反映民意、广泛集中民智、切实珍惜民力的决策机制，推进决策科学化民主化。要进一步推动行政管理体制和机构改革，进一步转变政府职能、改进管理方式、提高行政效率，深化干部人事制度改革。

第八，建设社会主义政治文明，必须尊重和保障人权。要尊重国际社会关于人权的普遍性原则，但普遍性原则必须与各国国情相结合。实现人权的根本途径是经济发展和社会进步，对于发展中国家而言，生存权、发展权是最基本最重要的人权。人权是一个国家主权范围内的问题，人权要靠主权来保护，没有主权就没有人权，我们反对借口人权干涉一个国家的内政，也反对把人权作为实现对别国的某种政治企图的工具。

七、如何正确认识对外开放与独立自主、自力更生的关系

在对外开放中坚持独立自主、自力更生是我们的一个基本原则。一方面，坚持对外开放；另一方面，坚持独立自主、自力更生的方针。

第一，社会主义现代化建设必须坚持独立自主、自力更生。我国是一个发展中的社会主义大国，拥有众多人口和丰富的自然资源，具有广阔的国内市场和巨大的经济发展潜力。这决定了我国经济建设的立足点必须坚定不移地放在依靠自己力量的基础上。

第二，独立自主、自力更生不是闭关自守、盲目排外。为保证我国社会主义现代化建设目标的实现，我们必须实行对外开放政策，必须利用国外的资金和先进技术，必须学习和吸收国外一切对我们有益的东西与好的经验。

第三，坚持独立自主、自力更生同对外开放是相辅相成的，它们在本质上是统一的。对外开放是为了进一步增强独立自主、自力更生的能力，而独立自主、自力更生地发展本国经济又是实行对外开放的基础。对外开放和独立自主、自力更生都是为了更好、更快地发展社会主义。因此，我们必须把两者有机地结合起来。

八、如何正确认识加入世界贸易组织给我国带来的影响

2001年12月，我国正式加入世界贸易组织，这给我国带来了重大的影响。对此，我们应该有一个正确的认识。

第一，加入世界贸易组织，有利于扩大对外开放，为我国赢得了更好的国际环境；有利于促进我国经济体制改革和经济结构的战略性调整，增强我国的经济发展活力和国际竞争力。

第二，加入世界贸易组织给我国带来了严峻的考验，国际市场的竞争更加深入地与我国国内市场的竞争结合在一起，我国面临的经济风险也显著增加。

总的来说，加入世界贸易组织给我国发展既带来了机遇，也带来了挑战。从总体

而言，机遇大于挑战。机遇和挑战是相对的，在一定条件下可以相互转化。

九、为什么要坚决反对和防止腐败？如何反对和防止腐败

坚决反对和防止腐败是全党一项重大的政治任务。这是关系到党和国家生死存亡的严重政治斗争，必须毫不动摇地把党风廉政建设和反腐败斗争进行到底。"不坚决惩治腐败，党同人民群众的血肉联系就会受到严重损害，党的执政地位就有丧失的危险，党就有可能走向自我毁灭。"①

反对和防止腐败，一定要充分认识反腐败斗争的紧迫性和长期性，坚定信心，扎实工作，旗帜鲜明、毫不动摇地把反腐败斗争深入进行下去；一定要坚持标本兼治、综合治理的方针，逐步加大治本的力度；一定要加强教育、发展民主、健全法制、强化监督、创新体制，把反腐败寓于各项重要政策和措施之中，从源头上预防和解决腐败问题；一定要坚持和完善反腐败领导体制和工作机制，认真落实党风廉政建设责任制，形成防止和惩治腐败的合力；领导干部，特别是高级干部，必须以身作则，正确行使手中的权力，始终做到清正廉洁，自觉地与各种腐败现象做坚决斗争。

拓展阅读

[1] 江泽民. 在新的历史条件下更好地做到"三个代表"[M]//江泽民. 江泽民文选：第三卷. 北京：人民出版社，2006：1-5.

[2] 江泽民. 始终做到"三个代表"是我们党的立党之本、执政之基、力量之源[M]//江泽民. 江泽民文选：第三卷. 北京：人民出版社，2006：6-33.

[3] 江泽民. 加快改革开放和现代化建设步伐，夺取有中国特色社会主义事业的更大胜利[M]//江泽民. 江泽民文选：第一卷. 北京：人民出版社，2006：210-254.

[4] 江泽民. 讲学习，讲政治，讲正气[M]//江泽民. 江泽民文选：第一卷. 北京：人民出版社，2006：483-486.

[5] 江泽民. 在中华人民共和国香港特别行政区成立庆典上的讲话[M]//江泽民. 江泽民文选：第一卷. 北京：人民出版社，2006：653-658.

[6] 江泽民. 高举邓小平理论伟大旗帜，把建设有中国特色社会主义事业全面推向二十一世纪[M]//江泽民. 江泽民文选：第二卷. 北京：人民出版社，2006：1-49.

---

① 江泽民. 全面建设小康社会，开创中国特色社会主义事业新局面[M]//江泽民. 江泽民文选：第三卷. 北京：人民出版社，2006：573.

[7] 江泽民. 实施"引进来"和"走出去"相结合的开放战略[M]//江泽民. 江泽民文选：第二卷. 北京：人民出版社，2006：91－94.

[8] 江泽民. 政府机构改革的目标和原则[M]//江泽民. 江泽民文选：第二卷. 北京：人民出版社，2006：107－110.

[9] 江泽民. 解决台湾问题的原则和立场[M]//江泽民. 江泽民文选：第二卷. 北京：人民出版社，2006：151－156.

[10] 江泽民. 教育必须以提高国民素质为根本宗旨[M]//江泽民. 江泽民文选：第二卷. 北京：人民出版社，2006：329－339.

[11] 江泽民. 关于国有企业改革和发展[M]//江泽民. 江泽民文选：第二卷. 北京：人民出版社，2006：376－391.

[12] 江泽民. 在中央思想政治工作会议上的讲话[M]//江泽民. 江泽民文选：第三卷. 北京：人民出版社，2006：74－100.

[13] 江泽民. 科学的本质就是创新[M]//江泽民. 江泽民文选：第三卷. 北京：人民出版社，2006：101－106.

专题八 科学发展观

1. 掌握科学发展观的内涵。
2. 掌握转变经济发展方式。
3. 掌握必须发展社会主义民主政治。
4. 理解社会主义核心价值体系。
5. 理解社会主义和谐社会的主要内容。
6. 掌握必须推进党的执政能力建设和先进性建设。

专题导学

1. 视频学习中重要事件坐标

- 科学发展观的科学内涵
- 加快转变经济发展方式
- 坚定不移地发展社会主义民主政治
- 社会主义核心价值体系
- 构建社会主义和谐社会
- 加强党的执政能力建设和先进性建设

2. 内容导引

进入 21 世纪，世界多极化的趋势更加明显，科技革命加速发展，"和平与发展"仍然是时代主题。经过几十年的改革开放，我国进入了发展关键期、改革攻坚期和矛盾凸显期，经济社会发展呈现出新变化、新特征，机遇与矛盾并存。

以胡锦涛同志为主要代表的中国共产党人紧紧围绕建设中国特色社会主义这个主题，坚持以马克思主义为指导，从中国特色社会主义建设的实际出发，加快转变经济发展方式，发展社会主义民主政治，推进社会主义文化建设，大力构建社会主义和谐社会，加强党的执政能力建设、先进性建设和纯洁性建设等，形成了科学发展观。科学发展观进一步回答了"什么是社会主义、怎样建设社会主义"与"建设什么样的党、怎样建设党"的问题，创造性地回答了"实现什么样的发展、怎样发展"的重大问题，进一步丰富和发展了中国特色社会主义理论体系。

3. 想一想

科学发展观的科学内涵是什么？为什么说在新的历史条件下必须加快转变经济发展方式？如何推进社会主义民主政治建设？如何理解社会主义和谐社会与社会主义核心价值体系？加强党的执政能力建设、先进性建设的主要内容是什么？

视频内容简介

8.1　科学发展观的科学内涵

2007 年 10 月，胡锦涛在党的十七大上，系统地阐述了"科学发展观"的科学内涵："科学发展观，第一要义是发展，核心是以人为本，基本要求是全面协调可持续，根本方法是统筹兼顾。"①

8.1.1　坚持科学发展

马克思主义历来重视发展的问题，无产阶级政党通过革命掌握国家政权后，必须集中力量解放和发展生产力。改革开放以来，党的路线、方针、政策之所以得到全体人民的拥护，党之所以经得起国际和国内各种风浪的考验，归根结底，是因为我国经济持续快速发展、人民的生活水平和生活质量得到不断的提高。"在当代中国，坚持发展是硬道理的本质要求就是坚持科学发展。"② 为此，我们必须加快转变经济发展方式，善于抓住、用好机遇。胡锦涛指出："综观国际国内大势，我国发展仍处于可以大有作为的重要战略机遇期。"③ 在科学发展观的指引下，我国取得的成绩是显著

① 胡锦涛. 高举中国特色社会主义伟大旗帜，为夺取全面建设小康社会新胜利而奋斗[M]//胡锦涛. 胡锦涛文选：第二卷. 北京：人民出版社，2016：623.
② 胡锦涛. 在庆祝中国共产党成立九十周年大会上的讲话[M]//胡锦涛. 胡锦涛文选：第三卷. 北京：人民出版社，2016：536.
③ 胡锦涛. 坚定不移沿着中国特色社会主义道路前进，为全面建成小康社会而奋斗[M]//胡锦涛. 胡锦涛文选：第三卷. 北京：人民出版社，2016：625.

的。从党的十六大到党的十七大，我国经济快速发展。2006 年，我国国内生产总值突破 20 万亿元，和排在第三位的德国相差无几，出现了坐四望三的势头。

8.1.2　坚持以人为本

以人为本是科学发展观的核心立场。"以人为本"中的"人"是指人民群众，就是以工人、农民、知识分子等劳动者为主体，包括社会各阶层人民在内的中国最广大人民。"本"是指根本，就是出发点和落脚点。马克思主义历来认为，人民群众是历史的创造者，是推动社会发展的决定性力量。胡锦涛指出，"我们提出以人为本的根本含义，就是坚持全心全意为人民服务，立党为公、执政为民，始终把最广大人民根本利益作为党和国家工作的根本出发点和落脚点，坚持尊重社会发展规律和尊重人民历史主体地位的一致性，坚持为崇高理想奋斗和为最广大人民谋利益的一致性，坚持完成党的各项工作和实现人民利益的一致性，坚持发展为了人民、发展依靠人民、发展成果由人民共享"①。2006 年 1 月 1 日，我国全面取消农业税。延续 2 600 多年的农业税宣告结束，9 亿农民永远告别了种田缴纳"皇粮国税"的历史。2007 年，全国农村义务教育阶段家庭经济困难的学生均享受到"两免一补"（免杂费、免书本费、补助寄宿生生活费）政策。第十一届全国人民代表大会第五次会议上的政府工作报告提出，2012 年，"中央财政已按全国财政性教育经费支出占国内生产总值的 4% 编制预算"②。这显示了中央促进教育事业发展的坚定决心。

8.1.3　坚持全面协调可持续

全面协调可持续是科学发展观的基本要求。"全面协调可持续"中的"全面"是指发展要有全面性、整体性，不仅经济要发展，而且各个方面都要发展；就是要以经济建设为中心，全面推进经济建设、政治建设、文化建设、社会建设和生态文明建设，实现经济发展和社会的全面进步。党的十七届二中全会审议通过了《关于深化行政管理体制改革的意见》，第十一届全国人民代表大会第一次会议通过了国务院机构改革方案；党的十七届四中全会审议通过了《中共中央关于加强和改进新形势下党的建设若干重大问题的决定》；党的十七届六中全会审议通过了《中共中央关于深化文化体制改革　推动社会主义文化大发展大繁荣若干重大问题的决定》。"协调"是指发展要有协调性、均衡性，各个方面、各个环节的发展要相互适应、相互促进。"可

---

① 胡锦涛. 深入学习领会科学发展观[M]//胡锦涛. 胡锦涛文选：第三卷. 北京：人民出版社，2016：4.
② 温家宝. 政府工作报告：2012 年 3 月 5 日在第十一届全国人民代表大会第五次会议上[M]. 北京：人民出版社，2012：24.

持续"是指发展要有持久性、连续性，不仅当前要发展，而且要保证长远发展。胡锦涛指出："实施可持续发展战略，促进人与自然的和谐，实现经济发展和人口、资源、环境相协调，坚持走生产发展、生活富裕、生态良好的文明发展道路，既是全面建设小康社会的必然要求，也是贯彻落实科学发展观的重要实践。"①

8.1.4　坚持统筹兼顾

坚持统筹兼顾是贯彻落实科学发展观的根本方法，统筹兼顾深刻地体现了唯物辩证法在发展问题上的科学运用。党的十六届三中全会强调，要坚持统筹兼顾，协调好改革进程中的各种利益关系。党的十七大进一步强调，要"统筹中央和地方关系，统筹个人利益和集体利益、局部利益和整体利益、当前利益和长远利益……统筹国内国际两个大局"②。

科学发展观是马克思主义关于发展的世界观和方法论的集中体现，是马克思主义中国化时代化的重大成果，是中国共产党集体智慧的结晶，是发展中国特色社会主义必须长期坚持的指导思想。

8.2　加快转变经济发展方式

8.2.1　加快转变经济发展方式的必要性

改革开放以来，我国经济建设取得了重大成就。《政府工作报告——2003 年 3 月 5 日在第十届全国人民代表大会第一次会议上》指出，2002 年，我国国内生产总值达10.2 万亿元。但是，由于起步低、基础差、底子薄、经济结构不合理，我国经济发展具有明显的粗放性特征。要适应国内外经济形势的新变化、推动经济持续健康发展，我们必须找到新的经济发展方式。

2007 年 10 月，党的十七大报告提出："实现未来经济发展目标，关键要在加快转变经济发展方式、完善社会主义市场经济体制方面取得重大进展。"③ 我们要加快转变经济发展方式，推动产业结构优化升级，这是关系到国民经济全局的紧迫而重大的战略任务。

---

① 胡锦涛. 把科学发展观贯穿于发展的整个过程和各个方面[M]//胡锦涛. 胡锦涛文选：第二卷. 北京：人民出版社，2016：183.

② 胡锦涛. 高举中国特色社会主义伟大旗帜，为夺取全面建设小康社会新胜利而奋斗[M]//胡锦涛. 胡锦涛文选：第二卷. 北京：人民出版社，2016：625.

③ 胡锦涛. 高举中国特色社会主义伟大旗帜，为夺取全面建设小康社会新胜利而奋斗[M]//胡锦涛. 胡锦涛文选：第二卷. 北京：人民出版社，2016：629.

"转变经济增长方式"与"转变经济发展方式"虽然只有一词之差，但是内涵发生了重大变化。转变经济发展方式，不仅包括转变经济增长方式的全部内容，而且对经济发展的理念、目的、战略、途径等提出了新的更高的要求，充分体现了党对经济发展规律认识的深化。

8.2.2 创新型国家发展战略

党的十七大报告给我国加快转变经济发展方式开了一剂良方——创新型国家发展战略。党的十七大报告明确提出，提高自主创新能力、建设创新型国家，不仅是国家发展战略的核心，而且是提高综合国力的关键。我们要把增强自主创新能力贯彻到现代化建设的各个方面，提高国家创新能力。通过不断地提高自主创新能力，"创新型国家建设成效显著，载人航天、探月工程、载人深潜、超级计算机、高速铁路等实现重大突破"[1]。

8.2.3 推动经济结构战略性调整

推动经济结构战略性调整，是加快转变经济发展方式的主攻方向。"促进经济增长由主要依靠投资、出口拉动向依靠消费、投资、出口协调拉动转变，由主要依靠第二产业带动向第一、第二、第三产业协同带动转变，由主要依靠物质资源消耗向主要依靠科技进步、劳动者素质提高、管理创新转变"[2]，这"三个转变"从需求结构、产业结构、要素结构三个方向指明了加快转变经济发展方式的具体路径。

长期以来，我国经济增长对出口和投资的依赖程度过高，国内消费需求不足。2008 年，金融危机席卷全球，并迅速影响我国，最直接的影响就是出口受到重创，沿海大批工厂倒闭、大批农民务工人员返乡。为了应对这场危机，2008 年 11 月 5 日，国务院常务会议研究部署了进一步扩大内需、促进经济平稳和较快增长的措施。会议决定，实行积极的财政政策和适度宽松的货币政策，出台了更加有力地扩大国内需求的十大措施。得益于党中央、国务院的高瞻远瞩，2009 年，我国经济在全球率先实现了企稳回升，实现了漂亮的 V 形反转。

改革开放以来，我国的第一产业、第二产业、第三产业都有了很大的发展，但我国仍然存在农业基础薄弱、工业素质不高、服务业发展滞后等问题。为此，我国必须推动产业结构升级，加强现代农业建设，不失时机地发展现代服务业，大力发展先进

---

① 胡锦涛. 坚定不移沿着中国特色社会主义道路前进，为全面建成小康社会而奋斗[M]//胡锦涛. 胡锦涛文选：第三卷. 北京：人民出版社，2016：613.

② 胡锦涛. 转变经济发展方式，实现又好又快发展[M]//胡锦涛. 胡锦涛文选：第二卷. 北京：人民出版社，2016：547.

制造业。

　　长期以来，我国经济增长方式呈现出比较粗放的特征，投入高、消耗高、产出低，环境压力明显增大，这与可持续发展的要求不符。加快转变经济发展方式，就要在经济结构上有一个大的转变。我们要提高自主创新能力，促进科技成果向现代生产力转化；把节能减排作为重要抓手，抓紧完善有利于能源资源节约和生态环境保护的法规、政策，形成可持续发展的体制机制。

8.3　坚定不移地发展社会主义民主政治

　　社会主义基本制度在我国确立以后，党一直把发展社会主义民主作为坚定的奋斗目标之一。1982 年，党的十二大指出，建设高度的社会主义民主，是我们的根本目标和根本任务之一。进入 21 世纪，胡锦涛指出："我们要始终牢记，发展社会主义民主政治是党始终不渝的奋斗目标，必须更高举起人民民主旗帜。"①

　　党的十七大报告指出："人民民主是社会主义的生命。发展社会主义民主政治是我们党始终不渝的奋斗目标。"② 将人民民主提升到"社会主义的生命"之高度，表明了党已经充分认识到人民民主的极端重要性和发展社会主义民主政治的坚定决心。

　　"人民当家作主是社会主义民主政治的本质和核心。"③ 坚定不移地发展社会主义民主政治，"要坚持中国特色社会主义政治发展道路，坚持党的领导、人民当家作主、依法治国有机统一"④。其中，党的领导是人民当家作主和依法治国的根本保证，人民当家作主是社会主义民主政治的本质和核心，依法治国是党领导人民治理国家的基本方略。

　　发展社会主义民主政治，最重要的就是坚持好、发展好适合我国国情的社会主义政治制度。党领导人民在长期革命、建设、改革实践中，经过反复探索、不断总结，逐步建立了一套适合中国国情的社会主义政治制度，形成了人民代表大会制度，以及中国共产党领导的多党合作和政治协商制度、民族区域自治制度、基层群众自治制度

---

　　① 胡锦涛. 深化政治体制改革，发展社会主义民主政治[M]//胡锦涛. 胡锦涛文选：第三卷. 北京：人民出版社，2016：72.
　　② 胡锦涛. 高举中国特色社会主义伟大旗帜，为夺取全面建设小康社会新胜利而奋斗[M]//胡锦涛. 胡锦涛文选：第二卷. 北京：人民出版社，2016：634.
　　③ 胡锦涛. 高举中国特色社会主义伟大旗帜，为夺取全面建设小康社会新胜利而奋斗[M]//胡锦涛. 胡锦涛文选：第二卷. 北京：人民出版社，2016：635.
　　④ 胡锦涛. 高举中国特色社会主义伟大旗帜，为夺取全面建设小康社会新胜利而奋斗[M]//胡锦涛. 胡锦涛文选：第二卷. 北京：人民出版社，2016：634.

等政治制度。胡锦涛反复强调，这些制度集中体现了我国社会主义民主政治的特点和优势，我们必须始终不渝地坚持、完善和发展。

社会主义协商民主是中国共产党和中国人民在社会主义民主形式方面的伟大创造，充分体现了社会主义民主的真实性、广泛性和包容性。2006 年 2 月中共中央颁布的《中共中央关于加强人民政协工作的意见》指出："人民通过选举、投票行使权利和人民内部各方面在重大决策之前进行充分协商，尽可能就共同性问题取得一致意见，是我国社会主义民主的两种重要形式。"① 这充分肯定了社会主义协商民主在中国人民政治生活中的地位和作用。

"坚定不移实施依法治国的基本方略，是国家长治久安的重要保障。……依法治国，前提是有法可依，基础是提高全社会法律意识和法制观念，关键是依法执政、依法行政、依法办事、公正司法。"② 在依法治国基本方略的指导下，《中国特色社会主义法律体系》白皮书指出，截至 2011 年 8 月底，我国已制定现行宪法和有效法律 240 部、行政法规 706 部、地方性法规 8 600 多部，内容涵盖社会关系的各个方面，法律体系内部总体做到了科学和谐统一，中国特色社会主义法律体系已经形成。

发展社会主义民主政治，离不开政治体制改革。政治体制改革作为全面改革的重要组成部分，必须随着经济社会发展而不断深化，并与人民政治参与积极性的不断提高相适应。改革开放以来，我国积极稳妥地推进政治体制改革，社会主义民主政治展现出更加旺盛的生命力。深化政治体制改革，必须坚持正确的政治方向。我们所要的民主政治是社会主义民主政治，而不是其他民主政治。政治体制改革涉及国家政治体制的各个层级、各个领域，是一项系统化和全局化的浩大工程。每项政治体制的改革都旨在推动社会主义民主政治向前发展，扩大社会主义民主，建设社会主义法治国家，发展社会主义政治文明。2008 年 2 月 27 日，胡锦涛在党的十七届二中全会第二次全体会议上强调："我们发展社会主义民主政治，需要借鉴人类政治文明有益成果，但绝不照搬西方政治制度模式，绝不放弃我国社会主义政治制度的根本。"③ 这实际上是在告诉全党，深化政治体制改革，既要保持社会主义制度的根本，也要善于吸收和借鉴人类政治文明的先进经验。

---

① 中共中央. 中共中央关于加强人民政协工作的意见[M]//中共中央文献研究室. 十六大以来重要文献选编：下. 北京：中央文献出版社，2011：260.
② 胡锦涛. 在首都各界纪念全国人民代表大会成立五十周年大会上的讲话[M]//胡锦涛. 胡锦涛文选：第二卷. 北京：人民出版社，2016：232.
③ 胡锦涛. 深化政治体制改革，发展社会主义民主政治[M]//胡锦涛. 胡锦涛文选：第三卷. 北京：人民出版社，2016：74.

社会主义不断发展，民主也不断发展。在发展中国特色社会主义的历史进程中，中国共产党人和中国人民一定能够不断发展具有强大生命力的社会主义民主政治。

8.4　社会主义核心价值体系

2006年10月，党的十六届六中全会明确提出建设社会主义核心价值体系的战略任务。2007年，胡锦涛在"6·25"重要讲话中强调，要大力建设社会主义核心价值体系，巩固全党和全国人民团结奋斗的共同思想基础。2007年10月，党的十七大报告指出："社会主义核心价值体系是社会主义意识形态的本质体现。"[①] 在党的十七届六中全会上，胡锦涛进一步指出："社会主义核心价值体系是兴国之魂，是社会主义先进文化的精髓，决定着中国特色社会主义发展方向。"[②]

根据胡锦涛多次阐述，社会主义核心价值体系具有丰富的内涵。它包括四个方面的基本内容，即马克思主义指导思想、中国特色社会主义共同理想、以爱国主义为核心的民族精神和以改革创新为核心的时代精神、社会主义荣辱观。

胡锦涛指出："马克思主义是我们立党立国的根本指导思想。坚持和巩固马克思主义指导地位，是党和人民团结一致、始终沿着正确方向前进的根本思想保证。"[③] 马克思主义为我们提供了科学的世界观和方法论，决定着社会主义核心价值体系的性质和方向。中国共产党坚持以马克思主义为指导，结合中国实际，取得了一个又一个胜利。事实证明，马克思主义是科学的，是放之四海而皆准的真理。《中共中央关于构建社会主义和谐社会若干重大问题的决定》指出，"坚持用马克思主义中国化的最新成果武装全党、教育人民"[④]。

用中国特色社会主义共同理想凝聚力量。历史证明，洋务运动、戊戌变法、辛亥革命囿于历史局限性，终归失败。以李大钊、陈独秀、毛泽东等为代表的有识之士在反复对比各种主义后认识到，只有社会主义才能救中国。中华人民共和国成立以来，尤其是1978年改革开放以来，中国特色社会主义取得了巨大成就，坚强有力地证明

---

①　胡锦涛.高举中国特色社会主义伟大旗帜，为夺取全面建设小康社会新胜利而奋斗[M]//胡锦涛.胡锦涛文选：第二卷.北京：人民出版社，2016：639.

②　中国共产党第十七届中央委员会第六次全体会议.中共中央关于深化文化体制改革推动社会主义文化大发展大繁荣若干重大问题的决定[M]//中共中央文献研究室.十七大以来重要文献选编：下.北京：中央文献出版社，2013：564.

③　胡锦涛.在纪念党的十一届三中全会召开三十周年大会上的讲话[M]//胡锦涛.胡锦涛文选：第三卷.北京：人民出版社，2016：157.

④　中共中央.中共中央关于构建社会主义和谐社会若干重大问题的决定[M]//中共中央文献研究室.十六大以来重要文献选编：下.北京：中央文献出版社，2011：661.

了这一点。

用以爱国主义为核心的民族精神和以改革创新为核心的时代精神鼓舞斗志。在五千多年的发展中，中华民族形成了以爱国主义为核心的团结统一、爱好和平、勤劳勇敢、自强不息的伟大民族精神；在改革开放新时期，中华民族形成了勇于改革、敢于创新的时代精神。民族精神和时代精神相互交融，共同构成了中华民族自立、自强的精神品格，成为实现中华民族伟大复兴中国梦的中国精神。这一精神既包括在革命斗争中形成的井冈山精神、长征精神、延安精神、抗战精神、西柏坡精神等，也包括在社会主义建设时期形成的大庆精神、雷锋精神、"两弹一星"精神等，还包括在改革开放新时期形成的抗洪精神、抗击"非典"精神、抗震救灾精神、北京奥运精神等。

社会风气是社会文明程度的重要标志，是社会价值导向的集中体现，要坚持用社会主义荣辱观引领风尚。2006年3月4日，胡锦涛在参加全国政协十届四次会议民盟、民进界委员联组讨论时提出，"要教育广大干部群众特别是广大青少年树立社会主义荣辱观"①。社会主义荣辱观概括精辟、内涵深刻，贯穿于社会生活的各个领域，覆盖了各个利益群体，涵盖了人生态度、社会风尚的方方面面。

社会主义核心价值体系是社会主义意识形态的本质体现。它鲜明地回答了在新的历史条件下，我们党用什么样的精神旗帜团结带领全体人民开拓前进、中华民族以什么样的精神风貌屹立于世界民族之林的重大问题。在当前经济体制深刻变革、社会结构深刻变动、利益格局深刻调整、思想观念深刻变化，思想大活跃、观念大碰撞、文化大交融的背景下，建设社会主义核心价值体系的提出具有重要的理论意义和极强的现实针对性。

8.5　构建社会主义和谐社会

作为一种社会理想，和谐社会历来是人们追求的美好目标。中国历来有"和为贵""和睦亲善"的民族传统。马克思和恩格斯在《共产党宣言》中充分肯定了空想社会主义者的社会和谐思想，并科学描述了未来理想社会。"代替那存在着阶级和阶级对立的资产阶级旧社会的，将是这样一个联合体，在那里，每个人的自由发展是一切人的自由发展的条件。"②

---

① 胡锦涛. 树立社会主义荣辱观[M]//胡锦涛. 胡锦涛文选：第二卷. 北京：人民出版社，2016：430.
② 马克思，恩格斯. 共产党宣言[M]//中共中央马克思恩格斯列宁斯大林著作编译局. 马克思恩格斯选集：第一卷. 3版. 北京：人民出版社，2012：422.

中国共产党人在总结国内外关于和谐社会的构想的基础上，提出了构建社会主义和谐社会的科学理论。2002年11月，党的十六大在阐述"全面建设小康社会的奋斗目标"时，明确提出了"社会更加和谐"① 的要求。2004年9月，党的十六届四中全会明确提出"构建社会主义和谐社会"② 的概念。2005年2月，胡锦涛在省部级主要领导干部提高构建社会主义和谐社会能力专题研讨班上，对构建社会主义和谐社会问题做了全面、深刻的阐述。他指出，"我们所要建设的社会主义和谐社会，应该是民主法治、公平正义、诚信友爱、充满活力、安定有序、人与自然和谐相处的社会"③。

"民主法治，就是社会主义民主得到充分发扬，依法治国基本方略得到切实落实，各方面积极因素得到广泛调动；公平正义，就是社会各方面利益关系得到妥善协调，人民内部矛盾和其他社会矛盾得到正确处理，社会公平正义得到切实维护和实现；诚信友爱，就是全社会互帮互助、诚实守信，全体人民平等友爱、融洽相处；充满活力，就是能够使一切有利于社会进步的创造愿望得到尊重，创造活动得到支持，创造才能得到发挥，创造成果得到肯定；安定有序，就是社会组织机制健全，社会管理完善，社会秩序良好，人民群众安居乐业，社会保持安定团结；人与自然和谐相处，就是生产发展，生活富裕，生态良好。"④ 这几个方面是相互联系、相互作用的。

构建社会主义和谐社会是以胡锦涛同志为主要代表的中国共产党人继科学发展观后提出的又一重大战略思想。胡锦涛明确指出，"实现社会和谐是中国特色社会主义的本质属性"⑤。

构建社会主义和谐社会，我们要从"大社会"着眼，把和谐社会建设落实到包括经济建设、政治建设、文化建设、社会建设和党的建设等在内的党和国家的全部工作之中。社会要和谐，首先要发展。社会和谐在很大程度上取决于社会生产力的发展水平，取决于发展的协调性。只有社会生产力发展了，我们才能不断解决前进中的问题，同时为社会和谐创造雄厚的物质基础。

构建社会主义和谐社会，我们还"要从'小社会'着手，以解决人民最关心最

---

① 江泽民. 全面建设小康社会，开创中国特色社会主义事业新局面[M]//中共中央文献研究室. 十六大以来重要文献选编：上. 北京：中央文献出版社，2011：14.

② 中国共产党第十六届中央委员会第四次全体会议. 中共中央关于加强党的执政能力建设的决定[M]//中共中央文献研究室. 十六大以来重要文献选编：中. 北京：中央文献出版社，2011：276.

③ 胡锦涛. 构建社会主义和谐社会[M]//胡锦涛. 胡锦涛文选：第二卷. 北京：人民出版社，2016：285.

④ 胡锦涛. 构建社会主义和谐社会[M]//胡锦涛. 胡锦涛文选：第二卷. 北京：人民出版社，2016：285.

⑤ 胡锦涛. 关于构建社会主义和谐社会的几个问题[M]//胡锦涛. 胡锦涛文选：第二卷. 北京：人民出版社，2016：425.

直接最现实的利益问题为重点，着力发展社会事业、促进社会公平正义、建设和谐文化、完善社会管理、增强社会创造活力，走共同富裕道路，推动社会建设与经济建设、政治建设、文化建设协调发展"①。

构建社会主义和谐社会是一个长期的历史过程，它始终伴随着人类社会的发展。新的发展阶段又会对社会和谐提出更高的要求。构建社会主义和谐社会，我们要把目标与过程相统一，把构建社会主义和谐社会作为我们孜孜不倦的奋斗目标。

8.6 加强党的执政能力建设和先进性建设

2002 年 11 月，党的十六大提出"加强党的执政能力建设"的命题。2004 年 6 月 29 日，胡锦涛在中共中央政治局集体学习时指出，我们要从世界政治、经济发展的大格局中把握加强党的执政能力建设的规律。2004 年 9 月 16 日至 19 日，党的十六届四中全会在北京召开，会议通过了《中共中央关于加强党的执政能力建设的决定》，该决定鲜明地指出了加强党的执政能力建设的重要性和紧迫性。"我们党成为执政党，是历史的选择、人民的选择。加强党的执政能力建设，是时代的要求、人民的要求。"② "党的执政能力，就是党提出和运用正确的理论、路线、方针、政策和策略，领导制定和实施宪法和法律，采取科学的领导制度和领导方式，动员和组织人民依法管理国家和社会事务、经济和文化事业，有效治党治国治军，建设社会主义现代化国家的本领。"③

《中共中央关于加强党的执政能力建设的决定》指出，加强党的执政能力建设的重点在于做到"五个坚持"，着重提高五种能力："坚持把发展作为党执政兴国的第一要务，不断提高驾驭社会主义市场经济的能力"④；"坚持党的领导、人民当家作主和依法治国的有机统一，不断提高发展社会主义民主政治的能力"⑤；"坚持马克思主义在意识形态领域的指导地位，不断提高建设社会主义先进文化的能力"⑥；

---

① 胡锦涛. 社会和谐是中国特色社会主义的本质属性[M]//胡锦涛. 胡锦涛文选：第二卷. 北京：人民出版社，2016：523.

② 中国共产党第十六届中央委员会第四次全体会议. 中共中央关于加强党的执政能力建设的决定[M]//中共中央文献研究室. 十六大以来重要文献选编：中. 北京：中央文献出版社，2011：271.

③ 中国共产党第十六届中央委员会第四次全体会议. 中共中央关于加强党的执政能力建设的决定[M]//中共中央文献研究室. 十六大以来重要文献选编：中. 北京：中央文献出版社，2011：272.

④ 中国共产党第十六届中央委员会第四次全体会议. 中共中央关于加强党的执政能力建设的决定[M]//中共中央文献研究室. 十六大以来重要文献选编：中. 北京：中央文献出版社，2011：276.

⑤ 中国共产党第十六届中央委员会第四次全体会议. 中共中央关于加强党的执政能力建设的决定[M]//中共中央文献研究室. 十六大以来重要文献选编：中. 北京：中央文献出版社，2011：280.

⑥ 中国共产党第十六届中央委员会第四次全体会议. 中共中央关于加强党的执政能力建设的决定[M]//中共中央文献研究室. 十六大以来重要文献选编：中. 北京：中央文献出版社，2011：283.

"坚持最广泛最充分地调动一切积极因素，不断提高构建社会主义和谐社会的能力"①；"坚持独立自主的和平外交政策，不断提高应对国际局势和处理国际事务的能力"②。

加强党的执政能力建设，我们要"不断增强党的创造力、凝聚力、战斗力。必须坚持党要管党、从严治党的方针，紧密联系治国理政的实践，全面加强和改进党的思想、组织、作风和制度建设"③。胡锦涛在庆祝中国共产党成立九十周年大会上的讲话中指出，"回顾九十年中国的发展进步，可以得出一个基本结论：办好中国的事情，关键在党"④。

中国共产党作为马克思主义政党，在本质上具有非马克思主义政党无可比拟的先进性。保持和发展党的先进性是马克思主义政党自身建设的根本任务和永恒课题。党的十六大作出了开展保持共产党员先进性教育活动的重大决策。2004 年 11 月，中共中央印发《中共中央关于在全党开展以实践"三个代表"重要思想为主要内容的保持共产党员先进性教育活动的意见》，对开展先进性教育活动作出部署。教育活动从2005 年 1 月开始，到 2006 年 6 月基本结束。2006 年 6 月 30 日，庆祝中国共产党成立 85 周年暨总结保持共产党员先进性教育活动大会在北京举行。胡锦涛指出："这次先进性教育活动，是我们党在新的历史条件下用发展着的马克思主义武装全党的一项重大举措，是加强党的执政能力建设和先进性建设的一次成功实践。"⑤

中国共产党既是中国工人阶级的先锋队，也是中国人民和中华民族的先锋队。中国共产党始终走在时代前列，始终保持一个马克思主义政党的先进性。党的先进性是历史的具体的，既是一以贯之的，又是与时俱进的。必须顺应时代的发展和人民的要求，自觉、主动、持续地推进党的先进性建设。

党的执政能力建设与加强党的先进性建设是紧密联系、相互促进的，它们内在地统一于党的建设新的伟大工程和中国特色社会主义伟大事业之中。面对执政条件和社会环境的深刻变化，我们要继续加强党的建设，不断提高党的领导水平和执政水平，把中国特色社会主义伟大事业不断推向前进。

---

① 中国共产党第十六届中央委员会第四次全体会议. 中共中央关于加强党的执政能力建设的决定[M]//中共中央文献研究室. 十六大以来重要文献选编：中. 北京：中央文献出版社，2011：286.
② 中国共产党第十六届中央委员会第四次全体会议. 中共中央关于加强党的执政能力建设的决定[M]//中共中央文献研究室. 十六大以来重要文献选编：中. 北京：中央文献出版社，2011：288.
③ 中国共产党第十六届中央委员会第四次全体会议. 中共中央关于加强党的执政能力建设的决定[M]//中共中央文献研究室. 十六大以来重要文献选编：中. 北京：中央文献出版社，2011：291.
④ 胡锦涛. 在庆祝中国共产党成立九十周年大会上的讲话[M]//胡锦涛. 胡锦涛文选：第三卷. 北京：人民出版社，2016：527.
⑤ 胡锦涛. 在庆祝中国共产党成立八十五周年暨总结保持共产党员先进性教育活动大会上的讲话[M]//中共中央文献研究室. 十六大以来重要文献选编：下. 北京：中央文献出版社，2011：529.

学习检测

一、判断题

1. 科学发展观的基本要求是统筹兼顾。 （　　）

2. "以人为本"中的"人"是指人民群众，就是以工人、农民、知识分子等劳动者为主体，包括社会各阶层人民在内的中国最广大人民。 （　　）

3. 坚持以人为本，就要坚持发展为了人民、发展依靠人民、发展成果由人民共享，最终实现人的全面发展。 （　　）

4. "全面协调可持续"中的"全面"是指发展要有全面性、整体性，不仅经济要发展，而且各个方面都要发展。 （　　）

5. 2005 年 1 月 1 日，我国全面取消农业税，延续了 2 600 多年的农业税宣告结束。 （　　）

6. "转变经济增长方式"与"转变经济发展方式"虽然只有一词之差，但内涵有重大变化。 （　　）

7. 加快转变经济发展方式，需要促进经济增长由主要依靠第二产业带动向第一、第二、第三产业协同带动转变。 （　　）

8. 人民民主是社会主义的生命，发展社会主义民主政治是我们党始终不渝的奋斗目标，必须更高举起人民民主旗帜。 （　　）

9. 科学发展观强调，依法治国是社会主义民主政治的本质和核心。 （　　）

10. 社会主义协商民主是中国共产党和中国人民在社会主义民主形式方面的伟大创造。 （　　）

11. 坚定不移实施依法治国的基本方略，是国家长治久安的重要保障。 （　　）

12. 2002 年 11 月，党的十六大在阐述"全面建设小康社会的奋斗目标"时，明确提出了"社会更加和谐"的要求。 （　　）

13. 充满活力，就是能够使一切有利于社会进步的创造愿望得到尊重，创造活动得到支持，创造才能得到发挥，创造成果得到肯定。 （　　）

14. 公平正义，就是社会组织机制健全，社会管理完善，社会秩序良好，人民群众安居乐业，社会保持安定团结。 （　　）

15. 构建社会主义和谐社会，我们需要从"小社会"着手，以解决人民最关心最直接最现实的利益问题为重点。 （　　）

16. 在改革开放新时期，中华民族形成了以改革创新为核心的时代精神。 （　　）

17. 社会风气是社会文明程度的重要标志，是社会价值导向的集中体现。（　　）

18. 加强党的执政能力建设，要坚持把改革开放作为党执政兴国的第一要务。

（　　）

19. 党的先进性是历史的具体的，既是一以贯之的，又是与时俱进的。（　　）

20. 中国共产党既是中国工人阶级的先锋队，也是中国人民和中华民族的先锋队。（　　）

二、单项选择题

1. 科学发展观的核心立场是（　　）。
    A. 以人为本　　　　　　　　　　B. 发展
    C. 全面协调可持续　　　　　　　D. 统筹兼顾

2. 在当代中国，坚持发展是硬道理的本质要求就是坚持（　　）。
    A. 又好又快发展　　　　　　　　B. 更好发展
    C. 科学发展　　　　　　　　　　D. 更快发展

3. 加快转变经济发展方式，需要促进经济增长由主要依靠投资、出口拉动向依靠（　　）、投资、出口协调拉动转变。
    A. 创新　　　　B. 消费　　　　C. 生产　　　　D. 开放

4. 坚定不移地发展社会主义民主政治，要坚持中国特色社会主义政治发展道路，坚持党的领导、（　　）、依法治国有机统一。
    A. 政治体制改革　　　　　　　　B. 四项基本原则
    C. 以德治国　　　　　　　　　　D. 人民当家作主

5. 要坚定不移地实施依法治国基本方略，依法治国的基础是（　　）。
    A. 有法可依、有法必依　　　　　B. 依法执政、依法行政
    C. 提高全社会的法律意识和法制观念　　D. 依法办事、公正司法

6. 民主法治、公平正义、（　　）、充满活力、安定有序、人与自然和谐相处，是构建社会主义和谐社会的总要求。
    A. 文化繁荣　　　B. 生态优美　　　C. 诚信友爱　　　D. 快速发展

7. 胡锦涛明确指出，实现社会和谐是中国特色社会主义的（　　）属性。
    A. 首要　　　　B. 基本　　　　C. 主要　　　　D. 本质

8. 在党的十七届六中全会上，胡锦涛指出，社会主义核心价值体系是兴国之魂，是社会主义先进文化的（　　），决定着中国特色社会主义发展方向。
    A. 精髓　　　　B. 灵魂　　　　C. 基础　　　　D. 前提

9. 在五千多年的发展中，中华民族形成了以爱国主义为核心的团结统一、（　　）、

勤劳勇敢、自强不息的伟大民族精神。

  A. 崇尚民主   B. 爱好和平

  C. 尊老爱幼   D. 勤俭节约

  10. 胡锦涛在庆祝中国共产党成立九十周年大会上的讲话中指出，"回顾九十年中国的发展进步，可以得出一个基本结论：办好中国的事情，（ ）"。

  A. 关键在改革   B. 关键在开放

  C. 关键在发展   D. 关键在党

  11. 加强党的执政能力建设，需要坚持把（ ）作为党执政兴国的第一要务，不断提高驾驭社会主义市场经济的能力。

  A. 改革   B. 发展

  C. 民主政治建设   D. 思想意识形态建设

重点·难点·热点

一、如何理解以人为本是科学发展观的核心立场

  以人为本是科学发展观的核心立场，集中体现了马克思主义的基本原理，体现了中国共产党全心全意为人民服务的根本宗旨和推动经济社会发展的根本目的，是社会主义的本质特征。

  "以人为本"中的"人"是指人民群众，就是以工人、农民、知识分子等劳动者为主体，包括社会各阶层人民在内的中国最广大人民。"本"是指根本，就是出发点和落脚点。

  人民群众是历史的创造者，是推动社会发展的决定性力量；人民群众是生产力中最活跃、最革命的因素，创造了社会的物质财富和精神财富。对于马克思主义执政党来说，坚持立党为公、执政为民，实现好、维护好、发展好最广大人民的根本利益，充分发挥全体人民的积极性来发展先进生产力和先进文化，始终是最紧要的。坚持以人为本，就要充分发挥人民群众的主人翁作用，营造充分发挥人民群众聪明才智的社会环境，不断增强全社会的创造活力，形成全体人民团结奋斗的强大力量。

  坚持以人为本，要做到以下几点：

  第一，坚持发展为了人民，始终把最广大人民的根本利益放在第一位。

  第二，坚持发展依靠人民，从人民群众的伟大创造中汲取智慧和力量。

  第三，坚持发展成果由人民共享，着力提高人民的物质文化生活水平。

  第四，坚持在经济社会发展的基础上促进人的全面发展。把促进经济社会发展与

促进人的全面发展统一起来，把促进人的全面发展作为经济社会发展的最终目的。

二、如何理解科学发展观的基本要求中的"全面"

"全面"是指发展要有全面性、整体性，不仅经济要发展，而且各个方面都要发展。坚持全面发展，就是要按照中国特色社会主义事业的总体布局，正确认识和把握经济建设、政治建设、文化建设、社会建设、生态文明建设是相互联系、相互促进的有机统一体。

经济建设是中心和基础，政治建设是方向和保障，文化建设是灵魂和血脉，社会建设是支撑和归宿，生态文明建设是根基和条件，它们相辅相成、相互促进，共同构筑中国特色社会主义事业的全局。

我们要坚持以经济建设为中心，把社会主义经济建设、政治建设、文化建设、社会建设、生态文明建设作为统一的任务来把握，作为统一的工作来部署，作为统一的目标来落实，全面推进中国特色社会主义事业。

三、如何理解科学发展观的基本要求中的"协调"

"协调"是指发展要有协调性、均衡性，各个方面、各个环节的发展要相互适应、相互促进。坚持协调发展，就是保证中国特色社会主义各个领域协调推进。

第一，要协调好消费与投资，供给与需求，发展的速度与结构、质量、效益，科技进步与人力资源优势的充分发挥，市场机制与宏观调控等经济发展的重大问题，促进发展的均衡性。

第二，正确处理经济与社会发展、城市与农村发展、东中西部发展、人与自然界发展、国内发展与对外开放、改革发展稳定等现代化建设中的重大关系，促进现代化建设的各个环节、各个方面相协调，促进生产关系与生产力、上层建筑与经济基础相协调。

四、如何理解科学发展观的基本要求中的"可持续"

"可持续"是指发展要有持久性、连续性，不仅当前要发展，而且要保证长远发展。

坚持可持续发展，必须走生产发展、生活富裕、生态良好的文明发展道路。实施可持续发展战略，促进人与自然的和谐，实现经济发展和人口、资源、环境相协调，坚持走生产发展、生活富裕、生态良好的文明发展道路，既是全面建设小康社会的必然要求，也是贯彻落实科学发展观的重要实践。

坚持可持续发展，还必须建设生态文明。良好的生态环境既是经济社会可持续发展的重要条件，也是一个民族生存和发展的根本基础。建设生态文明既是对传统文明形态特别是工业文明进行深刻反思形成的认识成果，也是在建设物质文明的过程中保护和改善生态环境的实践成果。

五、如何理解社会主义协商民主

第一，社会主义协商民主是中国共产党和中国人民在社会主义民主形式方面的伟大创造，是对马克思主义民主理论的丰富和发展，充分体现了社会主义民主的真实性、广泛性、包容性。

第二，选举民主与协商民主相结合，是中国社会主义民主的一大特点。人民通过选举、投票行使权利和人民内部各方面在作出重大决策之前进行充分协商，尽可能取得一致意见，是社会主义民主的两种重要形式。选举民主与协商民主相结合，拓展了社会主义民主的深度和广度。

第三，社会主义协商民主在我国具有深厚的文化基础、理论基础、实践基础、制度基础，为发展中国社会主义民主政治丰富了形式、拓展了渠道、增加了内涵。

六、如何认识构建社会主义和谐社会，必须保障和改善民生

民生连着民心，民心关系全局，做好保障和改善民生，是坚持以人为本、实现发展成果由人民共享的必然要求，事关群众福祉和社会和谐稳定。

保障和改善民生，需要从解决关系人民群众切身利益的现实问题入手：

第一，优先发展教育。教育是民族振兴、社会进步的基石，是国家和民族发展最根本的事业。要坚持教育优先地位，全面贯彻党的教育方针，把立德树人作为教育的根本任务，培养德智体美全面发展的社会主义建设者和接班人，努力办好人民满意的教育。

第二，积极扩大就业。就业是民生之本，是人民群众改善生活的基本前提和基本途径。要坚持把促进就业作为保障和改善民生的头等大事，实施就业优先战略和更加积极的就业政策，千方百计扩大就业。

第三，合理收入分配。不仅要把社会财富的"蛋糕"做大，也要通过合理的收入分配制度把"蛋糕"分好，让全体人民都能够共享改革发展成果。

第四，完善社会保障。社会保障是保障人民生活、调节社会分配的一项基本制度，是社会和谐稳定的安全网。要坚持全覆盖、保基本、多层次、可持续方针，以增强公平性、适应流动性、保证可持续性为重点，全面建成覆盖城乡居民的社会保障体系。

第五，发展医药卫生。坚持为人民健康服务的方向，坚持预防为主、以农村为重

点、中西医并重，按照保基本、强基层、建机制要求，重点推进医疗保障、医疗服务、公共卫生、药品供应、监管体制综合改革，完善国民健康政策，为群众提供安全有效方便价廉的公共卫生和基本医疗服务。

七、如何认识保持和发展党的先进性

第一，先进性是马克思主义政党的本质属性，是马克思主义政党的生命所系、力量所在。保持和发展党的先进性是马克思主义政党自身建设的根本任务与永恒课题。中国共产党作为马克思主义政党，在本质上具有非马克思主义政党无可比拟的先进性。

第二，党的先进性是历史的具体的，既是一以贯之的，又是与时俱进的。必须顺应时代的发展和人民的要求，自觉、主动、持续地推进党的先进性建设，认真解决党员和党组织在思想、组织、作风以及工作方面存在的突出问题，使各级党组织不断提高创造力、凝聚力、战斗力，始终发挥领导核心作用和战斗堡垒作用，使广大党员不断提高自身素质、始终发挥先锋模范作用，使我们党保持与时俱进的品质、始终走在时代前列。

八、如何认识党的纯洁性

党的纯洁性是先进性的重要体现，同先进性是一致的。党的纯洁性对党的创造力、凝聚力、战斗力有着根本性影响。只有不断保持纯洁性，才能提高在群众中的威信，才能赢得人民信赖和拥护，才能不断巩固执政基础，才能实现党和国家兴旺发达、长治久安。

要充分认识保持党的纯洁性的极端重要性和紧迫性，不断增强党的意识、政治意识、危机意识、责任意识，切实做好保持党的纯洁性各项工作，始终保持党员、干部思想纯洁、队伍纯洁、作风纯洁、清正廉洁，从而更好地肩负起党的历史使命。

拓展阅读

［1］胡锦涛. 推进社会主义政治文明建设［M］//胡锦涛. 胡锦涛文选：第二卷. 北京：人民出版社，2016：28－35.

［2］胡锦涛. 树立和落实科学发展观［M］//胡锦涛. 胡锦涛文选：第二卷. 北京：人民出版社，2016：104－105.

［3］胡锦涛. 准确把握科学发展观的深刻内涵和基本要求［M］//胡锦涛. 胡锦涛文选：第二卷. 北京：人民出版社，2016：166－169.

［4］胡锦涛. 构建社会主义和谐社会［M］//胡锦涛. 胡锦涛文选：第二卷. 北

京：人民出版社，2016：273－299．

[5] 胡锦涛．树立社会主义荣辱观[M]//胡锦涛．胡锦涛文选：第二卷．北京：人民出版社，2016：430．

[6] 胡锦涛．深入学习领会科学发展观[M]//胡锦涛．胡锦涛文选：第三卷．北京：人民出版社，2016：1－9．

[7] 胡锦涛．人民政协是中国社会主义民主政治建设的伟大创造[M]//胡锦涛．胡锦涛文选：第三卷．北京：人民出版社，2016：257－263．

[8] 胡锦涛．论加快经济发展方式转变[M]//胡锦涛．胡锦涛文选：第三卷．北京：人民出版社，2016：329－358．

[9] 胡锦涛．保持党的纯洁性[M]//胡锦涛．胡锦涛文选：第三卷．北京：人民出版社，2016：577－582．

[10] 胡锦涛．把生态文明建设纳入中国特色社会主义事业总体布局[M]//胡锦涛．胡锦涛文选：第三卷．北京：人民出版社，2016：609－611．

[11] 习近平．在学习《胡锦涛文选》报告会上的讲话[M]．北京：人民出版社，2016．